Murderous Methods
Using Forensic Science to Solve Lethal Crimes

©2002 by Bastei Lübbe AG, Cologne
Through One Piece Agency

谋杀手段

用刑侦科学破解致命罪案

［德］马克·贝内克 著
李响 译

生活·讀書·新知 三联书店

Simplified Chinese Copyright © 2025 by SDX Joint Publishing Company.
All Rights Reserved.
本作品简体中文版权由生活·读书·新知三联书店所有。
未经许可,不得翻印。

图书在版编目(CIP)数据

谋杀手段:用刑侦科学破解致命罪案 / (德)马克·贝内克著;李响译. -- 北京:生活·读书·新知三联书店, 2025. 2. -- (新知文库精选). -- ISBN 978-7-108-07996-1

Ⅰ. D918

中国国家版本馆 CIP 数据核字第 2025G5J752 号

责任编辑	刘蓉林
装帧设计	康 健
责任印制	李思佳
出版发行	生活·讀書·新知 三联书店
	(北京市东城区美术馆东街 22 号 100010)
网 址	www.sdxjpc.com
经 销	新华书店
印 刷	北京隆昌伟业印刷有限公司
版 次	2025 年 2 月北京第 1 版
	2025 年 2 月北京第 1 次印刷
开 本	889 毫米 × 1194 毫米 1/32 印张 10.5
字 数	224 千字 图 23 幅
印 数	0,001-5,000 册
定 价	68.00 元

(印装查询:01064002715;邮购查询:01084010542)

目录
Contents

序 …… 1
前言暨致谢 …… 3

第一章　我的良知 …… 1
一桩暴行 …… 1
新技术和老谜题 …… 7
思维方式 …… 11
外一篇：荣誉和红胡子 …… 19

第二章　罪证 …… 23
林中骸骨 …… 23
"尸体农场"的新闻 …… 29
外一篇：寻尸犬 …… 32
犯罪学家的工具箱 …… 33
面孔和身份 …… 34
外一篇：列宁的遗体 …… 39
调查和猜想 …… 44
曼海姆谋杀案 …… 49

外一篇：巴赫、拉斐尔和一个男孩的散乱骸骨 …… 56

一宗近乎完美的罪案：批发市场案 …… 62

用花粉说话 …… 69

第三章　证人、巧合和度量 …… 73

已婚的室内装潢师 …… 74

混凝土中的酿酒人：喜力案 …… 79

狗屎运对阵六十个目击者：曼努埃拉·施耐德案 …… 81

致命案件：小查尔斯·林德贝里绑架案 …… 91

外一篇：希特勒和基因进化：伪装成科学的一派胡言 …… 95

好人和坏人 …… 98

外一篇：正义对阵真相 …… 135

第四章　致命的罪案，有时是索命的惩罚 …… 144

能从长相看出杀人犯吗？ …… 144

彼得·库尔滕：杜塞尔多夫吸血鬼 …… 146

外一篇：适应环境的好公民 …… 167

盖尔牧师案 …… 170

外一篇：嘉年华亮片和其他罪证 …… 180

死刑 …… 187

眨眼的头 …… 190

外一篇：杰佛里·达默之死 …… 200

谁罪该万死？伯纳多和霍莫尔卡案 …… 201

外一篇：基因指纹 …… 217

外一篇：氟烷打碎美梦 …… 225

附言：黑暗时代 …… 249

第五章　证人、公众和死寂 ……254

　　辛普森案 ……255

　　外一篇：血鞋印 ……260

　　塞弗特案 ……276

　　被遗忘的食人族：卡尔·登克 ……289

　　强盗尼塞尔 ……312

结语 ……323

序

在过去的一百五十年间，刑侦科学家一直在谋杀案和其他刑事罪案中为调查人员提供协助。马克·贝内克博士将他们的作用置于更广阔的天地中。他带着我们进行了一场赏心悦目的杀人犯主题环球旅行，并向我们展示了在科学家和警察工作合二为一的那些年里，他们的调查工作有了怎样的长足发展。对这个专题，他表现出了大无畏的热情，并且对提出和讨论艰深问题有着令人欣喜的刨根问底的劲头，比如：人在被砍头后是否还有生命迹象；死刑的优缺点；列宁的遗体进行了怎样的防腐处理；错误指控所引发的问题；希特勒对基因理论奇异的误用。

贝内克博士满腔热忱地讲述了他对暴力致死案件的犯罪学研究成果，遍及欧洲和远东，从南美到美国。他带着我们，从掏心挖肺的"科隆屠夫"和杜塞尔多夫吸血鬼的性虐待杀人案到"美国的汉尼拔"杰佛里·达默及更晚近的夫妻杀手保罗·伯纳多和卡拉·霍莫尔卡；从指纹技术的起源到威廉·巴斯教授的田纳西"尸体农场"——在那里，各类研究尤其是昆虫的出现和消失被细致分析以确定死亡时间。笔迹、面貌复原和基因指纹中DNA

的使用被逐一审视。

在布鲁诺·理查德·豪普特曼杀害婴儿林德贝里这一里程碑式的审判中，贝内克教授细致地剖析了刑侦学证据的长处和弱点。让我格外感兴趣的故事是，1865年，病理学之父同时也是为穷苦大众的公共卫生抗争的战士鲁道夫·冯·菲尔绍博士差点在与未来德意志帝国的奠基人奥托·冯·俾斯麦的决斗中牺牲。刑侦科学还有待发展，杀人案的破解仍未实现。贝内克教授向我们展示了，我们曾到过哪里及现在正站在哪里，让我们准备好迎接未来。

迈克尔·巴登，医学博士
2005年7月，纽约市
纽约州警察局首席刑事病理学家
纽约市前首席法医
纽约市约翰·杰犯罪学学院前兼职刑侦科学教授

前言暨致谢

我想让你们看到,有些时候,现实比小说更激动人心。设想一下,在几个小时或几天的时间之前,你从未听说过即将在本书中看到的名噪一时或极其特别的案件。许多细节难以置信,若是写在犯罪小说里,你也许会觉得它们很假。嗯,有些时候现实是很不真实的。

比如,也许你认为自己对辛普森案了如指掌,且等着读些更加惊人的细节吧;如果你曾觉得自己能在那场审判中成为好证人或好陪审员,你也许得再想想了。还有,约翰·塞巴斯蒂安·巴赫和面貌复原之间的关系,可能与最著名魔术师胡迪尼和阿瑟·柯南·道尔之间关于超自然力量的苦战一样令人讶异。

本书在德国出版后,很快就有许多热心人与我联系,对本书中介绍的案件提出了有趣的、有时十分感人的意见。没有二百页,我们是无法将他们的贡献添加到书中的,但我想感谢这些投稿者的出色成果,他们多数是在业余时间完成的,且大多不求任何回报。

只说其中两人,阿迈恩·拉特去了吃人杀手卡尔·登克的旧宅，然后和我细致地讨论了这个案件，并允许我在他的研究的基础上制成案件档案。他2001年到访时，登克旧宅的业主问他是否想买下那个地方，但拉特抗拒住了这个诱惑，因为他觉得发生在那里的恐怖事件实在令人寝食难安。

丽迪雅·舒尔策成功地在沃克霍温找到了大量之前不为人知的关于塞弗特案的文章，给这些档案拍了几百张照片。她绝对是世界级的私人侦探。

为了与杀害了三百多个男孩的路易斯·阿尔弗雷多·格拉维托保持私人联系，我完全仰赖我的朋友克劳迪娅·扎帕塔、米格尔·罗德里格斯·罗文斯基和迪迪埃·艾玛利雷斯·加列戈斯神父，当然还有路易斯·阿尔弗雷多本人。虽然格拉维托故事的大部分我并未详谈，但在我绞尽脑汁地组织混乱的材料时，调研工作正在累积。我希望能在下一本书中讲述这个故事。

Lubbe的伙伴们（我德国的编辑们）、安妮·扬、文字编辑卡罗尔·安妮·佩施克斯和哥伦比亚大学出版社的编辑罗宾·史密斯，是让原稿从欧洲传到美国的关键人物。（书展时Lubbe给我吃自家烘焙的提拉米苏和红酒，我也十分受用。）唯一美中不足的，就是在编辑提出令人头疼但绝妙的问题和意见时，我为了找寻答案，不得不在图书馆度过的那些漫长、静谧的夜晚。

德文版面世后，一些德国电视团队参与了我自己绝对不可能做到的工作，尤其是霍加特影业（Hoggard Films）和国家地理电视台（National Geographic TV）。跟你们一起工作很愉快！

如果你是刑侦科学界的同行，请注意，这不是一本科学教科书，而是有挑战性的案件的集合，写给思想不拘泥于普通嫌疑犯或惯常假定的每一个人。

最后,我要送一个大大的感谢给我遍布世界各地的学生,他们每年夏天都能用不着边际的问题、想法、热情和对我的无礼违逆,让我惊喜。你们很酷。

感谢所有人。有你们这样的朋友,人生是如此欢乐,虽然我的人生浸泡在血液、毛发、精液、唾液和昆虫里。

马克·贝内克

科隆,亚美尼亚(哥伦比亚)及纽约,2004年10月

第一章

我的良知

一桩暴行

"他把心脏掏了出来。科隆-卡尔克（Cologne-Kalk）的屠夫。这是活人祭祀吗？他是不是疯了？"

1997年5月，科隆地方小报《快报》问了自己和它的读者们这样一个问题，然后恰如其分地补充道："简直难以置信。凶手剖开了被害人的胸膛，将心脏和其他内脏掏了出来，就像对待动物那样。尸体令人惊悚地在卡尔克-米尔海姆（Kalk-Mulheimer）大街被发现后六个小时，头和双手还是下落不明。验尸官小心地将上半身、臀部和大腿拼合在一起。"

小报的这些耸人听闻的报道实际上与事实惊人地相似，只是他们并不知道有多相似；他们怎么可能知道？浸泡在流行文化中的他们，自以为熟悉所谓"魔鬼"杀手，这使得他们追踪的线索根本南辕北辙。

他们立刻请教了犯罪心理学家。专家指出，掏出心脏也许意味着这可能是场活人祭祀。他说，显然，凶手动手时麻木无情。

稍后我们会看到他的这个判断正确与否。

科隆-卡尔克社区的居民躁动不安；毕竟，从表面上看，这是某个仍在他们的街道上四处游荡的连环杀手的杰作。33岁的家庭主妇蕾娜特·卡尔布（Renate Kalb）说，她晚上辗转难眠，任何响动都让她如惊弓之鸟。另一个不愿透露姓名的邻居说，没有人是安全的。

这场风波开始于1997年5月12日，星期一。那一天，风和日丽，内吉梅丁·塔斯奇（Necmettin Tasci）从他在莱茵河边的菜地骑车回家。

骑到一条车水马龙的破落街道时，他在路口停下，到路边的灌木丛里去解手。在那里，他发现了一个蓝色垃圾袋，比常见的家用垃圾袋更大更厚实。

塔斯奇踢了一脚，垃圾袋散开了，露出一只没手的胳膊。他飞快地骑到最近的电话亭报了警。

在验尸官的检验室中，警察将收集来的全部遗骸放到钢台上。只有一个人的上半身和胳膊，没有手、头和腿。凶手没留下任何可以用来快速确认被害人身份的部位，包括生殖器。

紧张的一夜后，事情接二连三地向对调查人员有利的方向迅速发展。周二下午，一群玩耍的孩子发现了另一个袋子，这次是在埃雅特大街（Eytstrasse），科隆-卡尔克另一个同样破败的区域。孩子们打开袋子，可以想见，他们看到了臀部和大腿。

一个半小时后，在仅仅300码开外，13岁的卡尔-海因茨·斯塔乔维亚克（Karl-Heinz Stachowiak）在游乐场附近发现了剩下的小腿部分。装尸体的袋子就在人行道上。他立刻喊来了他的母亲。之后谈起此事,他母亲说:"孩子们在游乐场附近发现那种东西真是太可怕了。一想到凶手还逍遥法外,我就觉得汗毛倒竖。"

她的汗毛竖得绝对有道理。十年前就有一起与此类似的案件,媒体同样将那些凶杀案算到屠夫头上。在莱茵河的另一边、科隆劳工社区埃伦费尔德(Ehrenfeld),发现了玛丽亚·沃伦沙因(Maria Wollenschein)支离破碎的尸体。

凶手将碎尸装进几个塑料袋里,散弃在那一区域。由于那起案件始终没能找到凶手,媒体又旧案重提,试图寻找能够将两个案子联系到一起的相似之处。

气氛分外紧张,不仅因为电影《沉默的羔羊》(*The Silence of the Lambs*),还因为仅仅在两年前上映的另一部电影《夺命人》(*The Dead Maker*)*对多数德国人来说仍记忆犹新。这部九十分钟的电影,用事情发生时录制的对话,对连环杀手弗里茨·哈曼(Fritz Haarmann,由著名德国演员格茨·乔治[Goetz George]饰演)和20世纪20年代开始的调查进行了详尽的心理学分析。这个软弱、自我中心的杀手,长时间逍遥法外,让德国民众心中的恐惧始终难以平复。电影让罪案又一次处于聚光灯下;电影在所有电视台的热播和媒体铺天盖地的报道更让这个凶手家喻户晓。再出现一个哈曼式凶手的时机成熟了。

科隆调查人员的视线突然从连环杀手犯案的一般假设上转移开了。最让人意想不到的是,在被害人被截断的裤子里找到了一

---

* 德文名为 *Der Totmacher*。——译者注

份银行对账单，上面有个名字：哈桑·哈菲斯（Hassan Rhafes）。显然，这就是被害人的名字。

对调查来说，这是个绝好消息，因为在没有头和手的情况下，仅从骨骼的样子确认死者的身份几乎是不可能的。如若不然，调查人员将不得不拿尸体的骨骼和全国医疗记录中成千上万的X光片进行比对。幸运女神是站在他们这边的，有了名字就意味着有了可以追踪的确凿线索。但其他问题就没这么容易找到答案了。首要的就是为什么凶手要将被害人的五脏六腑全都取出来，以及他为什么要肢解尸体。

科隆警察局刑事犯罪侦查科谋杀分队小心地推动着案件调查。他们宣布，在做出确定声明前，他们还需要对姓名和地址做进一步的核实。警察局发言人没提到哪些人将在调查范围内，但表示一旦他们知道了被害人的身份，探员就会联系他的家人。

被调查人员中，有几名就住在科隆-卡尔克的一幢公寓里，距离发现尸体的地方不到500码。公寓的租户是穆罕默德·哈菲斯（Mohammed Rhafes）、他的妻子阿齐兹（Aziza）和他们22岁的女儿莎里哈（Saliha）。穆罕默德是31岁的哈桑同父异母的哥哥。在接受讯问时穆罕默德说，他无法理解所发生的一切。在罪案发生时，他正在半个多小时车程外的杜塞尔多夫铁路公司上夜班。

他的女儿则知道得多些。那天她叔叔哈桑曾来过他们的公寓，待了一个小时左右才走。但莎里哈的母亲却说她的小叔子只在他们的公寓坐了大概五分钟。这一时间上的不一致让调查人员起了疑心。在辩护律师告诉他们别再跟警察"交代"之前，莎里哈已经提到公寓里曾发生了一些事。

所谓"公寓里曾发生了一些事"的说法过于轻描淡写了。警察在她母亲的口袋里找到了一小包人的骨灰,又在公寓的浴室里找到了她小叔子的几片头骨和双手。虽然被特别打扫过,他们还是在公寓里找到了被害人的血迹。这时他们申请到了对两母女的逮捕令。穆罕默德·哈菲斯没有被羁押,因为警察无法证明他是帮凶。他人虽自由,但仍是嫌疑人。

现在事情变得有些复杂了。两个弱女子是怎么在没有外界帮助的情况下杀害并肢解一名强壮的男性且不被任何人看到的?她们是怎么将碎尸打包并扔到卡尔克大街和其他地方的?公寓中除了微少痕迹外,在地板上和角落里怎么找不到更多血迹?

这些问题的答案最终在公寓中找到了。他家的巨型冷冻柜中装满了一包一包的羊肉。的确有个屠夫,不是比喻,而是真真正正的屠夫。警察认为,穆罕默德·哈菲斯也许没有杀害哈桑,但他用自己的技能肢解了尸体。然而他的妻子阿齐兹却坚称是她独自犯下罪行,她的丈夫与谋杀和肢解都没有瓜葛。

在这一社区,人们经常在公寓中遵循伊斯兰教仪式非法自行屠宰动物。从2002年开始,这一习俗在德国已合法化了。只要知道怎么宰羊,就能够肢解人的尸体。在宰羊的时候,通常会取出其内脏,这也被业余屠夫用在了哈桑的身上。屠宰专家也知道怎样用做"库斯库斯"*常用的平底碗放干鲜血。最后,他或她扯走了地板上血淋淋的地毯。这不仅让这家人用不着没完没了地擦洗,也解释了他们如何能犯下这样的罪行而不留下大量的血

---

* 库斯库斯(couscous):北非西部马格利布(Maghreb)最主要的食物。原料是粗麦面粉(亦即北非小米),蒸熟后混合炖好的蔬菜、肉类一起食用。——译者注

液痕迹。

尽管母亲供认不讳，但究竟是谁杀了哈桑·哈菲斯并不十分清楚。在法庭上，这名45岁的妇人只是说，哈桑企图将她女儿推进卧室强奸。"这时我看到水槽边有一把刀。"她不愿再多说。她的辩护律师认为这应被视为认罪。

阿齐兹详细讲述了她那个版本的犯罪经过。她那爱找碴儿的瘾君子小叔子哈桑在晚上9点出现了。之前他也经常这样，厚颜无耻地向她们索要钱和珠宝。当他开始对莎里哈动手动脚时，阿齐兹抓起了水槽边的刀，刺向了他。哈桑死后，女儿晕倒了。母亲将她送进起居室，然后她开始独自肢解尸体。

直到凌晨1点，她才将全部碎尸装到几个袋子里，擦干净血迹并在浴室的炉子里点上炭火。炉子虽小，但烧得很旺。她将内脏、头和手扔进去焚烧，不过没能全烧干净。

读到报纸上的报道，邻居们忽然回想起那天晚上整夜甚至到次日早晨还从烟囱里不断冒出的黑烟。这让人想起弗里茨·哈曼的故事。那个案子中，证人也声称烟囱中冒出了油烟，不过实际上哈曼并未焚烧被害人。他把被害人当作猪肉出售，那些卖不掉的部分则被丢进了公寓大楼庭院的马桶里或莱纳河（Leine River）中。

肢解尸体对大多数人来说是极其困难的，对像阿齐兹·哈菲斯这样的业余屠夫却不然，她只花了两个小时就弄完了；相较而言，没经验的哈曼却要用好几天。

一些人怀疑，碎尸是否真的如阿齐兹所声称的那样，被放在购物车里在卡尔克大街穿梭运送。不过可以确定的是，这桩罪案并不是疯子或冷酷无情的连环杀手犯下的。相反,"他(指哈桑)玷污了我和我女儿,"母亲对法庭的精神病专家说,"这让我们感到无比羞耻。"她的这句话向我们展示了这起案件中关键性的文化角度。这是一起典型的文化案件,那种令人无法承受的羞辱是不能容忍的。那位母亲真的有可能没有丈夫帮助而独自实施犯罪。

她丈夫的寥寥数语也指向了同一问题。作为家庭成员,他拒绝提供任何证词,他只有一句话:"不能保护我的妻子,我感到很难过。"

新技术和老谜题

从大约一百年前,直到发现基因图谱,指纹一直被认为是刑侦学界的革命性成果。指纹在刑侦学领域的运用最初并不是在德国,而是英国政府在印度及阿根廷等南美洲国家使用的。另外,至少两千年前,在远远早于用火漆封印文件的年代,中国就已经在使用"指纹封印"。当初,德国警方对这一新事物有些抵触情绪,因为不知道它对破案究竟能否有所帮助。那些从1891年起就满怀热情地使用这一方法的南美调查员是否可信?手指上那一条条纹路所提供的信息该如何规范使用,以便进行有益的对比?

由于负责案件调查的警官们疑虑重重,德累斯顿的警长——同时也是经认证的犯罪学家——保罗·克蒂希(Paul Koettig)不得不独断专行了一回。他可不想让警界忽视这一新兴的绝佳调查工具。1903年3月30日,他下令他手下的调查员必须从次日开始应用新的指纹技术。

在美国，经过很长时间，指纹才得到常规性的使用。最早的一例涉及1903年在纽约城酒店（New York City Hotel）抓获的一名窃贼。由于确认不了这个人的身份，他的指纹被送到伦敦，在那里，他被证实是一个榜上有名的职业盗贼，刚刚从英格兰一位著名作家的妻子那里偷走了一大笔钱。

但是，又过了七年，指纹才被作为确认身份的法医工具在美国国内及法院审判中使用。在人民诉詹宁斯（Jennings，芝加哥，杀人案）及人民诉克里斯比（Crispi，纽约市，盗窃案）两案的审判中，指纹技术得到了全面应用，并自此来到了刑事审判和调查的前线。

不过，在此之前，指纹已被用于民用或军事目的。例如，美国陆军和海军从1906年起开始留下新兵的指纹记录，以监测逃兵或甄别那些因劣迹被开除军籍又试图重新入伍的人。指纹还被用来确认死亡士兵的身份。1910年，《基层刑事法庭法案》（*Inferior Criminal Courts Act*）授权地方法院采集卖淫者的指纹。1910—1913年，地方法院采集了超过一万两千名因卖淫而被逮捕的女性的指纹。法院发现"大约六百二十九名女性经常在街上游荡，寻找猎物，这些累犯带来了'失足女性夜间法庭'*的大

---

* 失足女性夜间法庭（Women's Night Court）是1907年冬天在法官怀特曼（Whiteman）的倡导下成立的，主要目的在于处理日间法庭下班后（下午4点至次日上午9点）被扣押人员的案件。此前，由于在夜间被捕的人不能得到保释，很多无辜的人往往还没见到法官就先被关押超过十二小时，被捕的人中有40%随后被地方治安法庭释放。因此，这一现象被认为构成司法不公，而受害最严重的是夜间工作的妓女。为此，1907年8月，第一所夜间法庭设立，服务对象不仅限于女性被告。次年，又有分别针对女性被告和男性被告的两所夜间法庭设立。1910年起，所有揽客、站街、容留卖淫案件全部由失足女性夜间法庭处理。——译者注

部分业务"。

1913年，纽约市地方法院也开始采集那些因醉酒和流浪而被逮捕的男性的指纹，很快延伸至因行为不端、小偷小摸、调戏妇女或"在纽约市长期侮辱女性"及"有伤风化"等罪名而被逮捕的男性。当时指纹记录中心的办公室在马布里街（Mulberry Street）300号。"由于有了这种方法，"地方法官说，"只要曾被定罪，那些罪犯就再也不可能以自己是初犯为由请求从宽处理了。"

到1915年，地方法院档案中已记录了八万套指纹。1919年，纽约市健康委员会（New York City Health Commissioner）要求药品成瘾者提供指纹。"最初的目的是，实际上现在也是这样，通过不断加长刑期，彻底消灭那些'惯犯'、'累犯'或'职业罪犯'，并对他人形成威慑，不要同流合污。"地方法官约瑟夫·德尔（Joseph Deuel）如是说。

第二次世界大战后，美国开始推广"刑事案件身份确认国际化"的概念。在此之前，美国国家刑事身份认定局（National Bureau of Criminal Identification）已经在首都华盛顿成立很长一段时间了，但全美仅有约一百五十个警局常规性地向其发送照片和指纹。直到1922年，美国很大一部分地方警署仍未使用也未向身份认定局发送指纹记录。比如，辛辛那提和克利夫兰就只提供嫌犯的脸部照片。从1919年夏天到1920年夏天，从全国各地送到身份认定局的指纹记录仅有一万五千份。

1922年9月在纽约召开的警界会议试图解决这一问题，来自英格兰、比利时、阿根廷和加拿大的业界同仁受邀参会。在这些地方，指纹已经得到了非常广泛的应用，并进行了全国性采集。国会最终授权同意指纹信息交换。1924年，联邦调查局（FBI）成立了身份认定小组。到1946年，这一小组已经处理了一亿份人工保存档案中的指纹卡。

这一技术一经使用，无论是在哪里，效果都立竿见影。时至今日，指纹仍是犯罪现场调查中最常用的手段，约四分之三的证据线索都从中而来。2001年，人文学科的理论家西蒙·科尔（Simon Cole）借助尾随来的大批媒体，试图通过挑战"吻合"这一基础概念，从理论角度攻击美国使用的这些技术手段。但大势所趋不可逆转，指纹仍坚守阵地，并继续提供着铁一般的证据。

今天人们虽然很容易接受新的刑侦技术，但一经引进，它们通常也会很快遭到质疑。尤其是在美国，新方法迅速被采用，但对某些技术手段来说，较长的审查周期可能才更谨慎，要若干年才能发展成为可以信赖的法庭证据。面貌复原（facial reconstruction）和基因指纹都遇到过麻烦，因为科学家们对这些方法的局限性做了错误判断。欧洲许多国家没有过早地使用新技术，往往只不过是因为它们的官僚主义使新技术难以迅速实施。

虽然有了这些新技术，调查员们还是常常痛苦得直撞墙。证人证言中有太多记忆空白、错误判断和偏见，以至于经常无法使用。另外，有精神疾病的人的证词有时又不受重视，哪怕那是唯一靠谱的路子。本书不仅展现了刑侦学的进程，也显示了只要有人类介入，事情就会变得多么匪夷所思、难以预测。

思维方式

态度和习惯常常让旧时的刑侦学家难以认识到新方法的有用之处。社会限制也制约着他们解决凶杀案的能力。原因很简单：许多今日被视为犯罪的行为曾经只不过是为社会所普遍接受的处理人际关系的惯用方法。社会需要几十年甚至几百年的时间才能认识到某些习惯是错的甚至是残暴的。回顾一下历史就可以很清楚地看到这一点。

决斗直到19世纪才走到尽头。到19世纪末，决斗已为法律所禁止，甚至可以因此判处监禁，但所谓的禁止对绝大多数决斗行为来说收效甚微。

不仅是军官和军校学生，政客、诗人、艺术家及各种行业协会的代表，只要发生了任何可以被理解为损害其荣誉的事，都会拿起剑或手枪。常常，一句被误解的评论、一个嘲讽的微笑、轻蔑的一瞥或仅仅是异议，都会让人们为了雪耻而不惜去冒险——要么失去自己的生命，要么取了另一同胞的性命。

决斗的传统根深蒂固，就连那些反对派也会忘记他们所教所写的那些反对决斗的言论，而立即诉诸武力以维护自己的荣誉。男人——有时也有女人——认为失去的荣誉就像被窃的财产，如同今日我们失去传家宝一样，让人抬不起头来。决斗被认为是唯一可以夺回失去荣誉的方法。下面的例子是两个在他们的时代家喻户晓的男人之间的决斗，它有个荒诞的开头，却最终走到意想不到的结局。

鲁道夫·冯·菲尔绍对战奥托·冯·俾斯麦

奥托·冯·俾斯麦（Otto von Bismarck），是他统一了德意志帝国，之后于1871年就任德国第一任宰相。此人虚荣又顽固，在进入格廷根（Gottingen）大学进修法律前，他在柏林与人发生口角。一名兄弟会的成员笑话他衣着花哨，俾斯麦就叫他"蠢孩子"，这样的反击根本没有任何杀伤力。但是当四名兄弟会成员向他发起决斗挑战时，他接受了。那个"蠢孩子"退出了，后来这被证明是个聪明的选择，因为俾斯麦不仅是时尚达人，也是一名剑术高手。

奥托·冯·俾斯麦是一个古老贵族家族的后裔，因此他被认为会在学生生涯开始时就加入兄弟会。现在德国各地的大学中仍有兄弟会存在，但老土得很。总的来说，他们保守，强调"遵循传统生活"。按照兄弟会的宗旨，人不应受制于任何政治党派或团体。每一名成员都有权根据"荣誉、自由、祖国"（Ehre，Freiheit，Vaterland）六字箴言中蕴含的原则自由选择。

例如，近两个世纪前的1815年，德意志学生联谊会*在大学城耶拿（Jena）诞生，他们定位自己为"追求自由和德国国家统一的革命性运动，反对小国封建主义，追求言论自由和公民对政治生活的参与"。1815年，学生联谊会只有大约两百名成员。今天，仅学生联谊会联盟就拥有德国、奥地利和智利的一百二十多个兄弟会旗下的约一万五千名各个年龄层的成员。它们将自己标

---

* 德意志学生联谊会（Deutsche Burschenschaft）是在19世纪自由主义和民族主义思潮的冲击下，以大学生社团形式成立的一种特殊的学生互助会。——译者注

榜为终生参与的社团,由于是年轻学生和"老男孩"(校友)的集合而独具特色。

与如今许多美国大学中的情况类似,成为兄弟会的成员可不像加入个俱乐部那么简单。首先,那意味着自愿承担责任,拥护"荣誉、自由、祖国"这一口号中所蕴含的精神主旨。此外,在读学生被鼓励去检验非物质道德观念,并实现多学科的综合教育。

兄弟会的成员,无论新老,仍活跃的或已退隐的,在完成他们的学业后仍保持联系,这就保证了不同时代和不同学科间的思想和经验的持续性交流。因此,学生联谊会也是一套建立长期联系的机制,而这种联系在政治、公务员职业生涯以及商业领域尤其可以发挥其作用。

从前,成员间相互争斗也是常有的事。在俾斯麦事件中,俾斯麦与汉诺威学联(Hannover Corps)有些来往;而向他挑战的人,同样也是兄弟会的成员,则与不伦瑞克学联(Braunschweig Corps)有渊源。在三年的大学生涯中,俾斯麦卷入了至少二十四起决斗。这个壮小伙儿很以身上决斗留下的伤疤为傲。当时,对参加了兄弟会的学生而言,决斗伤疤是重要的荣誉标记。

尽管决斗伤疤有着崇高地位,校方还是谴责制造这些伤疤的比剑行为。俾斯麦最终受到了惩罚。他和其他决斗的学生一起得意扬扬地接受了这些惩罚,还发现他其实不必停止决斗。

鲁道夫·冯·菲尔绍(Rudolf von Virchow)的人生起跑线可不一样。他是波美拉尼亚(Pomerania,当时是日耳曼小国之一)一个中产阶级家庭的儿子,1840年到柏林军校医院学习医学，这可为他父母省了一大笔钱：当时德国的大学收取学费，但军校则是免费的。

之后，他成了一名病理学家和解剖学家。他是公共卫生系统的伟大斗士，怀着极大的热情参与其中，尤其热衷于为那些不得不在灾难性环境中工作的城市雇员的困境进行抗争。当他有些言辞过激地指出只有给穷人提供更好的居住环境才能预防疾病流行时，他被赶出了柏林大学的教师队伍。此后他在威尔茨堡（Wurzburg）大学教了七年书才被召回柏林。他的很多学生后来都成了教授，这清楚证明了他高超的教学水平。

鲁道夫·冯·菲尔绍不仅作为医生而家喻户晓，同时也是知名政客。1861年，他作为共同创始人建立了自由进步党（Liberal Progressive Party），并保持党员身份超过四十年。同时他还在普鲁士公国议会（Prussian State Parliament）占有议席五十一年，在德国国会（German Reichstag）占有议席十三年。我们的犯罪故事发生在1865年6月2日普鲁士议会一场有关海军的辩论后。

鲁道夫·冯·菲尔绍这个自由派，多年来一直在关于海军的议会辩论中唱反调，给高傲的俾斯麦首相大人制造麻烦。自从德国和丹麦签署了《维也纳条约》，这一议题持续升温。奥尔登堡（Oldenburg）的一名议员汉尼拔·费舍尔（Hannibal Fischer）1852年受命将一些旧军舰拍卖掉，因为它们被认为在和平年代毫无用处。这让很多德国人不爽，不光是部队的人，还有很多纳税人，毕竟，最初买这些舰船时花的是他们的钱。费舍尔后来干脆得了个"船只推销员"的诨号。这其实有一点贬损他的意思，因为销售工作并不是一位绅士应当从事的体面职业。他还被叫作

"无赖"和"投机商人",人们觉得他八成在这个项目上大捞了一笔。实际上,费舍尔只不过是做了政府交代他做的事。不过在海军圈儿里,他的名字有着负面含义。

海军辩论在议会中总是很激烈。今天我们只能想象一下菲尔绍对俾斯麦的口头攻击以当年的标准衡量是多么恶毒了。以现代眼光看,他的用词是温和的,或至少只有一点点刻薄。但当年的荣誉准则可不一样,并且这两位对手间经年累月的争论让双方都苦不堪言。根据速记员的笔记,菲尔绍说了如下一番话:"我只能认为首相(俾斯麦)连翻都懒得翻一下这份报告。我进一步认为,对他来说,只要里面涉及这些敏感的问题,只看看报告的结尾部分就足够了。但如果他读了整个报告,还声称报告中没有任何赞同性的陈述,那么我就真的不知道该拿他(俾斯麦)的诚信怎么办了。"

这太过分了。菲尔绍不仅说俾斯麦没有阅读重要文件,更糟的是,指控他对此撒了谎。几天后,俾斯麦命他的副手冯·科伊德尔(von Keudell)拜访菲尔绍并向他提出挑战。没办法体面地回避,所以菲尔绍不得不也找了个副手,他找了位冯·汉宁(von Henning)先生。情况变得越来越危险,因为双方都是杰出的政治家,没人想看到任何一位倒下。但是,由于两人的人生观迥异,很多人暗暗盼望着这场决斗的到来。

6月8日,柏林市长冯·福肯贝克(von Forckenbeck)试图缓解紧张气氛。他到访议会,声明在议会之外不允许争论议会的议题。福肯贝克还特别指出,决斗不可能在议会里进行,因为这为法律和社会风俗所禁止。

议会的议长格拉博（Grabow）表示赞同并冷冰冰地说，代表们必须遵守议会制定的法律："决定已经做出并宣布，此事到此为止。"

国防大臣冯·罗恩（von Roon），这位因出售军舰事件受损最大的政客站在俾斯麦这边。尽管他并不拥护决斗，但他认为，不论法律如何规定，每个人都有为维护自己的荣誉而战斗的天赋权利。在这个世界上，没有任何权力，当然包括议会制定的规则在内，能够削弱一个人的荣誉感。如果菲尔绍不道歉，那么俾斯麦就有权选择夺回荣誉的方式。根据冯·罗恩的理论，只要当事人表达了想要雪耻的意愿，议会就不能再行禁止。菲尔绍现在只能做一件事，那就是选择决斗使用的武器。这是一个非常独特的观点：国防大臣不仅将个人荣誉置于法律之上，甚至置于立法机构之上。

保守党心花怒放。他们通过发言人公开表示，议会中的任何争议完全可以在议会之外通过适当的方式加以解决，哪怕是非法决斗。报纸则就这场论战进行了一番炒作。

议员们没有达成一致，也完全没把议长的发言当回事，因此，并没有做出一个赞成或反对决斗的决议。次日，国防大臣捎信给菲尔绍，问他打算怎么办。

菲尔绍当时工作的柏林大学医院的官方记录中只是说，他收到决斗的挑战，但拒绝接受，因为他相信武力不能解决政治分歧。但显然，这说法有点太简单了。

实际上，6月17日，在口头攻击俾斯麦两周以后，菲尔绍四两拨千斤地终结了这场争论。他说他当初的发言中已经包括了道歉的内容。他仍认为俾斯麦没有读那份报告；如果俾斯麦确实没读，那么他就不可能知道在那份（没读的）报告中有肯定性的内容，因此也就没有对报告的内容撒谎；没人能够对自己不知道的事情故意撒谎。

俾斯麦最终极不情愿地放弃了，接受了这极不由衷的道歉。国防大臣通知菲尔绍，俾斯麦不再要求雪耻。两位宿敌的决斗以口诛笔伐告终。

荣誉问题

法兰克福警察局外籍专家哈鲁克·卡亚（Haluk Kaya）喜欢收集世界各地耸人听闻的报纸头条。下面是他收藏中的几例："只为报复被叫同性恋者，一男子冷血地将对方捅死，十七刀刀刀致命。""55岁老人亲吻着杀人凶器，他捉奸在床后用它杀死了邻居。""愤怒的父亲杀死了16岁男孩和他49岁的父亲，因为那小子想强奸他女儿。"

这些案子会让我们绝大多数人感到胆战心惊；我们总是很快下结论说它们反映出异邦的文化和习俗。的确，这些罪案都是在德国的土耳其族群成员犯下的。他们杀人不眨眼。在他们心里，任何事都和荣誉有关。和一百年前一样，他们并不觉得受到法律的约束。他们坚信，为了维护自己和家庭的荣誉，他们做了正确的事情。

若要弄懂杀人犯的心理和他们的犯罪行为，最好着眼于罪犯的情绪驱动力。在上述案件中，驱动力是荣誉感。传统土耳其家庭将荣誉区分为三种不同形式。某一种形式的荣誉受到损害，其他形式的荣誉却可能完全不被触及。

一个人在社会和两性关系中所具有的荣誉，土耳其人称作namus。社会决定某个人的阶层高低及那个人在两性关系中该如何行事。女人婚前必须保持禁欲，在见到男人时也必须恪守礼仪——土耳其文化中，荣誉所扮演的这种较为积极的角色称作irz。男人不用遵守上述规则。namus是对一个人社会身份及其如何自处的认知；而irz则尤其要求高贵、端庄、贞洁、克制。

荣誉的第三种形式是seref，比较接近西方意义上的个人荣誉感。它与别人对这个人的价值的评价有关，或者说与这个人的名声有关，名声则来自诚实和善行。在本书所涉及的罪案中，seref扮演着第二重要的角色。

女性性解放、妻子与他人蓄意通奸都损害着男人们的namus和irz，以及他们整个家族的荣誉。在这种情况下，传统习俗要求男性家庭成员，尤其是兄弟，保护家庭荣誉不受损害。在过去，荣誉减损会导致社会和经济上的损失。因此，为什么相应的保护行为经常会走极端，就不难理解了。毕竟，我们所说的是拯救整个家族的大事。

有一套预警机制应当能够防止这种爆发。通过他们的传统家族架构，土耳其男人表现出对违反irz和namus的行为绝不饶恕的姿态。在他们那原始的文化圈中，潜在的麻烦就这样被吓退了。同时，这些骄傲男人的预警行为，旨在防止人们嚼舌根，说他们容易让步或不堪一击，甚至更糟，namussus，意思是没有namus。

在西方人看来，这种行为粗鄙、傲慢甚至是野蛮的大男子主义。在今天的文化环境中，这些行为已经不再正当。尽管人们能快速接受各种不同的生活方式和习俗，刑侦学家和犯罪学家仍面对着在旧道德观的教唆下，为保护传统荣誉机制而实施的犯罪行为。对我们而言，这种传统荣誉机制是像决斗一样的陈规陋习。

外一篇：荣誉和红胡子

20世纪初，律师们发现"荣誉"一词是无法客观定义的，其概念完全取决于个案。就算将一个人可能具有的全部优点都罗列出来，也不能形成一个定义。是什么让一个人赢得他人尊敬，又是什么行为构成对某人的尊重或冒犯，这些完全取决于他/她所处的环境。著名的德国科隆狂欢节（Cologne Carnival）与众不同的等级制度证明了这一点："狂欢节王子"的宝座、狂欢节委员会的领导、为狂欢节委员会服务的"三人执行小组"的选拔，都是至高无上的荣誉并受到高度重视。但科隆的这种荣誉，在德国的其他地方则对人们没有什么吸引力，甚至可能换来傲慢的微笑或彻底置之不理。但在这件事上，谁侮辱了谁呢？

刑法典关键是要抛开各种荣誉、头衔的因素，搞清楚某个人是否在散布严重贬损他人社会声誉的言论。因此，一个人只可能冒犯另一个人，而不会冒犯商业实体、机构或行政机关。所以，电话公司、市政交通系统或国库都不可能受到侮辱；受到侮辱的只可能是它们的员工个人。科隆的"狂欢节王子"也不会遭到性情乖张的弗里斯兰（Friesland）沿海居民的侮辱。在弗里斯兰，没有这一称号的追随者，也没有人会推崇或贬低他。

对某人的侮辱可能招致最高两年的有期徒刑；诽谤罪在德国则可能受到最高五年的刑罚。1983年，有八千件人身侮辱案被定罪，其中两百件是恶毒的流言蜚语，九十八件是诽谤。现如今，荣誉感已经不像一百年前那么重要了。

如果一个德国人在堵车的时候做出侮辱性的手势，他将为此付出极大的代价，因为这种行为被认为尤其惹人厌。一名巴伐利亚男性被罚了600欧元，就因为他朝警察设的摄像头竖起了中指。慕尼黑地方法院的法官认为，这个手势对那些监看摄像头图像的人来说是种下流的侮辱。

更诡异的是，一个人可能因一般人完全感知不到的所谓侮辱而遭起诉。1961年，斯图加特高等法院裁定如下行为构成犯罪：一个外号"红胡子"的男人对一个女人说，只要她给他口交，就能治好他的病。这个诡诈的男人的确有病，只不过是眼部感染，"二战"时留下的老毛病。但他坚持说只有这样才能够让他不致完全失明。他还说这种病痛可能导致痴呆，除非他通过口腔接触得到"治疗"。

七个月后，那个女人终于意识到他在骗她，于是到法院对他提起了诉讼。地区法院依据德国刑法典第185条，以其对该名女性实施了持续性侮辱为由，对这名男性判处监禁。上诉法院支持了这一判决。现在看来，一个人由于在我们看来完全是个冷笑话的行为而不得不进监狱，实在是难以置信。

案件进入了更高一级的上诉法院，这次，它证明了恰当地解释法律是至关重要的。法律通常只是做概括性的规定，因为立法者不可能预见每个案件的每一个细节。根据德国刑法典第185条，猥亵行为属于犯罪，但如果受害人是自愿参与的，那么该等行为就丧失了其违法性——随之丧失了侮辱的本质特征。为了让"红胡子"好起来，那名女性愿意做任何必要的事，这点没人质疑。因此，他的恶作剧不应被认定为构成侮辱。

法庭得出了以上睿智的结论。但是，根据第185条，通奸行为为构成犯罪，因为通奸是犯罪行为人对其配偶和进行通奸的对象的双重侮辱。根据法律规定，当两名成年人自愿地协作实施非法行为时，就构成共犯。因此，本案因不能被整个社会所接受而构成犯罪，因为他们未能维护婚姻的尊严。这并不是说我们可以放弃更高层次的荣誉，比如人类的尊严和生存的权利。

在"红胡子"案中，法庭又向前进了一步。那个给"红胡子"进行"治疗"的女人之所以那么做，仅仅是因为她相信了那个谎言；因此，她同意口交的意思表示并不具有约束力，故而"红胡子"对该等性行为的要求变得应当受到惩罚。这一结论的用意是好的，但仍然相当于胡扯，因为那个女人神志清醒，并且有机会拒绝她那怪异同伴的要求。但常识并不能由法律进行规范。

从某种程度上说,每个人对于何为"正常"、何为"肮脏"都有不同的见解。在"红胡子"案中,他曾同时邀请好几名女性一起小聚,她们都为他提供了这种口交治疗。根据那名原告自己的口供,她很高兴她不用再一肩承担维持他健康的全部重任了。

第 二 章

罪　证

林中骸骨

在哈菲斯一案中，警方没费多大劲就把被肢解的尸体收集齐全了。但罪行和尸骸之间的关联并不总是很快就能找到。在森林中发现骸骨就是个典型情况。

每年都会有很多枯骨被发现，但和电影里演的不同，有时候不是一眼就能看出这些骨头是人的还是动物的。有时候也无法确定骨头在那里多久了——一个月，一年，还是一个世纪？骨头是否曾被动物刨出来拖到别的地方？有没有必要动用警犬或可以一寸一寸地毯式搜索的搜索杆？

搜索的结果将确定找到的骨头是否与失踪人员报告或谋杀案有关。如果相关信息与失踪人员记录中类似身材的人并不吻合，并且没有利器伤口或其他谋杀的证据，那么继续调查可能没太大意义。

就在几年前，这种骨头还会被送到位于某个法医学机构地下室的储藏点去。在美国，这类骨头上通常贴着一张字条，上面写着"刑侦人类学家"。这意味着，法医学骨科专家会研究这些骨骼，尝试确定大致的死亡时间、死亡原因或在腐烂前尸体是怎样储存的。可惜，在这个世界上没几个法医学骨骼专家。考古学和法医学之间的交叉几乎可以忽略不计，独立的骨科专家简直屈指可数。

刑侦人类学仅有的几个培训地点之一是"尸体农场"（Body Farm）。它真正的名字是"刑侦人类学研究所"（Forensic Anthropological Research Facility，FARF）。它的实验室藏在田纳西大学足球场的地下，因此它有个不同寻常的地址：诺克斯维尔市田纳西大学南体育场250号。从官方角度讲，"尸体农场"是田纳西大学人类学及刑侦人类学系的分支机构。

和大多数与尸体有关的研究机构一样，"尸体农场"被排挤到了学术研究的死水塘里。这本身并不是件坏事，因为在不同学科的交叉点上，研究的问题总是很有趣。这个地方现在很有名，就连沉闷的德国《时代周刊》（Die Zeit）都给它起了个诗情画意的名字：尸骸森林。这里有时也研究昆虫对尸体的影响，因此我有幸曾在那里工作。

对研究人员和犯罪小说家来说，"尸体农场"的历史已经成了现代童话。它创立于1971年，那时威廉·巴斯（William Bass）被派到田纳西大学开始骨骼研究，任人类学系主任直到1995年。研究之初，巴斯的刑侦人类学小组需要场地和原料。研究旨在推进快速确认尸体身份，包括处于严重腐烂状态的尸体。所有刑侦学研究都仰赖确切的数据，以推断年龄、种族和死亡时间——这些信息越准确，之后的研究就越高效和精确。

第二章 罪证

图1 作者马克·贝内克在田纳西大学刑侦人类学研究所（"尸体农场"）
（图片来自马克·贝内克）

刑侦人类学家并不总解答诸如死亡时间之类的难题。巴斯最初的几个案例之一发生在他的学生时代。他的工作是辨认两名司机的尸体，他们的卡车在肯塔基撞到了一起。让所有人惊讶的是，调查结果显示组成这两具尸体的尸块实际上属于三具尸体。那第三个人是名女性，很可能在撞车之前就已经死了，装在其中一辆卡车里被带在路上。

在巴斯到达现场前，骨骼检验技术已经有了充分认知的坚实基础。因为在科学博物馆和解剖机构，来自世界各地的数量巨大的头盖骨样本已经经过了好几十年的测量。对这些头盖骨的检验得出了许多关于人类成长特征和变异性的有用图表，以及许多关于活人的重要结论。

第二次世界大战前,许多欧洲人类学家对种族人类学（racial anthropology）充满热情,即便本来不是,在纳粹的逼迫下,他们也不得不变得热情起来。战后,很少有研究者愿意再涉足这个领域。体质人类学（physical anthropology）的名声也不怎么样,不是因为糟糕的数据收集,而是因为它隐含着种族灭绝和人种净化的含义,让人不寒而栗。在德语国家的刑侦学机构中,合格的骨骼专家还是寥寥无几。就像美国书籍和电影中描绘的那样,这种刑侦学家在德国极为鲜见。

出于个人兴趣爱好和教授学生的目的,1971年巴斯从零开始了他自己的骨骼搜集。根据他的数据档案,骨骼被精确测量,并根据性别、年龄、地理背景、疾病和其他永久信息,系统地记录下来,制成表格。在发现无名骸骨的时候,这些精确的图表能够帮助确定它曾具有怎样的身体特征。

巴斯并未满足于此。他的机构也研究腐烂的发展过程。为了这个研究,巴斯和他的学生不得不开车到那个用来存放正在腐烂的物质的农场里去——这很麻烦,而且要开上几个小时的车。学生们必须每天检查他们的试验品好几次。本来警察也可以参与骨骼鉴定的课程,但由于农场地处偏僻,这一切都变得不现实。

巴斯对他们系的教导主任说,他希望学校提供一个永久性场地,让他储存和研究尸体。若能够进行持续的观察,研究自然腐烂过程就容易得多了。这个工作可以帮助确定任何给定尸体的"尸龄",即死亡时间。

1981年春天,巴斯得到了校园中的一片区域,以前那里被用来存放等待焚烧的垃圾。由于美国不再允许露天垃圾焚烧，那片地方对学校来说也就没用了。这一天是田纳西大学"尸体农场"成立的日子。

"这样一个户外场地是十分必要的，这是能够区分内行还是外行的问题。"巴斯多年后这样解释。警察最常问的第一个问题是："这具尸体已经在这儿躺了多久了？"然后他们会问："这个人是谁？"只要看看尸体的腐烂程度，就能知道它已经在那里多久了。但如果能看的只有白骨，可就不行了。

由于田纳西的人口比巴斯以前工作过的堪萨斯稠密，他毫不费力地就弄到了日常研究所需的尸体，当然是在它们变成白骨之前。这是"尸体农场"存在的又一好理由。之前死在田纳西的人经常因为尸体散发的怪味儿而被人们发现，这时尸体仍处于在昆虫的帮助下迅速变质的状态。在人口较少的堪萨斯州，僻静处的尸体常常很久之后才被发现。它们往往已经完全腐烂，已不再可能进行生物组织研究。

巴斯越来越多地将精力投入腐烂组织的法医学研究。在人类学的其他领域，他也有几个研究项目，但"尸体农场"是国际知名、独一无二的研究中心，它成了他最受宠的项目。退休后，他仍担任这个露天分部的主任。1995年，他将农场交给了他的继任者莫里·马克斯（Murray Marks），后者掌管农场至今。

早年间，"尸体农场"并不是风平浪静的。在实验室成立的第一年，美国联邦调查局（FBI）特工威廉·罗德里格斯（William Rodriguez）开始研究腐烂尸体上的昆虫。当校医院的停车场朝着"尸体农场"的方向进行扩建时，媒体插了一脚。一名建筑工人对当地电视台的新闻播音员说:"我快被从死尸上径直飞过来的一大群苍蝇烦死了。"

罗德里格斯和巴斯担心夜间会有什么闯入研究所,所以1986年罗德里格斯搬到了在"尸体农场"中搭建的帐篷里。教导主任好心地授权在"尸体农场"周围建起了一圈铁丝网护栏。

作为他昆虫研究的一部分,罗德里格斯将尸体装进一只笼子,吊在高于地面几厘米的支柱上。笼子让狐狸和其他食肉动物不能接近尸体,也便于他收集在尸体下方的昆虫。现如今,正在腐烂的尸体不会再被吊在高处了,因为蛆不会攀住尸体,它们会从上面掉下来。让尸体和地面接触更具有现实意义,因为这才与真实生活中的情况一致。

有意思的是,罗德里格斯发现他实验用的尸体上寄生着的某种昆虫,与几十年前被观测到的出现在动物尸体上的相同。虽然品种及出现在尸体上的时间有细微差别,但这可能仅仅是因为周遭环境不同。他和其他人的此类研究,让法医昆虫学作为科学和犯罪学的一种研究方向,在美国和加拿大得到认可。从那时起,在很多北美大学中,昆虫专家开始了法医昆虫学研究。

当地人对"尸体农场"的兴趣在罗德里格斯的实验后一年逐渐衰落。虽然农场有三十到四十具尸体,不时散发着腐臭,但每个人都很快意识到这实际上是一个非常有益也非常平静的研究所。

(在本书第一版出版时,我成为刑侦人类学研究所家族的扩充成员。2003年夏天,我在FBI任法医昆虫学讲师。这是一段极其愉悦的时光,我非常享受和特工们的互动。我也从同事莫里·马克斯、理查德·扬茨［Richard Jantz］那里学到很多，为我在德国的许多新增课程收集了充足的资料。）

"尸体农场"的新闻

许多腐烂过程的细节已为人们所熟知。"尸体农场"的研究人员仍在研发观察腐烂的新环境，尤其是那些可能在真实案件中出现的情况。比如，尸体可能被放在背光处、水底或一层混凝土下面。人们惊讶地发现，周遭环境的哪怕是最细微的变化都会改变腐烂过程。一个雨水丰沛的夏季，我在加拿大进行了一次这类实验。我观察到，放在距人行道不远处的猪的尸体，在仅仅两周后就只剩下一堆白骨了；但相较而言，仅仅几码之外的另一具同样的猪的尸体，由于藏在一丛灌木下，在相同时间内，保存得相当完好。

"尸体农场"的研究人员会时不时地在实验中使用一些更复杂的测量仪器，看看能不能精确地判断尸体已经在那里多久了。前面已经提到了昆虫学的方法，最近，能够探测气体及测量尸体的化学成分的"仿真鼻子"被用于确定尸龄。

这些在真实环境中实施的法医昆虫学研究并不只有科学研究的诉求，它们也教会我们在环境不同时，不要将此前的工作成果类推到新情况中。最重要的是，配合警方的办案程序，"尸体农场"能够验证科学实验的成果。但是，即便知道确切的温度和地面情况，真实案件与条件受控的实验仍可能不尽相同。这就是为什么在调查中经常会出现错误判断。在试验中我们只是试图弄清

图2　在田纳西大学刑侦人类学研究所("尸体农场")中，一具深度腐烂的尸体上的颅骨（图片来自马克·贝内克）

楚，诸如火腿皮蠹或金蝇，到底什么时候出现在尸体上。但在真实案件中，留给科学家的问题有时是完全相反的：尸体处于腐烂的哪个阶段已经弄清楚了，但不清楚的是，为什么某种昆虫出现在了尸体上。

每年，FBI都会送一队特工到"尸体农场"去进修法医昆虫学的介绍性课程。在那里，他们不仅要学习尸体腐烂耗时多久，还会学习如何正确、高效地挖掘埋尸现场。在调查开展过程中，虽没有时间实施详细的考古复原，但也不能草率行事或动用挖掘机。

第二章 罪　证

当学生们到达一个可能的埋尸现场时,他们学到的第一件事是用棍子小心地戳一戳地面。之后,在经过探测的区域的四角做上记号。将土壤用塑料铲子一点一点地挖出来,筛一遍。总是水平地铲开表面的浮土,不能直接杵到地里去。要检验土壤中是否有受害人或凶手留下的证据。

你可以从绝望的表情和轻声的咒骂看出谁是第一次上这个课的人。为什么?因为规则是,如果一个学员漏掉了埋在土里的哪怕极其微小的一份证据,整个现场都会被填回去,重来一遍。

这个课程非常成功,有几年,它被引进到弗吉尼亚州匡蒂科(Quantico)的联邦调查局学院(FBI Academy)。所有FBI特工,不论是什么岗位,都可以参加。除了用手、铲子和其他工具进行仔细搜寻,下一项他们必须学的,是如何在学院四周一眼望不到边的森林里找到被落叶覆盖的骸骨。在匡蒂科,参加课程的规则是一样的:只要有一块骸骨没有找到,那么你就得重来一遍。这些掘墓新手得到的奖赏是一块写着笑话的板子,粘在被埋起来的骨头上。

威廉·罗德里格斯证明了将科学与刑事罪案调查实践相结合的重要性。这位前任"尸体农场"科学家,现在负责美国在国际行动中的挖掘工作,比如在前南斯拉夫和其他战争犯罪现场的挖掘。

莫里·马克斯在"尸体农场"的团队最初及最重要的工作是研究腐烂过程。学生们定期从腐烂的尸体上提取组织样本。(顺便说一句,多数学生是女性;在"尸体农场"和我的实验室,都很少见到男学生。难道姑娘们有更强健的胃吗？）之后，在实验室中化验这些组织样本。也许有一天会发明个机器来做这件事情，那会大有助益，不仅能帮忙找到掩埋着的尸体，还能更精确地判断埋藏的时间。这很重要，因为正如我们已经看到的，腐烂过程受到很多外部条件的影响。

关于"尸体农场"的前任领导威廉·巴斯，我想再多说两句。他绝对不是个古怪的人，75岁时仍然充满活力、幽默诙谐。一些来访者见到他在调查中面对尸体的状态，觉得他的淡定不同寻常。"刑事罪案不关乎悲痛。作为一名调查人员，并不会感到悲痛。"巴斯说，"做实验的时候，我只想检验我自己，看看我是不是有足够的知识和能力识别这个人的身份和命运。"

回头看看这位科学家的经历，就不难理解了。"我失去过两位爱妻，都是死于癌症，"巴斯说，"因此我能够承受哀痛。但我不喜欢死亡，也厌恶葬礼。"但是，巴斯经常会在机构里为实验用的尸体举办小型的悼念仪式。他的同事觉得这有点怪怪的；欧洲的大多数解剖机构和部门，通常只会举办一年一度的悼念仪式。

外一篇：寻尸犬

"尸体农场"不只处理尸体。1995年的俄克拉荷马爆炸袭击使一百六十八人在政府办公楼丧生，基于这一事件，寻尸犬开始在田纳西"尸体农场"接受测试，看看它们能不能在那样的环境中工作。与我们在犯罪小说中看到的相反，这些四条腿的帮手其实很难驾驭。

人们通过"搜寻—奖励"的游戏训练狗寻找尸体或尸块。寻尸犬必须非常活泼，且喜欢这个游戏，否则，它们才不会做这种无聊的工作。但是，活泼也意味着在搜寻中它们会很快变得兴味索然。你不能强迫它们工作，你必须理解它们。为了了解狗并让它们做自己的工作，你必须摸索出：在满是尸体的环境中，它们的压力水平是怎样的。

狗生活在用气味定义的世界里，并受训追踪尸体的气味。这就是为什么一幢满是死尸的倒塌的写字楼对它们来讲太难应付。这个问题还没有令人满意的解决方法。因此，每次使用寻尸犬只能持续非常短的时间。每只狗都需要自己特定的训练员，所以这也成了非常昂贵的课题。也许对狗的心理学研究能够帮助我们找到长时间运用它们的方法。

犯罪学家的工具箱

与多数科学研究成果一样，关于在被害人身上发生了什么，我们只能从他或她的骸骨中推断出非常有限的信息。如果没有划痕或骨折，说明凶手也许没有使用暴力。但被害人也可能是窒息而死或伤口在下腹部。这种信息缺乏非常恼人，这与阿瑟·柯南·道尔爵士塑造的人物夏洛克·福尔摩斯阐述的犯罪学家规则背道而驰："当所有其他的可能性都被排除时，剩下的，无论多么不可思议，必然是真相。"

调查人员使出浑身解数，试图使用尽可能多的刑事调查技术。这些技术可以确认或排除犯罪过程。有些手段不是每次调查都会使用，但在正确的时候使用正确的方法可以事半功倍。特殊技术被传授给愿意接受严格培训课程洗礼的FBI特工。犯罪学是一门社会科学。犯罪学家永远不可能成为法医或刑侦生物学家，反之亦然。他们的任务不同，在处理同一起案件时，他们的思维方式也不同。事情就该是这样。科学实验不能将小偷小摸打回原形，室内搜查也不能判断一具尸体已经在某个地方多久了。因此，各类调查人员之间的紧密合作十分必要，无论他们穿着制服、西装、皮夹克还是实验室大褂。

面孔和身份

如我们已经看到的，在调查之初，有两个问题是关键性的：尸龄是多久？他或她是谁？

确认死者身份本身并不能告诉我们发生了什么，而卓有成效地审问嫌犯，知道这个人已经死了多久则至关重要。基于实物证据得出的死亡时间越准确，证人证言就越有用，尤其是在验证不在场证明时。但是，如果不能确认死者身份，只知道死亡时间毫无意义。

刑侦科学家总是在痛苦地寻找尸体上的特别之处。首先，相貌很重要，因为这是证人记得最清楚的部分：公众通常不会对文字描述做出什么反应，但一旦照片公布出来，人们立刻就有了反馈。这没什么可惊讶的，毕竟，一张脸提供的信息可比任何文字描述可能提供的要多得多。

重现相貌有三种方法：如果尸体还不是完全无法辨认，可以进行脸部修复；警局里的艺术家们也能根据证人的描述画出逼真的素描像；或者，也可以直接用颅骨复原人的面孔。

对遗体的修饰处理是一门古老的艺术，几乎已经被欧洲所淡忘，因为现在已不怎么会将遗体停放在停尸间或葬礼时停放在客厅供人瞻仰。而在美国，人们更经常地在治丧或守夜时瞻仰死者遗容。殡仪员能让死者面容平和，并能让尸体不要太快腐烂。一个简单的方法是让死者闭上嘴，因为它们通常是大张开的。在葬礼上张着嘴可不平和也不高贵。更糟的是，这使人的容貌难以辨认，也就更加难以确认身份。为此，殡仪员要么在尸体下巴底下垫本书，要么就趁尸体僵硬前把嘴缝起来。如今，殡仪员，或叫入殓师，知道许多此类修饰技巧。这是一门对我们大多数人来说仍很神秘的艺术。

人的面孔会在死亡的瞬间立即发生变化，因为所有的肌肉都松弛下来，而不论死者最后见到了谁或死前发生了什么。面部肌肉由大脑控制，因此会随着死亡而松弛。把假牙拿出来，样貌也会变化。亲朋好友会惊讶于死者和生前相比变得多么小巧，之前他们可能从没见过死者沉睡的样子。在事故或犯罪现场，这常常造成麻烦：配偶一时认不出他们的另一半，以致让调查走上弯路。

随着1981年小说《高尔基公园》*的出版，尸体身份确认的方法之一开始为公众所熟知：用颅骨直接复原面孔。死后，人的面孔不仅会松弛，并且由于腐烂，颜色也会变得红红绿绿，甚至是黑色。同时，脸颊凹陷，但往细胞组织中充气后还能膨胀起来。防止面部腐烂需要许多耐心以及技术知识。面部保存的最佳案例是列宁。

在所有做了防腐处理的苏联政治家中，只有列宁的面部得到了很好的保存。约瑟夫·斯大林（Joseph Stalin）也被进行了防腐处理，但在赫鲁晓夫（Khrushchev）1956年发起"反斯大林化"运动后，斯大林的遗体于1961年从列宁的遗体旁被移走，不再供公众瞻仰，并埋在了距陵墓300码远的墓穴中。

正常来说，尸体的面部组织腐烂得很快，尤其是夏季、户外以及动物能够接触到的时候。死后几小时或有时候仅仅几分钟，丽蝇就会将卵排在尸体上，这样在潮湿的地方或若死者的皮肤吹弹可破，蛆虫很容易就能将皮肤组织刮破掏空。某些器官干枯得较慢，比如眼睛、内耳、鼻子和嘴。也就是说，对确认尸体身份而言最重要的器官，最早被破坏。

当蛆虫开始蚕食面部，对调查人员来说，保存面部组织就不再有意义了。那些孔洞和流失的组织妨碍了有效的复原。在这种情况下，调查人员要从面孔下面的骨骼重新开始，以推断出那张脸看起来是什么样的。但，如果没有软组织保存下来，又该怎么实现呢？

---

* 《高尔基公园》(*Gorky Park*)，又译《血洒红场》，有同名电影。——译者注

科学—医学图表是揭开相貌之谜的钥匙。旅行者几个世纪前就已经认识到世界上不同地区的面孔是不同的。比如，与欧洲人相比，非洲人鼻梁较矮、嘴唇较厚。这些相貌特征已经被测量和记录了很长一段时间。这些显著的、有时候微小的形态差异，强化证明了我们能够从有限的遗骸追溯一个人的地理出身。在现代，我们不仅测量了骨骼，还测量了皮肤、脂肪、缔结组织和肌肉等软性细胞组织。

上述测量使用的是刺入尸体的测量探针或活人的X光和超声波图像。即便来源不同，其组织厚度可能非常接近，但总有些细微的差异实际是天壤之别。在颅骨上复原相貌时，平均差异是很重要的指标。

图3展示了2001年一次调查中使用的十二个重要测量点。人脸表面以骨头和牙齿为基准进行了垂直测量和对角线测量。我们已经知道，在面貌复原时，有些区域的组织厚度最能说明问题，这些区域的数据当然是最重要的。

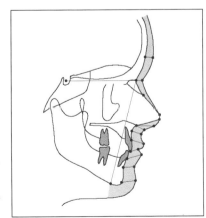

图3 面部组织厚度。不同种族的人的表皮厚度是不同的，这些数据已获得广泛认同，并被用来在颅骨上塑出皮肉

这些体貌特征总是有差别的。科学家们最喜欢的统计工具——中的值——很有用。这里指骨头上面软组织的平均厚度。颅骨上几个特定位置的软组织平均厚度是面貌复原的第一条线索。

皮肤的厚度会随着年龄改变，尤其是儿童期和青春期，但也会因一个人的地理出身和血统基因而有差异。幸好，骨骼结构也能佐证地理出身。此外，骨骼还能告诉我们许多年龄和性别信息。如今我们能用手部骨骼X光片证明一个人的年龄。也许有些出乎意料，但骨骼并不能告诉我们这个人是胖是瘦。

在刑事罪案中，只剩骨头的情况很少见。如果尸体被焚烧过，那么面部通常严重扭曲，但尸体的其他部分没受到多大影响。在焚烧过程中，尸体表面温度很高，但向内，温度下降得很快。高温被脂肪和身体所含的大量水分所阻隔。看到一具尸体表面已经被烧成焦炭，心脏和其他内部脏器却保存完好，就连医学院的学生都很震惊。即使皮肤已经被完全烧焦，面目全非，量量大腿的厚度我们就能知道这人身体里有多少脂肪。换句话说，软组织能告诉我们死者的重量。这一数据和上面说到的组织厚度中间值，是之后复原的基础。

复原嘴唇和鼻子则要困难得多，没有什么可靠的数学方法能根据下面的骨头判断这些面部器官曾经是多厚或多翘。但人们已经注意到了这个缺陷。希望额外增加的测量点和高速计算机能帮助我们更好地发掘嘴唇和鼻子的数据。

外一篇：列宁的遗体

"同志们、工人们、农民们，我来到这里向你们提出一个请求。请不要让你们的悲伤变成对弗拉基米尔·伊里奇（Vladimir Ilyich）伟大人格的肤浅崇拜。不要建造以他命名的宫殿或纪念碑；在他的一生中，他从不看重那些东西。他甚至觉得它们让人难堪。你们知道在这个国家里有多少不幸和混乱。如果你们想纪念他，建造幼儿园、住房、学校和医院吧。最好，遵从他的教诲，过你们的生活。"这是列宁的遗孀娜杰日达·克鲁普斯卡娅（Nadezda Krupskaya）1924年1月29日为当时苏联唯一主流报纸《真理报》写下的话。

列宁在这番呼吁前八天去世，死前与动脉硬化、脑出血，也许还有梅毒进行了长时间的抗争。克鲁普斯卡娅猜测大概不会有谁遵从她的请求，因为这不是苏联政府的意愿。而且，没有哪个国家会让他们的伟大领袖安息。就连查理·卓别林的电影和阿尔伯特·爱因斯坦的文件都在他们死后被保存了下来，而没有按他们的明确要求被销毁。

根本就没有那么个能让列宁安息的地方：他的接班人斯大林想利用一场国家阅兵式，开足马力走上个人专断之路。列宁遗孀的请求和逝者的遗愿一样无力，列宁也要求不要为他举办铺张的葬礼或纪念活动。

列宁死前三个月，苏联共产党中央政治局召开了一次秘密会议，讨论如何保存列宁的遗体。此前，尽管大费周章，但斯大林终于抵消了列宁的残余势力。即便如此,在那次决定性的会议上,斯大林还是以和蔼可亲的态度,代表他自己讨巧地说:"有人认为现代科学可以永久地保存他的遗体,或至少可以保存很长一段时间,直到人们接受他已经不在我们中间的事实。"

政治局的两名委员托洛茨基(Trotsky)和布哈林(Bukharin)却有不一样的意见。"托洛斯基是对的,"布哈林强调道,"如果我们把他的遗体作为纪念物保存下来,就侵犯了对他的记忆!真的!我们不能当真考虑(保存遗体)这种可能性。"几天后,托洛茨基被控破坏党的团结。他的意见变得无足轻重。没人敢忤逆斯大林。

1月23日,列宁死后两天,警察总长将政治局的官方意见通报给《真理报》:"国王们会被做防腐处理,就因为他们是国王。我的意见是,现在的主要问题不是我们是否应当保存弗拉基米尔·伊里奇的遗体,而是如何做到这一点。"

四天后,列宁的遗体被运送到一个临时陵墓中。工人们在冻土上挖了口10英尺深的竖井,将列宁的遗体放了进去。这是个幸运的季节,因为尸体被冻住了。如果是夏天,尸体立刻就会开始腐烂。由于没有保存尸体用的冷冻柜,苏联人不得不从境外订购。在滴水成冰的温度下,列宁的遗体变得干燥,这意味着细菌无法繁殖。在低温下,细菌即便不是完全停止生长,也会生长得非常缓慢。就这样,用大自然的方式,尸体经过冷冻干燥处理,将组织细胞保存下来。

第二章 罪证

为了进一步保存遗体，解剖学家阿布里科索夫（Abrikossov）将6升（21品脱）酒精、氯化锌和甘油的混合液注入列宁的血管中。这种混合溶液发挥了防冻剂的作用。这样，他的血管，若在较高温度中将成为细菌传播的有效导管，现在被阻断了。

然而，在列宁的颅骨上，为了取出他的大脑而被锯开的位置变成了棕色。其他地方的皮肤颜色也变得越来越深。同时，一个没有任何专业知识的政治委员会，就保存细胞组织的正确方法争论不休。

在争论了几天后，委员会终于决定委托解剖学教授弗拉基米尔·沃罗别夫（Vladimir Vorobjov）组建一支解剖团队，开始工作。沃罗别夫非常担心自己的生命安全，这种担心是有道理的。如果他失了手，不能成功地保存列宁的遗体，那他离叛国罪也就不远了。但是，如果拒绝接受这项任务，他肯定会掉脑袋。

沃罗别夫是幸运的，他曾实验过病理学家曼尼柯夫-罗斯威登科夫（Melnikov-Rasvedenkov）1895年设计的保存方法。用到了如下原料：

240升（63.5加仑）甘油（维持细胞组织的韧性及防冻）

110千克（242.5磅）乙酸钾（保持细胞组织中的水分）

150升（39.6加仑）水

1%或2%氯和奎宁（作为消毒剂）

为了这项工作，陵墓关闭了四个月，沃罗别夫聘请生物化学家鲍里斯·伊里奇·兹巴尔斯基（Boris Ilyich Zbarski）做助手。十年后，兹巴尔斯基的儿子伊利亚（Ilya）加入了那个团队。他发誓说直到今天，陈列展示的仍是真正的列宁遗体，而不是蜡像。

但当年那个团队是如何在短短两个月的时间内将已经开始变色的尸体修复成最佳状态的？即便以今天的眼光看来，他们的成果仍是个奇迹——即便是化学品创造的奇迹。

遗体保存小组的每一个人都知道，一个错误就能要了他们的脑袋。沃罗别夫将胸腔和胃腔里的全部脏器都取了出来，因为它们最易腐烂。然后他先用水，之后用福尔马林，最后用醋，依次冲洗尸体外表裸露的部分。

没有了易快速腐烂的零件，清洁后的尸体被放进福尔马林中浸泡，进行第一次解冻。散热器将温度保持在16摄氏度。不幸的是，这个在其他情况下舒适宜人的温度让福尔马林的刺鼻气味散发出来。

更糟的是，福尔马林并未彻底浸透列宁遗体的每一寸。起初，沃罗别夫担心要进一步切开尸体以便福尔马林能够深层渗入尸体。为此，他需要取得同事罗萨诺夫（Rosanov）的正式同意。沃罗别夫对罗萨诺夫说："我不是为死者担心，而是为生者。"切割列宁的遗体，如果不是绝对必要，也可能招致杀身之祸。最大的问题是，沃罗别夫不只要割开列宁的肩膀和后背，还有他的手和指尖。沃罗别夫的同事拒绝同意他的要求。

第二章 罪证

图4 保存列宁遗体（前排）所使用的是一份古老的配方，当然冬季的自然冷冻也在保存工作的初始阶段起了些作用。遗体后面（从左至右）可以看到防腐工程负责人弗拉基米尔·沃罗别夫教授、列宁护卫队负责人别林斯基（Belinski）和费利克斯·捷尔任斯基（Flix Dzerzhinsky）的秘书本杰明·格尔森（Benjamin Gerson）（图片来自伊利亚·兹巴尔斯基，莫斯科/圣彼得堡）

好在沃罗别夫还是硬着头皮那么做了。他还提高了浸泡液酒精的含量，这让尸体更加透水，色彩更加鲜明。当他们将列宁的遗体放入由甘油、水和铝酸钙组成的最后一剂混合液中时，一切都对了。遗体又一次变得柔韧有弹性（至今仍是这样），看起来栩栩如生。皮肤上的轻微变色被过氧化氢漂白，霉菌被苯酚清除。

其他的都只是例行公事。嘴唇缝合，换上玻璃眼球，描画眼睑。当列宁的兄弟迪米特里·乌里杨诺夫（Dimitri Ulyanov）看到躺在玻璃棺材里的列宁遗体时，他说："我差点喘不过气来。他看起来和死后几小时我看到他时一模一样,甚至还要更好些。"这让所有人都如释重负。这些遗体保存者救了自己的命。

从那之后,列宁的遗体需要持续不断的维护。鼻子、耳朵和手指等的尖端脱水很快,颜色变成木乃伊般的深色。为此,遗体穿着一件手工缝制、质量上乘的橡胶束身衣,保存液会定期注射到那下面。

1997年5月,鲍里斯·叶利钦(Boris Yeltsin)总统宣布,时代已经改变了,列宁很快就会被从陵墓中转移到他母亲在圣彼得堡的墓中。但反对的声音立刻出现。俄共中的强硬派举行会议并得出结论,由于红场——列宁陵墓所在地——即将被联合国列为世界文化遗产,所以遗体不能被移走。他们引用了一项禁止红场上任何建筑物发生改变的新法律。但就算是从事遗体保存工作几十年的伊利亚·兹巴尔斯基,现在也觉得,尽管列宁遗体的保存时间之长是一项无可比拟的科学成就,继续保存下去还是野蛮的,与现代文明格格不入。现在会被永久保存的只有一些无名氏,他们的尸体被用来进行解剖教学;还有危险的重罪犯人,他们所属的黑帮组织认为这是个时髦的做法。

调查和猜想

在面貌复原时,不仅鼻子和嘴唇的样子难以确定,头发的颜色、眉毛的形状以及发型等,在辨别一个人时都很重要。这就是为什么一个人往往只需要戴顶帽子就能混入人群或让人认不出来。被复原的面孔几乎永远都带着放松且正经的表情——只有几面之缘的友人可能从未见过的表情。

从某种意义上说，如果对一个人一无所知，你就不可能完整地复原他/她。也许那人某个特有的面部表情就足以让别人认出他/她。与其他犯罪学方法一样，面貌复原也有其局限性。

在过去的一百年间，软组织复原的不确定性引发了人们对这项技术有效性的热烈讨论。1999年，两位澳大利亚解剖学家卡尔·斯蒂芬（Carl Stephan）和马切伊·亨内伯格（Maciej Henneberg）进行了一项面貌复原究竟能否成功的研究。两位作者写道："这一研究旨在确认，运用标准技术得出的十六个近似的相貌结果中，是否有哪个足够精准，能超越单纯的随机性，而实现对目标个体的正确识别。"结果令人震惊。

这两个澳大利亚人使用的是四个真人颅骨的塑料模型，并给它们起了名字：山姆、弗雷德、凯特和简。就每个颅骨，他们都采用了几种不同的方法进行面貌复原，但每种方法的运用都是规范统一的。第一个方法是仅仅画出来，有点像警界艺术家的素描。除了颅骨外，素描艺术家没有援用任何其他识别人物的线索。没有证人的描述，艺术家没法从别的条件着手，只有软组织平均厚度。据此，他必须推测鼻子、嘴唇、前额和下巴的形状和大小。艺术家只画了幅画，而没有做模型，但所需要的基本计算是相同的。

在另一组中，实验人员将颅骨的图像在计算机中数字模拟出来。经计算得出的能够精确反映软组织厚度的图像，一层层地覆盖在颅骨上。复原的图像严丝合缝地贴合在了颅骨上。

第三种方法是在颅骨上预设三十四个点，钻出小洞，将木桩揳进颅骨的塑料模型中。这些木桩被切割成一定长度以切合相应的软组织厚度。软组织厚度的数据是法医学专家理查德·赫尔墨（Richard Helmer）在20世纪80年代用超声波测算出来的。木桩的外端要么借助计算机软件连接到一起，要么就干脆埋进了塑料里。人像的眼睛是人工的。男性的眼睛直径26毫米，女性的则是25毫米。鼻子的宽度是根据对真人的测量粗略估算的：鼻子的宽度正常来讲应是颅骨上鼻腔空洞的三分之二。眼睑也是基于估算。耳郭的大小是根据鼻子的长度推断的。部分实验结果见图5。

由于木桩方法看起来太简单了，澳大利亚研究人员还运用了另一种传统模型技术：复原时先赋予颅骨面部肌肉。由于原本是在真人颅骨上的，部分肌肉留下了仍可辨识的痕迹。这些痕迹显示出肌肉的厚度，或更好的情况是，它们与众不同的样貌。可惜并非所有面部肌肉都是这样。比如脸颊上的肌肉和用来开合嘴唇的肌肉，就找不到任何标记判断它们的准确位置。

实验人员花了几周的时间运用不同方法呈现这四个颅骨的样貌。其中两个是平面的，另两个做成了模型。都没有头发。然后，实验人员开始摩拳擦掌。解剖学家将复原面孔的十六张照片给三十七位从事医疗行业的志愿者看，要求他们将这些照片与十张真人头部照片进行比较，其中几张就是面孔被复原的人的真实照片。

结果令人失望。在几乎五百次判断中，正确识别的仅有三十八次。这样的结果并不必然是糟糕的，因为即便不能正确识

第二章 罪 证

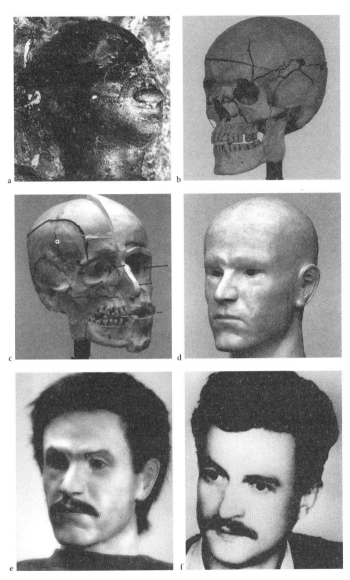

图5 曼海姆城外玉米田谋杀案：理查德·赫尔墨复原出的被害人的相貌。图f（右下）是被害人的真实照片（图片经理查德·赫尔墨和迪特尔·利奥波德［Dieter Leopold］许可使用）

47

别也可能提供有价值的线索。这个结果也许只意味着，不是所有的证人都能认出复原的面孔，大概只有十分之一的人能做到。就算这样也是个好的开始。

更严重的是，试验中，"证人"超过三百次做了错误的指认。在将复原的面孔与照片相对应时，将复原的面孔与面部没有被复原的任意其他人的照片相联系的，超过三分之二。在真实世界中，这种错误会将调查带入歧途。

这些实验的高错误率也许缘于我们习惯将原因与后果联系起来，就算那种联系明显是荒谬的。我们从一个假设开始：在实验或刑事案件中，那些摆在我们面前的照片中，就有我们想要找的人。否则，他们干吗把这些照片给我看？但不幸的是，事情并不总是这样。对肖像的选择取决于调查的进展，以及我们要找的人是否在已知的嫌疑人中。同时，也取决于能拿到哪些照片——是否有那个人的近照或更清晰的照片？

澳大利亚研究人员得到这么差的结果的另一个原因是，缺少独特面部特征，"证人"无法将复原的面孔与真人面孔联系起来，尤其是当他们没有头发的时候。结果是，很多时候，他们干脆只是猜猜。

澳大利亚解剖学家写道，在进行面部识别时，只有十六分之一的结果好于胡乱猜测。这意味着，面貌复原是不准确、不可靠的身份确认方法。这一结果与面貌复原专家经常鼓吹的高成功率相悖；专家们的结果似乎比实际情况要好得多，因为与失败的案子相比，侦破了的案件会吸引更多注意和宣传。当然失败的案子可能压根儿就不会见报。

此外，面貌复原是伪科学，因为它给艺术创作留下了太大的空间。毕竟，面貌复原中运用了若干种不同的指导方针和方法。使用哪种方法或哪几种方法相结合，完全由艺术家自己决定。这是错误的又一来源。还有，显然不能看看颅骨就知道发型。

说了这么多之后，人们肯定奇怪为什么面貌复原方法仍在使用。下面的案件能够帮助解答为什么澳大利亚的实验得出了那么令人失望的结果。问题在很大程度上源于生活的复杂性和真实性。

曼海姆谋杀案

1993年8月20日，星期五，德国西南莱茵河畔城市曼海姆（Mannheim）迎来了一个和煦的夏日。几个好奇的人正等着看一种古老的U形船被从河的下游运到施佩耶尔（Speyer）的博物馆展出。地方报纸《曼海姆晨报》（*Mannheimer Morgen*）注意到恐惧开始在人群中蔓延——城市北端特奥多尔·豪斯桥（Theodor Heuss Bridge）南侧50米的玉米地里，发现了一具烧焦的男尸。惊恐万状的围观人群报了警。死者的肌腱因燃烧而缩短了，这让他的四肢扭曲成了不同寻常的样子。尸体周围的玉米地也被烧焦了，但从尸体延伸出去的血迹形成了一条清晰的路线。显然，这是一起刑事案件。

警局的直升机在恐怖的现场上空盘旋，法医学家被从附近的海德堡大学（Heidelberg University）叫来。他们认定，死亡男性颅骨上的伤痕是在起火之前造成的。

第二天，对衣物纤维和毛发残留物的分析描绘出了这名男性生前的样貌。他长着棕色卷发，穿着白色短袜、前端有翼状装饰的棕色皮鞋、黑色牛仔裤和青绿色衬衫。这样的衣着打扮，让他更像生活在80年代，而不是90年代。除此之外，由于被彻底烧焦了，尸体没有更多可以识别身份的特征。

由于尸体就倒在靠近人行道的地方，因此基本不可能是白天被运到那里的，大概是前一天晚上被扔到玉米地里的。

尸检完成了。死亡男性年龄在25—35岁之间，体重约130磅，一口烂牙。在他的左上臂上有一个奇怪的、很不专业的文身，形状像一条狗，或一只鸽子，还可能是一支戟（中世纪晚期使用的矛状武器）。他还留着小胡子。所有这些线索都指向这个人可能与蓝领及罪犯圈子有关。次日，周一，警局开通了一条热线，让人们能够匿名提供与尸体和罪案有关的线索。警局还开出了约2500马克（1600美元）的奖金，这个标准数额从第二次世界大战后就没有涨过。

和预想的一样，你不可能从地下犯罪团体获得任何线索。两周后，在调查130英里开外的索林根（Solingen）市一对老夫妇被杀案件时，警察却找到了头绪。这两位艺术品收藏家遭到袭击，头部中枪死亡。罪犯抢了他们的手表、钱币和首饰，价值超过20万马克（约10万美元）。就在罪案发生前，两个看起来像来自东欧的人，曾向人打听这对夫妇。

这起罪案与发生在7月的另一起罪案很相似。仅仅一个月前，两个东欧男人在法兰克福附近的哈瑙镇（Hanau）袭击了一位钱币收藏家。他们用枪指着他，闯进公寓，将他绑起来。抢匪带走了价值连城的贵重物品，开着受害人的车扬长而去。但他们没有杀人灭口，所以调查进展很快。

那两个人开车到了维恩海姆（Viernheim）附近的一个休息站，停好车，然后消失了。曼海姆警方将这几起案件联系到了一起：那个休息站离发现烧焦尸体的玉米地不远。那名死亡男性具有东欧人常见的特征，所以他很可能来自东欧。也许，这名死者原本属于一个犯罪团伙，然后变成了被害人？他头部中枪及之后被焚尸的事实，让这一猜测看似有些道理。但这却将调查人员带进了死胡同。那些罪犯可能早就回东欧了。接下来六个月，没有任何曼海姆玉米地谋杀案的新消息。

一名看到关于这起案件的电视节目的观众打来电话，警方开始注意在曼海姆登记过的两名波兰人。他们仍认为他们要找的是犯罪团伙的成员或职业杀手。与此同时，波兰警方也在找这两个人，认为他们与卢布林（Lublin）的一起谋杀案有关。

这两个人的新旧照片被发布在媒体上。他们的外表有了一些变化，这让不同年龄的他们看起来就像换了个人。在一张照片中，两人中较年轻的那个看起来简直就是街头恶霸；在另一张中，他则更像个精明的商人。另一个人留着小胡子，这让通过照片追踪两人的难度加大。抓到这两人的机会很渺茫，因为他们还有假身份证。但是，警方发现，两名通缉犯中真名叫作罗伯特·科维克（Robert Kwiek）的那名，使用过若干假名字：Darius Sosnowski、Waldemar Peasecki，还有Marius Czerwinski。

成功的面貌复原

与寻找凶手同样重要的是确认被害人身份，好在刑侦科学家理查德·赫尔墨成功地完成了面貌复原。

赫尔墨是刑侦学面貌复原领域的先驱。俄罗斯解剖学家米哈伊尔·M. 杰拉西莫夫（Mikhail M. Gerassimov）是他的学界前辈之一。杰拉西莫夫梦想着能够重现祖先的样貌，尤其是那些原始人类和史前人类，他想用骨骼化石复原他们的面孔。就这一课题他写了本书，这本书先是被翻译成德文，然后被翻译成英文。杰拉西莫夫死于1970年7月，享年62岁，其时他的书刚刚出版不久。

与赫尔墨相反，杰拉西莫夫对古代名人很感兴趣，诸如，人称"伊凡雷帝"的沙皇伊凡四世*、弗雷德里希·席勒（Friedrich Schiller）以及被命名为"海德堡人"的现代人类始祖**。那个时期，以德国的冯·伊格林（von Eggelling）教授和捷克斯洛伐克

---

* 沙皇伊凡四世（1530年8月25日—1584年3月18日）：俄国历史上的第一位沙皇，又被称为"伊凡雷帝"或者"恐怖的伊凡""伊凡大帝"。伊凡四世3岁即位，母亲暂时摄政，1547年他加冕称沙皇。伊凡四世执政期间推行改革，尤其是军事改革，使俄国走向强大，在沙皇俄国的开国史上占有重要的地位。但是，由于生长在阶级斗争和统治集团内部斗争极其复杂的环境中，伊凡四世自幼即养成意志坚强和冷酷无情的性格，有很强的猜忌心理，好激动，残忍，对贵族们严厉镇压，13岁时就下令处死了反对他的世袭大领主。他还曾在盛怒之下，用手杖打死了长子伊凡太子，使人感到特别惊骇和恐怖。"雷帝"（"可怕的伊凡"或"恐怖的伊凡"）的外号由此而来。——译者注

** 海德堡人（Homo heidelbergensis）化石于1907年在德国海德堡市东南10公里出土。这是一件人类的下颌骨化石，经测定距今约有五十万年的历史。距今两百万年前，直立人（Homo erectus）在非洲出现，这是人与猿之间的分水岭，直立人阶段持续到二十万年前，才开始现代人阶段。直立人阶段的许多问题仍无定论。一般认为，在一百二十万年到八十万年前，非洲直立人由于气候变化等原因而大量迁徙。一些直立人走出非洲，来到欧洲和亚洲，各地的直立人开始了独立进化。从时间上看，欧洲直立人早于亚洲直立人，七十万年前，海德堡人最早出现，五十万年前亚洲的北京人出现。——译者注

的苏尔（Sur）教授为首的解剖学家相信，由于人们对这些颅骨知之甚少，想要复原面孔，哪怕只做个大概，都是不可能的。但当杰拉西莫夫开始在谋杀案调查中取得成功时，渐渐明朗的一点是，经过几年的实验，他是能够用颅骨将面孔复原的。在他人生的终点，他写道："在这最后几年里，作为我的人类颅骨研究成果的那些肖像变得街知巷闻。它们在各种博物馆和科学收藏中展出。它们被认为是可信的——复原的面孔被原型的照片所证实。用颅骨复原的面孔与那个人的肖像或照片之间的一致性，经常被解释为依赖于我的个人能力——我'经过感官拓展'的直觉。能够得到这样独一无二的赞誉，我感到受宠若惊，但这并不是事实。我的学生运用了我推荐的方法，他们的成功证明了这一方法的基本原理是正确的。他们不仅再现了石器时代和青铜时代的人物样貌，还系统性地解决了确认现世死者身份的难题。"

杰拉西莫夫提到的"直觉"其实是对每个面貌复原专家的婉转责备：他有额外的但不可靠的信息帮助他得到预期的结果。许多实验人员似乎都忘了，这不过是个刑侦学日常程序。

杰拉西莫夫宣称他几乎解决了他接手的每一个案子，这遭到了同僚的鄙夷。但他们忘了，杰拉西莫夫在苏联掌管着完全不同的刑侦学研究体系。他们的警察系统并不受西方警察系统所适用的法律规则的约束。比如，就算没有什么真凭实据，苏联警察也可以常规性地监听电话并录音。这让杰拉西莫夫能够获得比西方科学家多得多的与案件有关的信息，并使他得以更轻松地破案。更重要的是，在"铁幕"国家，刑事案件（如果官方确认它们的确发生过）将以政府命令的形式宣告侦破，无论真实情况是否如此。

理查德·赫尔墨在20世纪八九十年代也进行了许多在刑事调查中运用面貌复原技术的实验。他还研究了怎样将死者的照片与颅骨相对应。赫尔墨证明了，在其他方法收效甚微的时候，复原和叠印都是很好的调查工具。

在曼海姆玉米田案中，面貌复原之所以有效，是因为关于谁有可能认识被害人这一点，几乎没有任何线索。一张照片就能够帮助调查人员，因为照片在手，他们就能够走访很多人，就有可能得到一些有用的回应。他们成功了。证人报告1992年8月一个名叫克日什托夫（Krzystof）的男子一直待在曼海姆。曼海姆是他旅途的中转站，他要从波兰的卢布林去意大利。此后波兰警方搜索了嫌疑人罗伯特·科维克和他的搭档保罗·别拉夫斯基（Paul Bielawski）圈子里的人，看有没有那个叫克日什托夫的；出现了一个叫克日什托夫·洛恰克（Krzystof Rejak）的人，住在卢布林，这两个人他都认识。之后，玉米田里那具仍不能完全辨认的尸体立即被取了指纹，并与波兰的记录进行了比对。成功确认：克日什托夫就是玉米田里那具尸体。

将复原的面部与洛恰克的照片相比对，结果很有趣。由于理查德·赫尔墨知道尸体的发型和发色，使他对失踪人员的样貌所做的描述与真实情况非常接近。如果你将化妆师的工作成果与复原后但还没有头发的素面相比较，你一下就能明白为什么澳大利亚解剖学家认为面貌复原没什么大用处：没有头发，即便是赫尔墨的完美复原恐怕也根本无法辨认或没什么大用。幸好，许多尸体上的头发都能够保留很长时间——头发是不腐烂的。

理查德·赫尔墨说:"一张完美的复原面孔,如果照个证件照,应当看上去栩栩如生。那些不知道这是复原面孔的人可能根本无法察觉他正看着的不是真人。"他很清楚,这样的照片只是在调查中救急,如此而已,不多也不少。"复原的塑料面孔只是提供线索。必须通过其他方法证实身份。"

这其实适用于所有刑侦学方法。就算绝对确定的基因指纹也只是审判嫌犯的证据之一,还必须有其他若干事实,才能得出嫌犯确实实施了犯罪的结论。每一份证据都必须在犯罪学家的结论当中占有合理的一席之地;否则,这结论就算是正确的,在法庭上也站不住脚。

故事的结局

玉米田杀人案后九个月,神出鬼没的保罗·别拉夫斯基于1994年5月12日被逮捕了。他潜逃到了安特卫普,在那里大肆抛售珠宝。警察的几条线索指向别拉夫斯基躲在荷比卢地区,而安特卫普是他这种声名狼藉的罪犯的不二选择,国际搜索就这样追到了他的身后。他那个比较机灵的同伙科维克回了老家,别拉夫斯基则因为偷窃和伪造身份证件被抓住了。假身份证上用的是他以前作案时用过的假名。因此,对他来说,真证件还是假证件没什么区别:两个名字都在通缉名单上。

在比利时警方成功抓获两名罪犯之一后,他们的乌克兰同行坐不住了。科维克也被文件问题困住了。在克日什托夫·洛恰克烧焦的尸体被发现后一年,科维克想和女朋友结婚,为此,他相当遵纪守法地向市政厅提交了结婚申请。这座乌克兰小城只有一百多万居民，在迅速浏览了他的记录后，准新郎在去婚礼的路上被逮捕了。

外一篇：巴赫、拉斐尔和一个男孩的散乱骸骨

从1867年起，一些解剖学家开始尝试在颅骨上恢复相貌。这些颅骨并不是被害人的，而是名人的或在考古挖掘中发现的。弗雷德里希·戈特利布·维科勒（Friedrich Gottlieb Welcker, 1784—1868）曾为德国诗人弗雷德里希·席勒进行过颅骨复原。他也做了但丁（Dante）和拉斐尔（Raphael）的。他总是将工作成果与这些人的肖像画或其他能够反映他们样貌的线索——比如拉斐尔自己的作品——进行比较。

解剖学家威廉·西斯（Wilhelm His）1895年所使用的方法，是最早使用与现代解剖学实务方法近似的一例。当时的课题是，一个号称是约翰·塞巴斯蒂安·巴赫（Johann Sebastian Bach）的颅骨，到底是不是他的。复原的面孔与这位作曲家的肖像画相当一致。

1899年，汉斯·格罗斯（Hans Gross）在《刑事解剖学档案》（*Archiv fur Kriminalanthropologie*）杂志发文，将这一方法引入了解剖学领域。但面部不同区域的软组织的充足数据仍然缺失。然后就是那个永恒的问题，面貌复原到底是不是仅仅对应唯一的一个人。现如今，科学家们至少能够保

证，面貌复原的结果与死者的面孔具有合理的相似度。

杰拉西莫夫处理的第一起案件发生在1939年，列宁格勒（现名圣彼得堡）。一个人的骸骨散落在了面积约12米×15米的区域内。但是，动物也可能将骨头弄得像这样到处都是。而且可以确信的是，尸体显现出很可能是被狼啃食过的痕迹。颅骨和下颚骨在65英尺以外，上面只有切割痕迹，而这不可能是野兽咬的。三十年后，杰拉西莫夫回忆道：

当我走进房间，预审员正准备中止程序。他很不友好地看着我，问道："你有什么事？"

我回答道："民兵管理部一处的古多夫（Gudov）中尉刚刚告诉我，你有一个无名氏的颅骨？"

"是的，怎么？"预审员回答。

"我从事面貌复原研究超过十五年，我相信我能够帮助你确认这个人的身份。"

法官嚷道："胡说八道。没人能做到。不过既然你都来了，就帮忙把这些骨头打包好吧。对我们也没坏处。还有十二个小时，我就必须开始起草撤销这起案件的决定了，我可不在乎这些骨头是进了火葬场还是你手里。"

三十分钟后，我坐在了自己的办公桌前。我拿了一大张纸，小心地将骨头摆在上面。这些骸骨，包括长骨，并不完整。只有几根肋骨和几块脊椎骨。颅骨品相很好，但塞满了土和草。颅骨里面也有泥土。当我开始用刷子小心地清洁颅骨，我看到许多细小的毛发落到纸上——金色发红的短发。

　　颅骨清理干净后，额骨左侧显现出钝器击打的痕迹。在后脑右侧，颞骨乳突上面一点点的地方，我看到了许多切割的痕迹，证明一个带利刃的工具实施了多次击打。

　　毫无疑问，这是起谋杀案。凶器显然是小而轻的猎斧。前额的击打可能是斧子的背面造成的。现在我的工作是尽可能准确地确定受害人的年龄和性别，然后在颅骨上塑造相貌。

　　颅骨的不完全构造、颅骨的松弛接合、牙齿的轻度磨损、没有智齿，这些都引向一个结论，这是一个十二三岁的孩子。

　　要判断性别就难多了，小孩子的颅骨还没有发育出明显的性别特征。但眉骨和后脑右侧颞骨乳突结构刚毅的立体流线、相对棱角分明的下颌骨以及整个颅骨面部细节的突出立体感，这些特点都让我相信，这是一个男孩而非女孩的颅骨。四肢尖端较粗壮的结构也加强了这一假设。

　　两个小时后，我已经对死者的样貌有了一些概念，我立即将这一情况电话通知了预审法官。我问他："在失踪人员中，有没有十二三岁的男孩，个子不高但身强体壮，敦实、鸭蛋脸、长后脑勺、金红色的板寸，在死前一周左右刚剪的？"

　　法官惊讶地问："为什么是男孩，为什么是金红色？"

　　我回答道："我确信我刚才说的。以后再解释原因。"

第二章 罪证

我不想在电话里告诉他，只要稍微用一点心，他也能发现死者的确是金红色短发。

对男孩颅骨的复原需要做些特别准备。好在我已经有了些资料。在我收集的X光片中，有十二张左右是9—13岁的男孩的。所以在塑造出轮廓后，我能够建立软组织的形制。

这之后，我才能真正开始复原工作。这工作冗长乏味，将我的注意力全部吸引了过去，还牺牲了相当程度的灵活性。首先，咬合带和下颌要正确地拼在一起。在这个案子中，这点不那么容易做到，因为他死后太多牙齿不见了。在那之后，最重要的是用蜡复原咀嚼肌，因为它们决定了脸颊的形状。玻璃眼珠被嵌进蜡做的脸中。

轮廓以中线（脸正中由上而下的假想的基准线）为起点发展出来，注意已有的同龄人软组织厚度的数据，再加上颅骨的立体起伏特征，鼻骨、颌骨（咬合带）和下巴——这些都要考虑在内。慢慢地，一个男孩的头像形成了。朝天鼻、圆脸蛋；他有着平直的前额、丰满的上嘴唇和一对扇风耳。

第二天上午11点，我出现在预审法官面前。我还带去了民兵管理部的古多夫中尉，让他们一起决定调查该朝哪个方向继续。我之前从来没有提供过这类专家意见。有一点是确定的：就这么让失踪孩子的家属直接辨认复原的面孔是不可能的。复原的蜡像不能简单粗暴地展示给父母（假设他们还不知道他们的儿子已经死了）。他们会非常难过,就再也不可能进行客观的辨认了。按照古多夫的建议,我们计划展示不同孩子的照片。他们不会将真的蜡像拿给父母,但会将蜡像的照片和其他许多照片混在一起给他们看。为了让蜡像的照片看上去尽可能地像真人的照片,我们从不同角度拍了许多照片,穿着外套、戴着帽子,没有帽子的也照了。我们一共照了七张被害男孩复原头部的照片。只有非常仔细地辨认,才能看出这七张照片上的其实不是真人的脸。

五天后,在我的见证下,对无名氏的身份进行了指认。在这期间,预审法官证实,在距发现骸骨的地方不远的K村,一名男孩在六个月前失踪了。他离家出走过好几次,所以他的父母并没有警觉。他们认为,他总还会再露面的。不过,他能去哪儿呢?亲戚们相信,他这么爱冒险,肯定还在到处闲逛。孩子的父亲被传唤到列宁格勒的一个调查法庭。那次会面时,他说他的儿子12岁,长着和他母亲一样的红发,非常聪明,是个好孩子,喜欢读书,但不爱干农活。他还说,那孩子时常威胁要离开家到城市去。这让父亲相信他的儿子还活着。

问过话后,经同意,年龄在12—13岁的不同男孩的大约三十张照片展示在他面前,其中包括被害男孩复原头像的那七张照片。他毫不迟疑地指出了全部七张复原面部的照片。他一点都没有觉得这些照片上显现出的不是真正的他儿子的脸。看着其中一张照片,他说:"哦,他的外套真不错,那帽子看上去是新的。他肯定过得不错。"就这样，被害男孩的身份得到了客观的指认。这是面孔复原技术第一次在刑事案件中使用，大获成功。我没有参与预审法官剩下的工作。我只记得那个案子在1941年结案。

在新西兰奥克兰的另一个团队，也在刑事案件中使用了面貌复原技术。其中，1999年，在马努考港（Manukau Harbor，位于新西兰北部，靠近首都奥克兰）发现了一具腐烂的尸体，没有任何明显特征，他们成功地确认了其身份。他们认为这是波利尼西亚海岛基里巴斯的一名水手的尸体，所以从他家里找了许多东西来作参照。从他家找到的头发上的基因指纹和尸体的DNA并不完全吻合，因为尸体的DNA已经严重降解了。所以只能用颅骨来做面貌复原。复原的面部被进行了电子扫描，然后将影像覆盖在失踪水手的照片上。二者的一致性足以确认其身份。最终，水手可以被宣告死亡了。

当东方遇见西方

在20世纪90年代苏联解体后，东欧国家的经济困境和开放边境使得许多像科维克和别拉夫斯基这样的罪犯逃亡西欧，尽管只是很短的时间。

这些罪犯对暴力的渴求在德国并不为人知。他们四处流窜，虽然要进行大范围的搜捕，但往往很快会被抓获。要锁定他们并不难，因为即便是在黑道，社会规范和要求也各地不相同。科维克和别拉夫斯基过得太舒心了些。田园牧歌般的德国小镇氛围让他们昏了头，以为自己在全新的环境中安顿了下来，没有引起任何人的注意。但事实绝非如此。

对职业杀手而言，情况则大不一样：他们赶来，完成任务，然后迅速离开。这样的罪犯很难抓到——他们只留下很少的罪证，甚至根本不留下任何罪证。就此，德国西北部城市汉诺威警方的调查也许能够证明调查人员在追踪职业杀手时所面临的困难。

一宗近乎完美的罪案：批发市场案

33岁的幼儿园老师苏珊娜·K（Suzanne K）和她父母住在童话般的地方，每个人都善良正直。1985年，她邂逅了汉斯-尤伦（Hans-Jurgen），三年后，他们结婚了。他们搬到了复式公寓，为此借了一大笔贷款。从他们的新家能够一览无遗地看到她父母的房子。

1998年2月18日，周三。苏珊娜在凌晨3点开车送丈夫到批发市场上班，因为汉斯-尤伦的车周一送修理厂了。把他送到后，她开车回家，钻回被窝。早上8点，苏珊娜的妈妈看到女儿的车停在房前，但此时应该已经去幼儿园上班了。惴惴不安的母亲用备用钥匙打开女儿家的房门，发现苏珊娜毫无生气的尸体倒在底层房间的地板上。

尸体是俯卧的，从头部淌出一大摊血。母亲立刻打了急救电话。8点刚过一点，她打了一通电话给汉斯-尤伦工作的批发市场，对他说："汉斯-尤伦，快点回家！她倒在自己的血泊中了。"通话只持续了十三秒。

丈夫立刻赶回家。但在出发前,他对两个同事说他妻子被袭击了。回到家并听急救中心的人介绍了情况后,他几乎丧失理智,人们不得不将他送进医院;因为怕他寻短见,他被送到了精神病监护病房。第二天,他似乎恢复了一些。他对警方说,窃贼一定是在找他向同事借的准备用来购买批发市场股份的2.7万马克(约合1.5万美元),基本都是1000马克一张的钞票。那名同事证实了借钱的事。让调查人员吃惊的是,藏钱的抽屉看起来根本没人碰过,但里面的钱,连同两只劳力士手表,不翼而飞了。在翻箱倒柜时,窃贼肯定格外小心,小心翼翼地把内衣裤拿出来放到床上,还叠得整整齐齐。地下室里的保险箱完好无损,虽然钥匙就藏在保险箱旁边的暖气管顶上。房门也没有任何强行闯入的迹象。这到底是谁干的?是个业余的菜鸟还是个狡猾的专家?

幸福婚姻、停着的车和妓院

苏珊娜的丈夫汉斯-尤伦和苏珊娜的父母都对警察说,两人十年的婚姻生活堪称完美。没有出轨,没有大额人寿保险,两人都不会因为对方的死而获益。

汉斯-尤伦简直就是美满婚姻的形象大使。就算发生了突然的情绪失控,他也不可能犯下这样的罪行。开车往返于批发市场要用近一个小时的时间,如果他在早间最忙碌的时候擅离职守是不可能不被发现的。最重要的是,他的车还在修理厂。

不过,无论罪魁祸首是谁,他肯定和苏珊娜或汉斯-尤伦有某种关联。谁会无缘无故地在凌晨到宁静的居民区里杀害一名幼儿园老师呢？难道丈夫才是目标？凶手是不是搞错了他的作息时间？次日，星期四，在对房子里的打进和打出电话做例行检查时，谋杀案探员惊愕地发现，凶案发生前一天，汉斯-尤伦曾打电话给几家妓院，单是其中一家就打了七通。这些妓院的老板是同一个人，警方知道他和东欧黑社会有着千丝万缕的联系。奇怪的还不止如此。给汉斯-尤伦修车的修理厂机械师告诉调查人员，经过检查，汉斯-尤伦的车没有任何毛病，车况良好。但车主并没有把车提走，而是只拿了钥匙和文件，就迈开双腿走了。调查人员还发现，1995年汉斯-尤伦曾和一个神秘女人到加勒比度假。当时他向别人介绍说，她是他妻子。但苏珊娜的父母说这不可能，据他们所知，当时他们的女婿是自己一个人去出差，而不是什么度假。

周末的深入调查挖出了新的让人意想不到的线索，让汉斯-尤伦陷入了更大的麻烦。在走访那些汉斯-尤伦曾打过电话的妓院时，警员曾给一个名叫贝亚塔（Beata）的妓女看汉斯-尤伦的照片，并问她认不认识这个人，她回答说不认识。但这和贝亚塔隔壁房间的"姐妹"的证词相矛盾，后者说汉斯-尤伦可是贝亚塔的常客。随后警察再一次把汉斯-尤伦带回审问。这一次他表现得心神不宁，被一系列矛盾的证据搞得筋疲力尽，无法自圆其说。虽然警方不认为他有能力杀死自己的妻子，但他还是被捕了。

随后的几周又找到了更多有趣的线索。临近城镇哈梅林（Hamelin）的一名销售人员记得汉斯-尤伦买了两只劳力士手表。为了保险索赔,汉斯-尤伦已经将认证和质保证书交给了警察。但那名销售人员知道更多内幕,她告诉调查人员,一个来自"地中海国家"的男人本来要付钱,可他想用支票,但她不能接受支票。

警察迅速找到了那个"地中海国家"的男人。他是希腊人,是汉斯-尤伦在批发市场的客户,而且显然,这个希腊人才是那两只劳力士手表的真正主人。汉斯-尤伦借现金给这个希腊人买了手表,但这个希腊人马上就把钱还给汉斯-尤伦了。这个希腊人已经很久没有与这位批发市场的好心人联系了。汉斯-尤伦本来应该把手表的认证和质保证书寄给他,但他到现在也没收到。

汉斯-尤伦的处境越来越危险了。他总是吹嘘他收藏的手表价值连城,说它们得值个10万马克(6万美元)。但遭抢劫、老婆被杀后,他只拿得出两只劳力士手表的证书,它们实际上还属于那个希腊人。那他收藏的别的手表的收据呢?答案让人瞠目:汉斯-尤伦的手表都是假货。事实是,他没有把钱砸在手表上,而是花在了女人身上。从1992年起,他起码和二十个女人发生过关系,其中包括几名妓女。她们都说他为了她们挥金如土。

到了这个地步,汉斯 尤伦的所有证词都得重新检验一下了。当警察向批发市场的人问起汉斯-尤伦说放在梳妆台抽屉里准备购买批发市场股票的那2.7万马克时,大家都不说话了。原来,根本就没有那么多的股票。凶案发生前两天,汉斯-尤伦只花2000马克买了一股。

幻影般的男妓"弗兰克"

尽管这些真相暴露出来,证明他的生活中充斥着谎言,但现在调查的可不是什么金融违规,而是谋杀案。不过,汉斯-尤伦还有个麻烦:他为什么在案发前两天在汉诺威(Hannover)订了酒店?

那天下午3:30,他电话预订了带早餐的双人间。四十分钟后他出现在了酒店,签了预订表格,然后离开了。下午6:15有人在他的房间里看了付费电影。第二天,也就是案发前一天早上11:15,又有人退了房。这房间究竟是为谁订的?汉斯-尤伦对这件事的解释,至少可以说,很古怪。

那天下午早些时候,他说,他正在火车站徘徊,一个名叫弗兰克的男妓找上了他。由于在他最中意的那家妓院搞"三人行"对他来说实在有些负担不起,汉斯-尤伦把弗兰克带到那家酒店,弗兰克在那里过的夜。警方将弗兰克的素描像散发到汉诺威和其他城市的红灯区,但没人见过他。这个故事实在很蹊跷,因为直到这时,汉斯-尤伦一直是纯粹的异性恋。因此这个男妓的故事听起来非常不可信。谎言很快被揭穿了。那天下午4:45,汉斯-尤伦从批发市场的自动取款机里取过钱,而按他的说法,那时候他应该正在快活。警方追踪了汉斯-尤伦在案发前晚打过好几次的一个拉脱维亚的电话号码,案情越发扑朔迷离。电话的主人是名叫索维塔(Solvita)的妓女,她曾在汉诺威附近做过一阵子,但后来被赶走了。这是一条重要线索,也许能够解释为什么汉斯-尤伦和那么多东欧妓女有往来。

第二章 罪证

但这些都变成了徒劳。1998年7月，策勒（Celle）镇高等法院不得不因证据不足而将汉斯-尤伦释放。警方垂头丧气，但就算他们自己也不得不承认，不管生活在多少谎言中，汉斯-尤伦还是不可能一边人在批发市场，一边打死自己妻子。

贝亚塔怒了

汉斯-尤伦回到家，舒舒服服地住下，继续享受周旋在好几个女人之间的生活，还回去上班。这时警方幸运地找到了突破口。因为另外一起案件，调查人员又找到妓女贝亚塔问话。她顺便提到汉斯-尤伦还欠着她钱。因为他犯的事，她被扣押审问，为此她不得不请了律师。汉斯-尤伦之前答应替她付律师费，但他食言了。现在他只是对她说，他所做的一切都是"为了他们俩"。

几天后，他对贝亚塔说，他早就在计划谋杀了。这可没能安抚她。她只想看见真金白银。贝亚塔随后将案件的来龙去脉告诉了警察，"完美杀手"仅仅因为不愿意付几个律师费而被揭发了。

警察和检察官已经在奇怪他岳母只是说有好多血，汉斯-尤伦怎么会立刻就说他妻子被人袭击了。汉斯-尤伦再次被逮捕了。

他说的话，法庭一句都不信。每个人都清楚，是他在背后操纵。他肯定是利用在东欧的关系买凶杀人。警察局局长维尔纳·艾克曼（Werner Eckermann）回忆道，当时还是没有清楚的作案动机，尽管"有若干小动机。苏珊娜的死能给他带来一些经济利益，比如公寓的完全所有权和一小笔寿险赔偿"。

更重要的是，进一步的调查显示，1997年12月，她曾在按摩师的办公室情绪崩溃，说到她丈夫有外遇。显然，她给丈夫写了字条，说如果他想从他们的婚姻中解脱出来，她不会挽留。"但如果离婚，汉斯-尤伦就不能再继续他放纵的生活了，"艾克曼说，"他得支付赡养费，还会失去岳父岳母的经济支持，他们那时每月给小两口10万德国马克。"

另外，他的自尊心受到了伤害。对这个自负的男人来说，他的妻子能够毫不留恋地就放他走的事实，让他难以消化。他难以计数的女朋友都同意心理学家的分析：他的嫉妒心出奇地重。尽管他有无数外遇，但苏珊娜可能离开他，投入其他男人的怀抱，对他来说，仍是不能容忍的。

"到底发生了什么还是一个谜。"艾克曼接着说，"很可能汉斯-尤伦为动手作案的两名凶手订了酒店房间，本来打算在之前一晚，即周一晚上下手。但不知道什么原因，没能实施。于是汉斯-尤伦不得不将车子再在修车厂留一晚上。苏珊娜那天晚上也不得不开车送他去批发市场，提供了他的不在场证明。"

那个拉脱维亚女人索维塔1998年7月在里加（Riga）的德国使馆接受了讯问。她承认和汉斯-尤伦有来往。她还说最后一次见他是她在汉诺威附近的酒吧工作的时候。看来那些电话并不重要，和这个案子没什么关系。没有证据证明她参与了犯罪。杀手至今也没有找到。

杀手也许没找到，但不意味着汉斯-尤伦能逃脱法律的制裁。1999年6月，汉诺威高等法院只根据间接证据和证人证言就以教唆杀人罪判处汉斯-尤伦终身监禁。联邦上诉法院驳回了他的上诉，维持原判。

这宗几乎完美的罪案终究不是那么完美。一个不想付律师费的妓女纯粹偶然地给出的证词，手机打出的无数电话，信用卡的使用，假劳力士手表的收藏，都把汉斯-尤伦击倒了。

用花粉说话

杀手作案一般都很难破案。就算受害人能够指认凶手也没太多助益，因为罪犯早就销声匿迹了。

但并不是所有看起来希望渺茫的案子都解决不了，尽早咨询刑侦学和犯罪学专家非常重要。杀手不能阻止昆虫、真菌或花粉泄露他们的行踪。这些微小的生物，多数用肉眼根本看不见，甚至许多生物学家都不怎么了解它们。

有一个事例可以恰如其分地证明刑侦科学的价值。1994年2月，在德国的马格德堡（Magdeburg），一个工程队碰巧打开了一座埋葬了多人的墓穴。从骨骸判断，里面埋葬的是一群年轻男性。头盖骨显示其中很多人的门牙被硬生生地敲掉了。看起来，这些遗骸是些遭到虐待后又被射杀的军人——对这座埋葬了多名年轻男性被害人的墓穴而言，这是可能性最大的解释。但他们怎么会出现在闹市中呢？

有两个可能性。这一区域先是被纳粹盖世太保占用，之后又落入了苏联秘密警察（GPU）的手里。在1945年4月"二战"结束前夕，盖世太保在很短的时间内处决了大量在押人员。由于集中营已经被弃用，所有此前在集中营里完成的勾当都不得不转移到盖世太保大楼的后院执行。人们还知道，GPU在德意志民主共和国（DDR）杀害了许多他们认为应当对1953年夏季起义*负责的人。问题是，谁应当对这些遗骨负责：盖世太保还是GPU？

犯罪现场骇人的历史为刑侦科学家提供了调查的便利。只有两个可能的时间：如果是盖世太保干的，那就是1945年4月；如果是GPU干的，那就是1953年的6、7月间。有没有可能从生物学的角度区分这两个日期呢？

刑侦科学家从骸骨的鼻腔中提取出花粉。这样做的原因显而易见：在4、5月间开花的树和草与在仲夏开花的品种不同。人们不会在夏天吸入春天的花粉。在盖世太保犯下罪行的时候，遗骨应当主要沾染橡树和菩提树的花粉。但如果罪行是在6月实施的，那么就应当能够发现桦树或夏季车前草（车前草的一种）的花粉。这就能够证明这些死者是GPU的受害人。

刑侦科学专家莱因哈特·茨博（Reinhard Szibor）和克里斯托弗·舒伯特（Christoph Schubert）制订了一个马格德堡大学刑侦科学会的行动计划。首先，他们必须确定在尸体的鼻腔中是否残留着花粉。也有可能找到全年各个时期的花粉。因为花粉有非

---

* "二战"结束八年后，民主德国经济状况仍旧很糟，日常的生活必需品仍旧供应不足，但联邦德国经济走势很好，致使大量东德人离开民主德国。但东柏林当权人仍在竭力压制人民的不满情绪，1953年4月还上调了肉、蛋和甜品价格，5月末又决定将工资标准提高10%（这相当于大规模削减工资）。东德人民的不满情绪达到高潮。1953年6月17日，对经济状况不满引发的工人抗议最终激化成为人民起义，起义很快扩展到了东德的七百个城市，参加抗议的人数达到一百万，但后来被苏军的坦克和东德警察残酷镇压下去了，有五十五个东德人在这次起义中丧生。——译者注

常坚硬的外壳，这使它们不易腐烂。但是，如果身体在正常的体液循环过程中将花粉的外壳排出了体外，那么它们就不会造成什么困扰。

马格德堡的科学家们通过一系列的实验证实了，多数非应季的花粉必然会被排泄掉。为了证明这一点，在一周的时间内，舒伯特往一块手绢里擤鼻子四次。然后他把花粉从手绢上洗下来，用煮沸的硫黄酸清洗后，通过一架高倍显微镜将它们按照形状和株型排序。

实验证明，人体很快就将吸入的花粉驱逐出去。空气中不同种类花粉的频数分布与在尸体的鼻子中所发现的完全吻合，并能够指明季节。

花粉粒在刑侦科学中扮演着非常重要的角色：在一个人死后很久，尸体细胞组织正在腐烂，花粉粒却仍留在骨腔中。如果尸体是在地下墓穴中，并因此免于受到流水的冲击，数十年甚至数百年后，在鼻腔中仍能找到花粉粒。因此，这成为判断死亡季节甚至月份的一种绝佳方法。

刑侦科学家在调查中如是顺藤摸瓜。他们与马格德堡大学刑侦学会的同僚一起，辨识了大量从墓穴骸骨中找到的不同种类的花粉。从四个颅骨中，他们找到了七十四到四百六十四种车前草的花粉粒。他们还找到了一些菩提树花粉粒和一点桦树花粉粒。这些花粉都出现在夏季而非春季。为了百分之百地确定这些花粉不是尸体所在的周遭土壤的组成部分，科学家们比对了鼻腔中的样本和从骨盆区域的骨头中抽样获得的样本。在骨盆区域，没有找到任何花粉。

如果我们的假设是正确的，即这一墓穴不是盖世太保就是GPU干的好事，那么由于这些夏季花粉，它必然是GPU所为。因而，在马格德堡市中心的那些死尸实际上是东德革命的牺牲品。

其他一些案例证明，真菌的孢子能够证明死者在哪里咽下了他/她的最后一口气。马格德堡团队用尸体鼻腔中的蘑菇孢子得出了这一结论。在发现尸体的地方附近生长着蘑菇。因此，可以推断，死者必然死于森林中的这一区域，至少尸体不是被转移到这里来的，因为人不可能在死后还吸入蘑菇孢子。

第三章

证人、巧合和度量

在上一章里,我们看到,调查人员和技术手段都有可能出差错,但最终,调查总是会走向有效的解决。原因有很多。一方面是刑侦科学家的直觉;与之相应的另一方面,我且简单地称之为侦探的直觉。

对于不是在受控或预期环境下使用辅助调查手段,科学家们总是充满质疑。但某些极端聪明或极端愚蠢的罪犯,经常能够逃过其他方法。

敲诈和为了赎金而实施的绑票,常常成为明证。这类罪犯不得不暴露他/她的部分特性:他们必须提出条件,并安排赎金的交接。在诱拐案中,调查人员不仅要锁定谁是罪犯,还要尽快找到受害人。他们面临着巨大的压力。

在经典好莱坞式情节中,这两件事会同时发生:罪犯和受害人会在同一时间被找到。本章的案例证明,有时,最先进的犯罪科技让调查人员毫无头绪,但他们需要的其实只是巧合和直觉,这就足够了。

已婚的室内装潢师

"当我们要带他回来问话时,"德国西南部城市卡尔斯鲁厄（Karlsruhe）的警探安东·基梅尔（Anton Kimmel）回忆道,"他正在装修一间底商的窗户。他擦干额头的汗水,坐进车里让我们把他带回警局。当听说刑事侦查处怀疑他意图敲诈勒索时,他才忽然脸色煞白。但当从震惊中恢复过来后,他表现得和任何无辜良民一样。他说他什么都不知道。"

但这名室内装潢师可不像他演的那么无辜。警方留意他已经有一段时间了,而且发现了几件令人瞠目的事情。

1961年7月底,在他被警方带回问话前一年半,一名富有的寡妇收到了一封可怕的信。信中要求她在8月8日和9日之间,将1万马克（约6000美元）装进塑料袋里,放到她房前拐角处某根栅栏旁边。信里威胁道:"如果钱没在规定的时间放到规定的地方,收信人说不定会断胳膊断腿。"放钱的地方倒是和这警告的风格很一致——一片墓地旁边。

8月8日中午时分,那名寡妇把钱放到了拐角的栅栏边。十一个小时后,一个年轻男子朝着他认为放了钱的地方鬼鬼祟祟地走来。他摸了摸周围的草地,但离开的时候并没有拿着钱。原来那名寡妇不小心把钱放错了地方。监视着这一切的警察惊讶于该男子来去之迅速,他就那样消失在了附近的公寓大楼中。

警察开始蹲点。次日早晨差一刻9点,那名男子走出公寓楼,开车进了城。他中午回来,把车停在路边,对大摇大摆停着的警车显得十分警惕。随后他开回公寓楼,按了两下喇叭,就又离开回城里去了。

次日，这名22岁的犯罪嫌疑人被拘留了，警察要求他提供笔迹样本。结果，他的字迹和敲诈信上的非常相似。面对警察，这名欠了银行1万马克的室内装潢师讲了个十分离奇的故事。他说他不是在栅栏附近找东西；相反，他是在往草里放东西：一只用过的避孕套。他根本就不知道钱或敲诈的事情。

他说的话，警察一个字都不信。但当他们对现场进行搜索时，竟然真的找到了那只避孕套。虽然感到难堪，但出于绝望，嫌疑人还是交代，8月8日晚上，他在他父母的公寓和一个女服务员发生了性关系。事后，他把用过的避孕套装到兜里打算在回家的路上扔掉。但到了家门口他才想起来避孕套还在兜里。为了处理掉这东西，他到花园栅栏的拐角处，把它扔到了草丛深处的排水沟里。

虽然那名女服务员眼睛都没眨一下就承认她和餐馆主人已婚的儿子发生了性关系，虽然避孕套在不那么开放的20世纪60年代确实会让人困窘，但无论如何，这个故事还是有些牵强。在栅栏拐角处有一盏路灯，从街对面他家的主卧里可以清楚地看到这个角落，因此他把避孕套放到那里时很容易被妻子逮到。尽管如此，法官还是不得不撤销了逮捕令，因为警方没有任何其他证据。室内装潢师自由了。

两天后，那名寡妇，这次还有她妹妹，收到了另一封敲诈信。寄信人这次没威胁要把她大卸八块，而是要泼盐酸。

城里还有另外五家有钱人也收到了类似的敲诈信，但没有人付钱。其中两封信里有死亡威胁。信里的部分文字下画上了红线，内容是亲属们哀悼某位家庭成员骤然辞世。

警方安排了几次交款，但钱一次也没有被取走。那名嫌疑人——室内装潢师——没有任何动静。关于他是否与恐吓信有牵扯，找不到一丝一毫有用的线索。除了与他父母的一名雇员通奸外，他是否真的无辜呢？

案子出人意料地很快结案了。1963年2月的第三个周日，同城一位退休女士打开房门，发现了一封没贴邮票的信。信中索要1万马克，要不然就杀了她。

吝啬或捉襟见肘证明罪犯扛不住了。显然，他是亲自送的信。好几个邻居都说看到一名男子在门口鬼鬼祟祟。那女人对人们所描述的那名男子的样貌很熟悉：那是他儿子的棋友。

警探基梅尔总结道："我们在18岁的棋友家找到的证据足以逮捕他，罪名包括九次企图敲诈勒索、一系列入室行窃，以及猥亵儿童。"系列敲诈案停止了，其他的案子也水落石出。

接受审讯时，那个棋友沉默寡言。他只是说："我只想弄点钱买一部新车。"但每次要去拿钱时他都临阵退缩，然后只好再写一封敲诈信。警察还在他房间里找到一瓶盐酸，他没交代这东西是用来干什么的。

室内装潢师和这些案件没有任何关系。但他和女服务生的婚外情和那只忘了扔掉的避孕套，让他遭受了四周的牢狱之苦和他妻子的难堪审问。但无论如何，一切都归于平静，案件似乎解决了。

一年半之后，棋手被从少管所提前释放。几天后，1965年4月8日，邮政局长收到了一封信，让他把1万马克放到指定地点，如果不照做，他5岁的女儿就会遭到强奸。在寄信人地址处，是城里一家机械工厂的公司徽标。信是手写的。

警方和专家又开始了调查。但没人来取赎金。对警方来说，这一切似曾相识。

嫌疑人自然是棋手。他立刻被审问并被索要了笔迹样本。这时一名警探想起，之前搜查的时候，在他屋里看到过一枚邮票，上面有机械厂的徽标——棋手曾在那里当过学徒。

进一步的调查得出了三个结论：第一，敲诈信上的邮票和在他屋里找到的那枚不一样；第二，笔迹样本和信上的字迹完全吻合；第三，棋手立刻就向他的假释监督官承认了罪行。假释监督官希望，既然他立即认罪，法官能够在量刑时考虑从宽处理。

奇怪的是，敲诈信的数量以几何级数增长。机械厂有二十五名客户收到了带有侮辱和性威胁内容的信，其中许多以敲诈勒索结尾。这些信都用了公司信头纸。在新出现的信中，寄信人写道，这些客户作恶多端、欠债不还。蹊跷的是，所有信都以"你这只猪"开头。看来写信人已经歇斯底里了。

那名爱下棋的电工似乎也要失控了。接受审讯后几天，他被证明是冒牌的罪犯。一切看上去都严丝合缝，除了在他房间里找到的邮票不是信封上的那种。不过人们也很难相信，作为一个小小的学徒，这名嫌疑人能偷那么一大堆信头纸，事先做好几十封侮辱信，藏好，然后再不时地往出寄两封。

这些谜团最终把案件引向了机械厂。涉案邮票就是最近那里失窃的。当时没人把这小小的顺手牵羊当回事。丢失的邮票只在来函室使用，不作任何他用，所以偷之无用。鉴于所有这些线索上的不一致，警方不想又一次走错方向，他们和工厂的每个工人都谈了话。其间，他们遇到一名17岁的学徒，既不认识爱下棋的电工，也不认识已婚的室内装潢师。但他承认，是他，自己一个人，写了那些信。写这些侮辱信件然后寄出，能让他产生性快感，这解释了为什么信件的数量会越来越多。

电工撤销了认罪。他说当新的敲诈信在他出狱后不久出现时，他的假释监督官建议他承认一切，免得找麻烦。在这个案子中，就算假释监督官也被一系列巧合所组成的令人无比信服的逻辑链条愚弄了。假释监督官也相信，实施过敲诈勒索的人还会再次犯案。

1966年2月，17岁的学徒被卡尔斯鲁厄地区少年法庭判处六个月监禁。这时，敲诈才停止。

那时起，卡尔斯鲁厄警方在办理这类案件时格外小心，尤其是当涉及笔迹样本的时候。两起敲诈案中，专家都在笔迹鉴定时得出了清楚确定的结论，但两次他们都错了。谨慎起见，警方和司法部门都没有相信所谓"无可辩驳"的专家证据，而是听从了他们自己的第六感，并恪守着夏洛克·福尔摩斯的法则："当所有其他的可能性都被排除时，剩下的，无论多么不可思议，必然是真相。"只有当所有调查结果都合情合理时，我们才能确信我们找到了罪犯。这些调查结果经常会构成一幅拼图，精美严密，就如阿加莎·克里斯蒂或乔治·西默农（Georges Simenon）的侦探小说中的情节一般。

混凝土中的酿酒人：喜力案

警察的嗅觉非常重要，有了它才能让调查不偏离航向，始终向合理的方向前进。

当酿酒人阿尔弗莱德·海内肯（Alfred Heineken）*和他的司机艾伯·多德勒（Ab Doderer）1983年被绑架时，案件关乎的不仅仅是3500万荷兰盾（约1800万美元）的巨额赎金，还要保住他们的性命。

短短几天内，警方搜集了七百多条线索。其中之一指向一家中餐馆——有人日复一日地从这里打包带走两人份的食物。那个人"谨慎得让人生疑"——得承认，这种说法不怎么靠谱。但当阿姆斯特丹警方跟踪他时，有个惊喜在等着他们。那名男子将食物带到阿姆斯特丹西港一个废弃工业园区的陨铁小屋里。小屋在一堵墙的后面，根据外面的标志，它属于一家家具公司。一个人要两人份的饭菜实在有些古怪。日复一日地，在破旧的陨铁小屋里吃饭？这是某人的怪癖，还是破案的关键？

那名男子离开小屋后，警方的一支十人小分队更仔细地审视了一下小屋。它看起来没什么不可告人的，几乎都没用过。前面挡着板子，似乎是用来防贼的。警察敲了敲小屋的墙壁并向里面喊话，但里面一点动静也没有。考虑到他们的猜疑不足以申请一份让他们能够破门而入的搜查令，而只会惹来索赔，他们没有继续搜查。小分队通过无线电告诉总部，搜寻没有收获，所以他们

---

* 此人就是喜力啤酒（Heineken）的创始人。——译者注

会返回基地。

但警方督察吉尔特·凡·贝克（Geert van Beek）还是觉得这里面有些可疑。他不甘心地又一次敲了敲棚屋的侧面，空荡荡的敲击声吓了他一跳。小屋侧面的硬板不是直接钉在门上的，后面藏着一间小小的密室。他问自己，为何有人会用如此明显的方式隐藏入口呢？

小屋里有两间混凝土牢房，海内肯和他的司机坐在里面。由于牢房是隔音的，两个人都听不到对方说话。这也是为什么警察没听到里面有任何动静，被囚禁的两人也听不见警察的声音。

时值冬季，被绑架的两人只有两个愿望：从把他们和混凝土牢房锁在一起的铁链中解脱出来；还有，暖和暖和。绑匪很快就被抓住了。但他们拒绝说出已经取走的赎金藏在哪儿。

海内肯重获自由后，在距阿姆斯特丹30英里的泽斯特（Zeist），人们在闲逛时找到了几百张百元大钞。这些诚实的荷兰人没有将钱据为己有，而是交给了警察。在发现钱的地方，最终挖出了1750万荷兰盾。多一半的赎金还给了受害人。多亏了直觉和运气，案子的结局皆大欢喜。

这个案子的画外音：三名罪犯，科尔·凡·豪特（Cor van Hout）、威廉·哈利德（Willem Holleeder）和简·布拉尔德（Jan Boelaard）在荷兰伏法受刑。但第四个绑匪法兰斯·梅杰（Frans Meijer）逃脱了，在巴拉圭住了几年，直到被找到并关进监狱。2003年，法兰斯·梅杰不再拒绝引渡，被转到荷兰的监狱里服完了他剩下的刑期。

布拉尔德因为杀害一名海关官员而再度入狱。

哈利德于90年代初被释放，2003年因为非法持有武器而再度被捕，但最终被释放了。

凡·豪特因为与毒品有关的犯罪而"二进宫"，2003年在狱中被杀。精心安排的送葬队伍绵延阿姆斯特丹的几条街，并以一匹马拉着的灵车和许多拉风的加长轿车收尾。许多人轻蔑地嘲笑道：这不像个罪犯的葬礼，倒更像皇家葬礼。

狗屎运对阵六十个目击者：曼努埃拉·施耐德案

敲诈犯所忽略的并不总限于细节。绑匪既不是天资出众也不是格外愚钝，有的人有头脑，有的人则少根筋，但他们的贪婪和对权力的渴望是一样的。

聪明的罪犯会释放人质，效果好的话甚至能够赢得公众的同情。罪犯要的花招越多就越是暴露自己，这也许有助于调查人员拟定一套有效的谈判方案，迅速将案件了结。没有哪个敲诈勒索的计划是真正完美的。罪犯越是聪明，就越忍不住想要戏弄他们的对手，结果却出卖了他们自己。

但大把的罪犯愚蠢至极。他们没一件事做得对，却没留下任何有用的线索。

想要理解糊涂罪犯的思路并预测他/她的下一步行动，有时候根本不可能。换句话说，所有已知事实和线索之间的关联似乎都说不通，因为通常它们的确没有逻辑。下面这起绑架索要赎金的案子就是这样。办案的是德国西部鲁尔河谷（Ruhr Valley）埃森（Essen）市的探员赫尔穆特·瓦尔特（Helmut Walter）和诺伯特·韦斯特法尔（Norbert Westphal）。

对12岁的曼努埃拉·施耐德（Manuela Schneider）来说，悲剧开始于上学路上。通常来说，早上7点左右，她会和姐姐一起步行去公交车站。但1994年5月5日，星期四，她姐姐开始实习，所以曼努埃拉得自己走这十分钟。公交车站在刚出城的一条车水马龙的大路旁。通常，公交车把她载到学校附近，她下车去和她在花店的朋友会合，然后再一起去学校。但这一天，曼努埃拉既没有去花店也没有上课。

曼努埃拉的母亲第一个注意到她失踪了。她等着接曼努埃拉下学，但曼努埃拉没有出现。这位母亲打电话给曼努埃拉的父亲，他又打给她的老师。没人见过她。孩子不见了。

下午晚些时候，曼努埃拉的姐姐接到一个男人的电话，声称她妹妹在他手里，并不许她报警。这时家人惊慌起来。曼努埃拉的父亲立刻报了警。当所有试图找到女孩的方法都用尽了的时候，一个专案组在当天夜里组建起来。

绑匪曾明确要求不许报警，所以专案组进行了秘密调查。在公众和绑匪看来，并没有警察介入。那天夜里，认识被绑孩子的每个人都接受了询问。父母的电话被监控，媒体被要求不许报道此案。直到第二天晚上，始终没有进一步的线索，也再没有电话打进来。这期间，警察掌握了失踪女孩的更多信息。她是个羞涩内向的姑娘，在乡下小镇长大，和父母、姐姐生活在一起，直到10岁，一切正常。然后她父亲被埃森市一个富有的家庭雇用看守地产，于是她和父母搬进了那片土地上的房子里。新环境很排外，曼努埃拉没有交到新朋友。在学校里，新来的总是被同学欺负、忽略和排斥。

曼努埃拉曾告诉她唯一的朋友，房子附近有一片废墟。警察想她也许在那儿，但他们只找到了蜘蛛和尘土。

人们发现，曼努埃拉曾在学校写过一篇虚构小说，是关于一个男孩实施绑架的故事。在曼努埃拉的文章里，女孩藏在了干草堆里。她还曾写信给她在伊瑟隆（Iserlohn）——距埃森市30英里的小镇，曼努埃拉曾在那里住过——的亲戚，说她想回到那儿去，还说埃森市对她来说太陌生了。有没有可能曼努埃拉坐火车去找那个亲戚了？也许她现在正独自行走在乡间小路上？她到底有没有被绑架？如果这孩子只是离家出走，为什么一个陌生男人会打电话恐吓她的家人？但如果真的是绑架，为什么绑匪没有索要赎金呢？当公车司机告诉警方，那个星期四公交车根本没有在曼努埃拉应该上车的车站停靠时，案情变得更加扑朔迷离。司机说，他看到车站没人等车，车上也没人要下车，他不想浪费时间，就直接开向了下个车站。通过警察提供的照片，司机清楚地指认了曼努埃拉——就是这个女孩每天都和她姐姐一起从那个车站上车。

当司机接受询问时，一位老妪恰巧在车上，她却给出了完全相反的陈述。她能够描述出不在照片上的曼努埃拉的姐姐。她说公交车停了，那女孩也上了车，独自一个人，就在那个周四。

调查人员糊涂了，向交通专家寻求帮助，看能不能确定公交车到底有没有停靠那个车站。顾问人员使用了一种车载记录仪，它能够连续记录最高速和最低速，进而计算出公交车行驶的距离和耗时。之后这些记录与证人证言进行了比对。由于公交车的路线是确定的，因此根据不同站点的乘客记录，很容易就能计算出公交车有没有晚点、在哪站快了或慢了，以及在哪站根本就没停。

本案中，报告提供的信息是，那一周，公交车曾分别在早上7:13、7:14、7:16和7:19在曼努埃拉上车的车站停车。这意味着公交车司机搞错了，那位老妪是对的。

同时，调查组的规模越来越大，其他部门的同事被调来筛选总是一团乱麻的意外事故报告、住院记录和该地区的证人陈述。每个人每天都要工作十二小时以上。

但到了下一个周六夜间，还是没有任何新的线索。由于《焦点》（*Focus*）周刊的记者开始问警察对埃森市发生了一起绑架案的传言有何看法，警方终于在周日晚上决定向公众公开这一事件。同时，曼努埃拉的父母再次接受了询问。直到这时，他们一直都没在一起，因为父亲要留在家里，以防绑匪再打电话来。（1994年，呼叫转移在德国还没那么容易实现。）对父母的盘问持续了周六一整天。

同时还有其他一些进展。在警察散发了失踪人员海报、开着车用扩音器在大街小巷喊话之后，一个邻居告诉警察，在绑架案发生那天，他在街上看到一把撑开的五颜六色的花伞。那天下了毛毛雨。曼努埃拉的姐姐说，那把伞听起来很像她们父母的某把伞。另外两名互无关联的证人也出来说看到了同样一把伞。但警方并没有找到这把伞。那孩子很可能并不是把它丢了或扔了，这是不是说明曾经发生过搏斗？

有几个证人讲述了不同的故事，让每个人都松了一口气。当

第三章 证人、巧合和度量

警方周日（5月8日）将整件事向公众公开后，埃森市警察局每十分钟就会接到一通从曼努埃拉的故乡伊瑟隆打来的电话，所有打电话的人都说最近见过曼努埃拉。从伊瑟隆证人的报告看来，曼努埃拉的意图非常简单，她很可能冒险去了伊瑟隆附近的马厩。这听上去很可信，因为12岁的曼努埃拉和其他同龄的女孩一样是铁杆马迷。从那里她似乎沿着泥泞的道路继续向前走了下去。

虽然已经派出了几辆警车和未作标志的民用车辆去寻找，但警察唯一没能做到的就是真的找到曼努埃拉。

再下一个周一，曼努埃拉的朋友澄清了她失踪前的行踪。曼努埃拉失踪的那个周四晚上大约9点，这名13岁的小证人抄近路穿过社区公园。由于父母严禁她走这条路，当在途中遇到另一个人时，她吓了一跳。但她发现这个大晚上还在这儿徘徊的人是曼努埃拉，于是松了口气。曼努埃拉当然不会把这个小秘密告诉她父母。事实上，曼努埃拉亲口对她说，自己心里有事，并说她正要去伊瑟隆看她姑妈。两个姑娘互道珍重，各自上路。

曼努埃拉的朋友说出实情后，警察立刻搜索了社区公园。如预想的，没有找到曼努埃拉，他们推测她已经去了伊瑟隆。但那里也没有曼努埃拉的任何踪迹。

同一个周一，一位母亲出现在警察局，称她女儿这天早上去上学时，在社区公园附近看到了那个失踪的姑娘。这意味着曼努埃拉肯定已经回来了。

这名新证人原来在伊瑟隆的时候就认识曼努埃拉，她准确地描述了曼努埃拉的状况。"今天早上我看到曼努埃拉时，她看起来累坏了，"女学生对警察说，"她的头沉沉的，眼睛半闭着。她坐在小径旁的草坪上，蓬头垢面的。我试着劝她跟我一起走，当我用手去拉她时，她把背包扔到我头上。那里面似乎有什么东西，很沉，打得我很疼。然后曼努埃拉就跑到小山顶上，喊了几声'艾利克斯'！"

进一步的询问清楚表明，那个姑娘和曼努埃拉很熟，讲了许多关于曼努埃拉童年的细节。她还提到，曼努埃拉的父母在社区公园里曾有一所很大的棚屋或称避暑房屋。* 也许离家出走的女孩去了那里。据小证人说，在过去，每当感到难过或生气，曼努埃拉总会藏到避暑房屋去。此外，曼努埃拉在伊瑟隆有个朋友，名叫艾利克斯。

下面这幅图景被勾勒出来：第一晚曼努埃拉肯定睡在社区公园的房子里或者直接去了伊瑟隆。在那里她见到了她的朋友艾利克斯，然后又回到了在公园的房子。小证人的母亲强调她女儿没有编故事或瞎想象的毛病。

警方随后得到消息说，稍早些时候，有人在埃森市看见曼努埃拉从一辆公交车上下来。那么，要不了几分钟，漂泊的女儿就会回到父母身边了。

为了安全起见，警察检查了曼努埃拉往她朋友的头上扔书包的那片区域。曼努埃拉肯定捡回了背包，或者是艾利克斯捡的，因为警察在那里只找到了一片明显被压平的草地，筋疲力尽的曼

---

* 在德国和欧洲其他一些地方，城市居民为了休闲，在城市的其他地方租或买一小片土地是很常见的现象，通常用来种些花草果蔬，同时建有小房子或棚屋，让主人得以休憩。

努埃拉肯定曾坐在那里。他们还在草地里找到了通向山顶的脚印。这证实了证人的说法：曼努埃拉跑到山顶去找艾利克斯。到这里，一切都还好。

5月9日，周一，电视上晚间新闻刚刚结束，曼努埃拉父母家的电话响了起来，电话那边是一个迟疑的男人的声音："200万没标记的现钞，不许连号。不许晚于，嗯，星期五。"然后他就撂下了听筒。那些已经相信这不是一起绑架案的调查人员顿时呆住了。

恶作剧吗？也许。曼努埃拉的姐姐梅兰妮确认，这次打电话的人和上次的那个人声音不一样。或许姐姐和父母合谋策划了这场演出：他们是不是虐待了曼努埃拉然后又试图误导调查？但曼努埃拉又在哪儿呢？她是不是已经死了？或者她的确是自己离家出走的，在回家的路上才被绑架的？

到了这个节骨眼上，警方能够确定的只是曼努埃拉曾到过社区公园，也曾去了伊瑟隆，并最终回到了社区公园。5月9日晚上唯一的新线索是，电话是从埃森地区一个电话亭打来的。这家人有没有可能雇人打了这个电话呢？

同时，警方也在筛选伊瑟隆未结案的卷宗。若干证人都看到曼努埃拉和一个年轻男子出现在伊瑟隆的购物中心。已经一连八天每天工作十二到十六小时的调查组，用尽最后一丝力气，再次开车去了伊瑟隆。曼努埃拉和艾利克斯的往返不休已经开始让他们抓狂。仿佛他们总是差之毫厘，最终还是失之交臂。

神秘电话男子实在应该上上罪犯初级课程。5月13日周五下午1:45，他又打电话给曼努埃拉的父母，问他们准备好那200万马克（125万美元）了没有。这和周一打电话的是同一个人。按照警察的指示，父亲对他说，时间太短了，他们弄不到那么多钱，并要求他证明他们的女儿还活着。电话那头迟疑了一下。曼努埃拉的父母和警察都屏住了呼吸。那声音说："好吧。"然后挂断了电话。

每个人都认为打电话的人是在虚张声势，因为没有任何迹象表明曼努埃拉在他手里。这一次，还是一样，电话来自埃森市的某个电话亭。警察猜测曼努埃拉正流落街头。莱茵-鲁尔地区的火车站有许多可供藏身之处；而且，通勤车不时地向四处开去。这些火车站为离家出走的孩子提供了绝佳的机会，让他们在欧洲大陆人口最稠密的地区能够不被发现。

神秘电话男子第二天又打来电话，这次可不是空手来的。他举着听筒播放了一盘音质嘈杂的磁带。里面传出失踪女孩的声音，绝不会错，她说："你好，我是曼努埃拉。我不再害怕了，但请按照他要求的做，这样我很快就能回到你们身边了。"电话挂断了。

调查人员的脑海中又浮现出来一种新的可能性。有没有可能曼努埃拉和艾利克斯在故意耍花招折磨她父母？他们是不是需要钱，然后就能逃走了？如果是，他们要去哪里？他们肯定就在附近，至少直到成功地拿到钱。

指挥调查的侦探不相信这个理论。他召集了组员，宣布调查和夜班都恢复。5月15日周一晚上9:30，电话又响了，这次是曼努埃拉本人："你好，我是曼努埃拉，我非常非常地爱你们每一个人！请处理好一切，等到礼拜三。再见，曼努。"然后，无法

第三章　证人、巧合和度量

预见的事情发生了。

第二天，一个电话打到埃森市警察局总部。曼努埃拉的父亲告诉他们，曼努埃拉刚刚给他打了电话，不是录音。没多久，瑟瑟发抖、心神不宁的女孩出现在了门口。

到底发生了什么？

在对鲁尔河谷大桥的一次机械检修中，一个包工头发现一个女孩蜷缩在一根桥墩里。这个1.5英里的路段，连接杜塞尔多夫（Dusseldorf）和埃森市，用十八根桥墩支撑，女孩就在其中的第二根里。这座桥的桥基出现了空洞，杜塞尔多夫的检修机构雇用了私人企业检查是否需要对空洞部分进行翻修加固。这个女孩被绑架犯藏在了那里。她躺在床垫上，床垫斜放在桥梁内部五根金属承重支撑上。

那么，曼努埃拉没有离家出走，而是从5月5日周四起就一直被藏在桥墩里没有离开过。但绑匪何在？

警察将搜索范围从整个埃森市和伊瑟隆缩小到了一个较小的区域。终于，决定性的线索出现了：一个证人告诉他们，在曼努埃拉被拐走的那个周四，她在一个同性恋出没的停车场里看到一部可疑车辆。她描述了车的样子并提供了牌照号码。曼努埃拉证实了证人的说法。

警察直接冲向了车的主人。在他的公寓里，很多衣服物品都和曼努埃拉的描述一致。但车和公寓的主人显然对这宗罪案一无所知。他是附近医院的医生，显然他经常把车留给他21岁的男朋友丹尼尔使用。自然地，犯罪嫌疑人立即锁定为丹尼尔。果然，曼努埃拉对绑匪的描述和这名年轻的汽车修理工如出一辙。

89

面对证人关于物品、汽车和诱拐的证词，丹尼尔认罪了。他不缺钱；这一切都是为了他哥哥——他是同谋。他的哥哥是艾滋病患者，想在所剩无几的生命中过几天好日子。

在这起案件中，绑匪犯了个致命的错误：他们没有做好调研。他们只是跑到富人区观察哪个孩子几点上学。因为曼努埃拉每天早上都从漂亮的别墅里出来，绑匪就认为她是有钱人家的孩子。

实施绑架那天，这两名业余绑匪向这个孩子问路，然后说愿意送她去学校。曼努埃拉拒绝了，他们就把她拉进车里。她就是在那时掉了小花伞。

在桥墩里，他们把曼努埃拉的手脚绑在内立柱上。他们给她三明治、瓶装可乐、巧克力、茶和意面沙拉吃。

如果丹尼尔没有在绑架后立刻就和他的伴侣——那名医生——去荷兰度假，警察也许能表现得好些。因为不想让医生知道这件事，度假期间，丹尼尔没法打电话索要赎金。他也不能取消行程而不露马脚。

考虑到罪犯漏洞百出的计划，没人知道如果不是对桥墩的例行检查，事情的结果会是怎样。绑匪没戴面具，人们不清楚他们要怎样完成计划而不被抓住。

"虽然事情最终圆满解决了，"侦探瓦尔特和韦斯特法尔说，"有些疑问却可能永远没有答案。"

每位刑事调查专家都知道证人证言是不可信的，但在本案中，许多独立形成的情报组合在一起，构成了一幅几乎完美的挑战理性分析的拼图。证人的错误描述，和一些想要抢镜头但实际上对曼努埃拉的行踪毫不知情的人彻头彻尾的想象，侵蚀着审问过程。而发布给公众的信息又根据这些错误情报进行了筛选和调整。这样错上加错，催生了愈发混乱不堪的公众线索。

至于那两名13岁和14岁的小证人的证词，所有询问技巧和调查经验都无法给出合理解释，那么这时该做些什么呢？两个姑娘都坚称她们的说法，就算曼努埃拉回来之后也是一样。那么多在伊瑟隆看见曼努埃拉的报告又怎么解释呢？也许，如警探所说的，与乡村居民比起来，城市居民是更好的观察者和更可靠的证人。或者，只不过是因为伊瑟隆的人们太专注于找到曼努埃拉，因而开始想象了？警方相信由于媒体的高度关注，人们的感官变迟钝了，对小镇伊瑟隆的人们来说，这刺激了他们的想象力。

有一件事是确定的：1994年5月16日，幸运女神终于站到了曼努埃拉、她的父母和埃森市警方这一边。原本命悬一线，现在合家团圆。

绑匪就没这么幸运了。他们被埃森市地方法院分别判处八年和十年有期徒刑。丹尼尔试图上诉到联邦最高法院，但上诉于1995年7月31日被驳回了。这个案子终于了结了，警方希望他们再也不要遇到类似的案件。两个业余罪犯，差点就成功地实施了一起可怕的罪案。

致命案件：小查尔斯·林德贝里绑架案

鲁尔河谷大桥案不是唯一一宗挑起公众兴趣和好奇心的毫无章法的失败罪案。另一起极端错综复杂的案件发生在美国：一天晚上，飞行员查尔斯·A. 林德贝里*发现他的儿子从自己的小床上凭空消失了。**警方用了六十年来调查这起案件，但关于这宗谜案，无论是罪犯还是受害人都没有得到完整的解释。

案件发生时，林德贝里是美国甚至整个西方社会最有名的人之一。1927年5月20日至21日，这位身材高挑的25岁年轻人，飞行了三十三个半小时，从纽约抵达巴黎。当他在布尔歇机场（Le Bourget Airfield）着陆时，受到了热烈的欢迎。"我那时刚刚在索邦大学（Sorbonne）办完注册报到手续，"一名见证了这一历史时刻的美国人回忆道，"这时我们从收音机里听到林德贝里已经过了苏格兰，很快就能在巴黎着陆了。我和一位同僚乘公交车到机场。在铁丝网外，我们和成千上万人挤在一起。当林德贝里的'圣路易斯精神号'（Spirit of St. Louis）着陆时，人们冲过栅栏拥向停机坪。警察不得不把林德贝里从激动的人群中解救出来。"林德贝里被他们带到美国使馆，并留在那里过夜。

"在剧场演出幕间休息时，我们得知'林迪'***安全着陆了。"另一名亲历者讲述道，"我们欢呼着跑到街上，人们互相拥抱，然后开始了一场盛大的狂欢。第二天在香榭丽舍大街上是纪念林德贝里的庆祝游行。那是我一生中最美好的日子之一。"

---

* 查尔斯·A·林德贝里（Charles A. Lindbergh, 1902—1974）：首个进行单人不着陆跨大西洋飞行的人。1927年5月20日至21日，林德贝里驾驶其单引擎飞机"圣路易斯精神号"，从纽约市飞至巴黎，用三十三个半小时，跨过了大西洋，其间并无着陆。——译者注
** 据说英国侦探小说家阿加莎·克里斯蒂正是据此疑案发挥写成《东方快车谋杀案》。——译者注
*** Lindy，对林德贝里的昵称。——译者注

第三章　证人、巧合和度量

对林德贝里来说，这几天永远地改变了他的人生。此前，这位飞行员没过过什么好日子，但现在他得到了法国总统的接见。他获准在法国议会演讲，然后又被要求去英格兰拜访乔治五世国王。

但美国人想让他们的飞行英雄尽快回来。柯立芝（Coolidge）总统派了一艘战舰"孟菲斯号"（Memphis）去瑟堡（Cherbourg）[*]把林德贝里和他的"圣路易斯精神号"接回来。三周后，一踏上祖国的土地，他就被火速带到华盛顿特区华盛顿纪念塔前。在那里等着他的是美国总统和他的长篇演说，而林德贝里只说了寥寥数语。他用七句话传达了欧洲人民感到与美国人民休戚与共的心情，再次感谢大家后，他坐下了。

虽然并非天生就是个社会英雄，但林德贝里很快就得到了通常只在战时才授予的、给勇者的最高奖励，军方授予他预备役陆军上校军衔。他对自己的军衔颇为自豪，从那之后就要求别人称呼他为"上校"。

6月13日，当林德贝里成为纽约市史上最大的庆祝游行的中心时，对他的赞誉达到了顶峰。"林德贝里上校，"纽约市长难掩激动的心情，"纽约是你的！"

在那之后，"幸运的林迪"（Lucky Lindy）和他的飞机游遍了美国的四十八个州。他关于飞越大西洋的书换来了10万美元的稿酬以及后续版税。他还成为石油业和其他行业的顾问。

上校被埋进了礼物里。美国驻墨西哥大使德怀特·莫洛

---

[*] 法国西北部港口城市。——译者注

（Dwight Morrow）邀请林德贝里到他在新泽西的乡间别墅一起共度圣诞然后去墨西哥，林德贝里答应了。从墨西哥，林德贝里又开始了在拉丁美洲的宣传之旅。在此期间，他邂逅了大使的女儿。27岁的安妮聪明灵巧，而且像林德贝里一样安静羞涩。1929年4月底，林德贝里和安妮乘火车从墨西哥回到新泽西，并于5月27日喜结连理。对他们来说，整个世界充满光明、无忧无虑。

但麻烦正在迫近。安妮有两个姐妹，康斯坦丝和伊丽莎白。小妹康斯坦丝正在一所很好的寄宿学校读书，但逢年过节都会回家来。就在安妮和林德贝里坐上火车回新泽西前夕，康斯坦丝收到了一封奇怪的信。

这封信仍在当地警方的卷宗里："1929年4月24日晚10:20，家住学院街150号的A. H. 韦德（A. H. Weed）把一封信送到警局。这封信是弥尔顿学院（Milton Academy）的康斯坦丝·莫洛收到的，信中索要钱款并含暴力威胁。莫洛小姐住在海瑟薇宿舍（Hathaway House）。希尔兹（Shields）中士指派李（Lee）警官今晚守卫海瑟薇宿舍。"

两周后，莫洛的住处又收到了另一封信，里面写有如何付款的详细指示。两封信中间相隔这么长时间很不寻常。与此同时，林德贝里和安妮抵达了她父母在新泽西英格伍德（Englewood）的宅邸。

那封信要求，将50000美元装到一个盒子里，然后将盒子放到附近某房子墙上的洞里。这种奇怪的付款方式让警察很讶异。罪犯难道真的认为他们能敲诈外交官的家人，然后想什么时候走到那面墙就走到那面墙去，盒子里就放着钱？警方相信这起事件可能和林德贝里有关。为什么人海茫茫，会有人选择美国驻墨西哥大使的小女儿，而赫赫有名的林德贝里这时也在同一所房子里？安全起见，警方安排了一名女演员将一个大小形状完全符合要求的空盒子放进墙上的洞里。之后，警方日复一日地在那里蹲点，但什么也没发生。

同时，安妮对她的丈夫有了更深入的了解。她意识到，面对她优厚的成长环境和教育背景，他有些不自在。林德贝里绝不是个有魅力的博学之人，如果不论他登峰造极的飞行员职业生涯，他实际上是个孤僻的人。她发现林德贝里喜欢缺心眼的恶作剧。这个男人傻乎乎的，不擅社交，却精通一件鲜有人懂或者能够做的事，这件事就是他无畏的飞行。

> **外一篇：希特勒和基因进化：伪装成科学的一派胡言**
>
> 在希特勒的牢房里*至少有一本基因学著作，让他可以从中抄袭（虽然通常是错误的），而他也没有一丝一毫的歉疚。他就这样创造出了 gunten、zuchtbaren Menschen（优等、可繁殖的人）理论。
>
> 这格外令人震惊，因为后来自封为"元首"的他，实

---

* 1923年底，希特勒当上纳粹党元首后不久，因慕尼黑啤酒馆暴动而被捕入狱。由于法官与希特勒的政见基本相同，最后只对他判处了五年有期徒刑。而希特勒实际上只服了八个月的刑就被赦免了，而且未被驱逐出境。就算在这仅八个月的服刑期间，他也备受优待。在狱中，希特勒通过口授，开始撰写《我的奋斗》一书。1924年12月希特勒获释。1925年12月8日，《我的奋斗》第一卷正式出版，1926年又出版了第二卷。——译者注

际以其亲身经历证明了，在很大程度上是环境塑造人。"事情的结局很糟，"1924年至1925年间，他在《我的奋斗》的第一部分中写道，"如果丈夫开始我行我素，而妻子为了孩子们站出来反对他，那么就会有争吵和冲突。当丈夫与妻子愈发疏远，他就和酒精愈发亲近。每个周六他都喝得酩酊大醉，而妻子出于自我保护和保护孩子的本能，哪怕就为了从他身上掏出几便士，也不得不和他争斗一番；更糟的是，这通常发生在他从工厂去酒吧的路上。当周日甚至周一晚上他终于回家时，酒醉、暴力、身无分文，这些景象屡屡出现，愿上帝仁慈！……这些不幸的人是不良环境的牺牲品。"

《我的奋斗》第十一章（也是其中篇幅最长的一章），在 Volk und Rasse（人民[或国家]和种族）的标题下，出现了新的观点："有些真相显而易见，可能正是因此，常人才看不见或至少意识不到它们的存在。他们对这些常识视而不见，然后当有人忽然将应当尽人皆知的事情挑明的时候，他们又感到惊愕。堪当哥伦布的苗子成千上万，却很少有人真正发现新大陆。"

希特勒正是他所说的"视而不见者"，但这个纳粹党领袖成了他自己的哥伦布。虽然受教育程度不高，但如他所说，他选择了一个最基本的"常识"：通过选择性交配实现基因组成的进化。

希特勒是个油滑的作家，他将世间万物全部包装到一个逻辑体系中，虽然这个逻辑体系几乎没有任何科学事实基础，却在当时迷惑住了许多读者。"每个动物，"他在第十一章中讲道，"只与同物种交配。山雀找山雀、金丝雀找金丝雀、鹡鸟找鹡鸟、田鼠找田鼠、睡鼠找睡鼠、公狼找母狼……任何两个存在，若不在绝对相同的等级而进行杂交，则产出的将是介于父母中间的一等。

"这意味着后代很可能高于父母中较低的那个，却不及较高的那个。其结果是，它将在与较高等级的对抗中受制于人。

"若非如此，任何先进的和高等的发展都会停止，然后走向反方向。因为低等的总在数量上超过优等的，如果这两者生存和繁衍的概率是相同的，那么低等的会更快地繁殖，以至于最后，最优等的将不可避免地被埋没，除非这一情势得到纠正。"

许多人接受这一理论并相信它是正确的。虽然它表面看来很有"科学逻辑"，但人们错了。

其一，在自然科学中并没有对人类种族的严格界定，也没有哪个族群与生俱来地更强壮或较羸弱。那么，强和弱的内涵到底是什么？

其二，人类交配与不同种动物间配种的规则是不同的。所有人类都属于同一物种，希特勒用山雀和狼做类比，荒谬至极。

其三，一个人的基因组成是不可见的。基因的确会遗传，但不能简单地从父母的相貌评估优劣；它们显现的方式，并不总是可预测的。

其四，在两年的创作期间，希特勒没能认识到，许多特征，人种论信徒将其归结为基因作用，但实际在很大程度上受到环境或社会的影响，而没有任何遗传因素。比如，荣誉、爱和信仰不能通过杂交繁殖产生。因此，优生学理论那表面上的逻辑信条像空中楼阁，可瞬间崩塌。

好人和坏人

林德贝里在感情方面也很笨拙。"1929年5月7日，我娶了安妮·斯宾塞·莫洛，"他在自传里写道，"从个体和物种的角度来说，配对都是人生中最重要的选择。如果说我们的过去塑造了今日的我们，那么伴侣将塑造我们的未来。配对以无数种方式直截了当或细致微妙地影响着我们所有的价值观。一个人不仅是与另一个个体结合，还与这个个体的环境和祖先结合。在婚前我就秉持这样的观念，婚后那些年，我以亲身体会进行了验证。"

在当时，关于某些人种可以得到基因改良的理论正甚嚣尘上，如此，"配对"以及"环境和祖先"这样冷冰冰的用词就不难理解了。传统基因理论声称，通过有选择的繁殖，可以得到更好的特性和品质。这对于豌豆、鸡和兔子来说是正确的，但只在非常有限的范围内适用于人类。无论如何，林德贝里相信优生学理论，并相信他选择了最适合的伴侣。他不明白的是，从基因学的角度来说，没有绝对的好或坏、健康或羸弱，只有对不同环境的不同程度的适应。

1929年秋天，安妮·林德贝里怀孕了，但她仍坚持参与了她丈夫受命进行的旧金山和纽约间的创纪录飞行。1930年5月，她搬到了父母在英格伍德的家中。1930年6月22日，在她生日那天，小查尔斯·林德贝里诞生了。虽然媒体都焦急地等待着喜讯，但林德贝里在两周后才宣布了这个健康、快乐的婴儿的降临。

这个时候，林德贝里开始将飞行变成一桩生意。他有足够的金钱、时间及对股票投资的兴趣。他咨询了纽约的几家公司，然后为自己策划了新的飞行。其中之一是跨过苏联和日本到达中国。美国的商人们希望他此行能够打开连接两个大陆的新的空中贸易航道。出于这个原因，这趟驾驶他的新飞机"天狼星号"（Sirius）的行程很容易就筹措到了资金。他坚持让安妮陪在他身边。这场冒险从1931年7月底持续到10月初，直到安妮的父亲突然去世，林德贝里才勉强中断了行程。就在这时，他们的麻烦开始了。

林德贝里夫妇一般在新泽西州霍普韦尔（Hopewell）镇的宅邸度周末。周一早晨，查尔斯开车去曼哈顿上班，安妮则开车带着孩子回英格伍德的老宅。晚上，查尔斯也会回到那里。保姆贝蒂·高（Betty Gow）周末休息，而且通常只去英格伍德工作。

1932年2月29日，周一，林德贝里改变了那周的起居安排。他给妻子打了两次电话，让她留在霍普韦尔。天气很糟，孩子又感冒了，因此开车去英格伍德实在有些鲁莽。但林德贝里自己并没有和家人待在一起，而是住在了英格伍德。也许他觉得英格伍德更舒适；不管怎样这里肯定离曼哈顿更近。

家里的其他人，包括保姆，在霍普韦尔的新家中多待了两天。那幢房子还没有装窗帘，但由于坐落在僻静之处，林德贝里夫妇对此并不介意。除了婴儿房外，新房子的其他窗子都可以锁死；由于螺栓是弯的，窗子可以只关上但不锁死。在那个年代，狗仔队还不存在，侵犯英雄的隐私被认为是非常恶劣的行径。

3月1日，周二，雨一直下。当晚间雨势终于平息下来，又起风了。晚上6点，贝蒂开始准备哄小查尔斯睡觉。她喂他吃了东西，用薄荷药膏擦了他的前胸，让他的呼吸道畅通——这种方法至今仍在使用。晚上7点到7点半之间，安妮和贝蒂把男孩放到床上。半个小时后，贝蒂又去查看了一次。除了感冒，小查尔斯·林德贝里是个十分健康的孩子。他穿着法兰绒衬衣，睡得像天使一样，他的拇指上套着小小的叫作"拇指卫士"的金属套，能够防止他吮吸手指。

又半个小时后，前门响起了汽车喇叭声。林德贝里回家了。比平时晚了差不多四十五分钟。与他重聚让大家喜气洋洋，没有人问上校为什么回来晚了。

虽然从周一早上起就没有看到儿子，为了不打扰他睡觉，林德贝里没有进他的房间。之前在电话里他就嘱咐家里的两个女人，如果孩子睡了就不要进他的房间，免得影响他康复。上校悠闲地吃了晚餐，然后和妻子去起居室休息。风势渐强，在房子的角落里和幽僻的林中呼啸着。林德贝里突然问妻子："你听见了吗？"但除了咆哮着的暴风雨，安妮什么也没有听到。

这种天气总让林德贝里想要在上床睡觉前泡个热水澡。浴室就在婴儿房隔壁。他遵守自己定下的规矩,没有进入正在梦乡中的孩子的卧室。之后他去了楼下的书房,安妮则在楼上自己的卧室里。

林德贝里的狗Wagoosh老实地在屋里四处闲逛。它一整天都十分安静,也没有搅和那个夜晚。这没什么奇怪的,因为它只在看到陌生人时才会叫,虽然只是在表达热烈的欢迎。房子里当时没有外人;除了林德贝里、安妮和贝蒂,只有管家奥利弗和厨子埃尔西·惠特利,而他们都待在自己的房间里。

晚上10点,林德贝里把关于不要打扰小查尔斯的禁令取消了,贝蒂进入婴儿房准备带他去浴室。她没有开灯,免得吓着孩子。她关上了窗户,打开了电暖气。这时,她才意识到孩子不见了。

贝蒂·高问孩子的妈妈是不是把小查尔斯带到她自己的房间去了。安妮已经换好了睡衣,跟她说,肯定是上校把孩子抱走了。但他也没有和他父亲在一起。林德贝里跑进孩子的房间,打开灯,看到铺好的床是空的。他冷静地对妻子说:"安妮,他们偷了我们的孩子。"

一时间乱了套。管家报了警,林德贝里给枪上了膛,喊道:"什么也别碰!"然后跑了出去。同时,三个女眷查看了每个房间,但听话地什么也没碰。最后,她们全都无助地坐在起居室里。这时管家跑向林德贝里的车,和他一起开上崎岖的小路。他们打着手电四下查找了一番,没有发现男孩的任何踪迹。

林德贝里再次检查了婴儿房。他发现了一个信封,放在没有上锁的窗户下方,之前女眷们并没有看到。林德贝里不让任何人碰那封信，包括两名刚刚赶来的警察，直到探员们来了才检查了信封。

两个警察打着手电检查宅邸四周，在婴儿房的窗根下，发现了泥地里的脚印和梯子的压痕。调查人员沿着脚印找到了一架倒在地上的梯子。梯子的样子很不寻常，显然是业余木匠做的，高度刚刚好能够着二楼的婴儿房。

梯子很轻便，可以拆成三段。两端的两截插到中间那截上，然后用木栓固定到一起，一架18英尺长的梯子就组装好了，不会散架。做梯子的人有足够的木匠知识，只是显然不知道怎么做一架美观、坚固的梯子。

梯级有磨损的痕迹，很细，只简单地钉在了竖侧板上。更奇怪的是，每个梯级中间相隔19英寸。不管这架梯子是谁做的，他的腿肯定很长。由于梯子没有和任何东西固定在一起，攀爬它的人肯定技巧娴熟。正常人才不会蹬上它，就算地上不是一摊烂泥，哪怕没有狂风呼啸。

梯子旁边的泥地里有一把旧凿子。绑匪肯定借助它从外面进入到屋里。他肯定带着孩子爬下梯子，在逃跑时把凿子扔了。他可能把孩子放到了背包里，因为不管是爬梯子还是把梯子搬走，都非要用两只手不可。

查尔斯·林德贝里仍保持着惊人的冷静。他的一生都秩序井然，如平时一样，他让情势仍处在他的控制之下。他将自己的英雄身份发挥到了最大限度，将调查的领导权揽到自己身上，任何对此持有异议的警官都被免职了。这样，直至调查结束，他都让调查处于严格控制之下。

第三章 证人、巧合和度量

绑架的消息一传到纽约，纽约警察局（NYPD）就立刻关闭了乔治·华盛顿大桥新泽西一侧的入口，所有途经的人都要接受检查。同时，新泽西州警察局派人去了霍普韦尔。州警骑着摩托车赶到，又一次仔细检查了整座房屋。但这样一来，宅邸周围全都是他们的脚印。无论此前那里有谁的脚印，现在都被无数的警察脚印搞得模糊难辨了。

很快，媒体赶到了。林德贝里亲自接待了每一名记者，带进起居室，并给他们做了三明治。最后到来的是新泽西州警察局局长诺曼·斯瓦茨科普夫（Norman Schwarzkopf）。

和许多警察局负责人一样，对他的任命是出于政治需要，他很希望和这位家喻户晓的上校搞好关系。当林德贝里建议在检查过指纹后再打开信封时，他立刻表示赞同。但无论在信封上、信纸上还是婴儿房里，他们一个指纹也没有找到。如果这还不够诡异，那么看看那张字迹潦草、满篇错别字的索要赎金的字条吧：

亲爱的先生！准背好 $50000，$20 的票子 $25000、$10 的票子 $15000、$5 的票子 $10000 二至四天后我们会通知你把钱送那里。

我们警告你别声张，也别报警 孩子很考（gut）。

指示信上都有千名和三个孔。

信里所说的"千名"（singnature）是两只交叠的圆环。圆环的内部上了颜色：两只圆环是蓝色的，中间重叠的部分是红色的。三个着色区域中间，都在纸上打了个孔。这封信读起来像是英语拙劣的德国人写的。gut是德语中的"好"（good），德国人不太会发英语中"th"的音，他们总是说成"d"或"s"。

虽然耗费了大量人力物力，调查还是毫无进展。所有线索和房子周围的脚印都被踩烂了，勒索字条很奇怪，某人还很小心地将婴儿房里的所有指纹都擦掉了。绑架到底具体是什么时候发生的？房子里有好几个人，这怎么可能发生？此外，还有一只听觉和嗅觉都十分灵敏的看家狗。

疑点越来越多：谁会绑架一个生病的孩子？对绑匪来说这类人质很麻烦。好像也没有车，因为没找到轮胎印。为什么在这么糟糕的天气下手？罪犯怎么确切知道那个周二林德贝里一家会在这处宅邸？这完全是计划外的。有人监视着宅邸吗？或者他跟踪林德贝里？如果是，那么是从什么时候开始、从哪儿开始的呢？

就算罪犯预知并计划了这一切，他也肯定有个同谋在房子里。不然他怎么会知道在实施绑架的时候没人会进入婴儿房？就算是同谋也不知道上校或安妮·林德贝里会不会出于父母的本能，一时冲动，突然跑去看一眼睡梦中的孩子。但如果罪犯知道林德贝里下令晚上10点之前不要去打搅孩子，那就安全多了。但是哪个仆人将这些消息传出去了？他们大多数人并不在房子里而在自己家中。

假设绑匪掌握了所有信息，即便如此，作案风险还是很高：孩子可能在任何时候忽然哭闹起来。被绑架的时候，孩子为什么没有喊叫呢？

梯子的古怪构造也是个谜，引发了更多疑问。异乎寻常的

第三章 证人、巧合和度量

是，不仅有人能够在那样糟糕的条件下爬上这样一架就快散架的梯子，爬梯人还必然事先知道窗子的锁是弯的。绑匪难道还长了千里眼不成？

没人愿意说出最令人不安的设想：在那个恐怖的夜晚，罪犯肯定曾两次爬上窗户。女眷们第一次检查房子时，她们没看到那封勒索信。而当林德贝里和男管家第一次户外搜寻回来后，他们才发现了那张字条，在窗边干燥洁净。案犯必然是站在梯子上把信放到窗边的。案犯要么脑筋不正常，要么胆大如斗。

5月12日，绑架案发生后两个月又十一天，小查尔斯·林德贝里已经腐烂的尸体被找到了，他被扔在离林德贝里家将近3英里的一条小巷里。验尸官相信孩子在失踪后没多久就死了。法庭的解剖令没能执行，因为林德贝里命令立刻火化并下葬。就这样，所有剩下的直接线索都化成了一缕青烟。现在警方只剩下三条路可走了：间接证据、告密，或运气来敲门。

说到告密，林德贝里已经想到了：他觉得纽约黑帮最有可能从其他罪犯手里把他儿子弄回来。这种想法不是很离奇，但它成了警方调查的障碍。

林德贝里将那封赎金信透露给了曼哈顿地下组织，让他的联络人有可能继续追踪。但这让不相干的人也能够窥到此前保持神秘的"千名"。

一些警官很到位地自问，为什么某个纽约来的人要绑架一个男孩？不管是谁监视着宅邸并和里面的某人保持着联系，大概不可能每天开车往返于纽约和霍普韦尔而不引人注意。

为林德贝里和曼哈顿黑社会牵线搭桥的是一名年轻的律师，

他与林德贝里的律师在同一家事务所工作。在禁酒时期*建立这样的联系并不困难。私酒酿造欣欣向荣，将律师和这桩新生意的统治者带到了一条船上。

绑架案后两天，性格阴郁的米奇·罗斯纳（Mickey Rossner）坐在林德贝里的起居室里索要25000美元的预付款，以及不受警方干扰或监控的独立工作的权利。黑社会的人可从来没有受到过如此良好的待遇。罗斯纳到底怎么享用的那笔钱，只能留给读者去想象了。

次日，林德贝里说他想和绑匪直接联系。在刊登在全国发行的媒体上的一封公开信中，他写道："林德贝里夫人和我……敦促那些带走了孩子的人，选择一名代表，与我们的代表会面。"他向绑匪承诺安全通行、无附加条件的谈判和完全的保密。就这样，林德贝里彻底毁掉了警方可能取得有意义的工作成果的全部机会。诺曼·斯瓦茨科普夫不慌不忙，用了几天的时间才重新掌握警方调查的控制权。但一切已经太迟了。5月5日，失去了欢乐的家庭收到了第二封赎金信：

亲爱的先生：我们警告过你不许把事情搞大还有报警现

---

* 禁酒时期：1920—1933年。从1920年1月17日凌晨，美国宪法第18条修正案——禁酒法案（又称"伏尔斯泰得法案"）正式生效。 根据这项法律规定，凡是制造、售卖乃至于运输酒精含量超过0.5%以上的饮料皆属违法。自己在家里喝酒不算犯法，但与朋友共饮或举行酒宴则属违法，最高可被罚款1000美元及监禁半年。1933年2月17日布莱恩法案（Blaine Act）通过，将禁酒法案修正为容许3.2%酒精含量的饮料。同年12月5日宪法第21条修正案通过，废止了第18条修正案，禁酒时期就此终结。——译者注

第三章 证人、巧合和度量

在你必须承担后果。这意味我们会叩（扣）着孩子直到事态平息……别但（担）心孩子……我们也想把他健健康康地送回去。之前我们开加（价）$50000现在我们不得不加个人而且可能要多留孩子一段时间，所以赎金将是$70000。

林德贝里的谈判人拿到了这封信的复印件，信的内容很快在曼哈顿传开了，激发了广播里对林德贝里向黑社会寻求"帮助"的一片声讨之声。在越来越混乱的态势下，一个人想起了刑侦程序。这个人就是纽约警察局警长艾德·马伦尼（Ed Mulrooney）。要是没什么有用的线索了，他们也许能做些有益的解读。

由于第二封信上的邮戳显示的是布鲁克林某个区域晚上9点，马伦尼自然而然地推断绑匪住在布鲁克林。如果再寄信，他们就会进入纽约警察局的警惕注视之下。每一封投递的信件都会立即被警方验看。如果收信地址是林德贝里家，寄信人会被当场逮捕。这一策略也不会危及被绑的孩子。如果写信人或送信人事先碰巧发现了警察，最坏的情况无非是信被投递到别的邮筒里去。如果把信扔了，他也会被抓。

林德贝里反对这个计划。与新泽西警察局圆滑的斯瓦茨科普夫不同，马伦尼才不管外行的林德贝里想怎么样。林德贝里不喜欢被当作一般的刑事罪案受害人对待，他对马伦尼说，如果不满足他的要求，他就会告诉所有政界和商界的朋友。这马伦尼可承受不起，他让步了。但是翌日，第三封信就到了，上面的邮戳正是马伦尼想要监视的布鲁克林那个地区的。回想起来，如果当初马伦尼执行了他的计划，案子可能就破了，但机会错失了。

管家、水手和保姆

　　正当这厢争执不断时，背景调查继续在新泽西缓慢推进。首先被盘查的是宅邸的用人们。保姆贝蒂嫌疑较大，她是苏格兰来的穷苦移民，而且未婚。在绑架案发生那天晚上，林德贝里临时更改了行程，她立即打电话给男朋友里德·约翰逊（Red Johnson）。这很可疑。约翰逊也是移民，不过是从斯堪的纳维亚来的。他拒绝说出他的家乡具体是哪里，这让他更加可疑。他曾在一艘帆船上工作，而那艘船正属于安妮·林德贝里刚刚过世的父亲的一位合伙人，巧合也太多了。约翰逊麻烦大了。

　　贝蒂·高和约翰逊相识于避暑胜地，当时她正跟林德贝里一家、莫洛一家和他们的生意伙伴一起。约翰逊大胆地偷偷溜上莫洛朋友的船，俘获了贝蒂的芳心。绑架案前不久，约翰逊搬到英格伍德，为了能离贝蒂近些。这让警方更加怀疑，对他实施了严密的监控。

　　此后不久，里德·约翰逊被逮捕并接受了讯问。在当时，警方还不需要法官签发的逮捕令就能逮捕嫌疑人。他们在他车里发现了一只空牛奶瓶，警方猜测，牛奶可能是买来喂小查尔斯的。形势对约翰逊极其不利。

　　"我喜欢喝牛奶，"他在接受讯问时说，"我也总把乱七八糟的东西全都扔到车后座上。"警方一个字都不信，把他又关押了十七天，继续审问。形势对约翰逊更加糟糕了。

　　羁押到了第十九天，有一个好消息和一个坏消息。约翰逊被释放了，但他不能见贝蒂。他来美国的文件证明他是非法移民。

原来，这才是他不想让人知道自己到底从哪里来的真正原因。有关部门决定将他遣送回斯堪的纳维亚。对约翰逊来说，这趟跨越大西洋的行程是哀伤的，唯一对他有利的一点是：警察不能再以绑架为由逮捕他了。

现在轮到贝蒂了。也许她独自一人实施了犯罪，并在大家手忙脚乱的时候把孩子藏了起来？如果是保姆干的，就能够解释为什么小查尔斯没有哭闹：他认识她而且爱她。但她为什么在半小时后又回到婴儿房呢？晚上10点进入房间时，她为什么没有开灯呢？她为什么在听说计划有变后打电话给约翰逊呢？保姆似乎什么都不知道。但她是不是真的那么无辜呢？

在进一步审问——安妮·林德贝里在一封书信中称之为"拷问"——后，一名新泽西州警察局的警官说，贝蒂·高是"一个感情极其丰富、品行端正的女孩，不会与任何对绑架婴儿负有责任的人有任何关联"。这排除了她和约翰逊的嫌疑。没有贝蒂的帮助，里德·约翰逊不可能作案。但由于贝蒂成了无辜的代言人，这个调查方向成了死胡同。

就剩下惠特利一家了。夫妻俩来美国生活时间不长，两年前他们刚从英国来。警方发现，惠特利先生在求职面试时撒了谎：他从来没做过家政服务工作。他做过珠宝匠和技工，还曾在军需品工厂工作过。他为什么要撒谎呢？在客气地问话后，警方的结论是，可能只是为了得到这个工作。惠特利一家似乎是无辜的。其他二十名家政服务人员的情况也是一样。他们中的许多人都在生活中撒过些无伤大雅的小谎，做过些不守规矩的事情，但没什么能将他们和绑架联系到一起。

消息灵通人士打来无数电话，一如既往地提出荒谬的推测。有那么一段时间，林德贝里案没有任何新进展。

赎金

又有另外一位人物进入了警方的视线：退休校长约翰·康顿（John Condon）。他来自布朗克斯，并且在林德贝里公开寻找协调人时毛遂自荐。我们无从知晓，康顿是否因误会而遭殃：林德贝里想要的是个和罪犯打过交道的协调人，而不是对犯罪心理一无所知的友好同胞。

他坚称收到罪犯的信件，要求他担任协调人。这很可能是真的，因为康顿为布朗克斯的一份小报《布朗克斯国内新闻》（*Bronx Home News*）撰稿。那些罪犯可能就是因为他的文章而对他有所耳闻。

其中一封信中指明了钱款交接的方式：将7万美元放进鞋盒子大小的盒子里。随后会有进一步的指示。当林德贝里在电话里听说寄给康顿的信上画有圆圈并有犬牙交错孔时，他同意让这位教育家兼专栏作家到霍普韦尔来进一步讨论细节。

刚到那里，康顿就立即进行了卓有成效的检视。他仔细地验看了孩子的房间。他是第一个，也是唯一一个发现了窗台上的一枚指纹痕迹的人。罪犯可能是在第二次爬上梯子时，在那里留下了个脏兮兮的手指印。"一枚清晰可见的拇指指肚的印记，"康顿写道，"那是肌肉发达的表现……指纹可能是油漆工、木匠、技工留下的。"康顿没提到拇指指纹跟肌肉发达有什么关系，就算是一名侦探也不能从指纹推断出指纹所有者的职业。他是唯一看到这枚指纹的人，但多年后才将他的所见昭告世人。

林德贝里决定让康顿加入调查。但他仍心存疑虑。上校派他的律师布雷肯里奇（Breckinridge）和康顿一起回布朗克斯等待绑匪的进一步指示。

3月12日，他们接到了两通电话：一通对方操意大利口音，另一通对方操德国口音。两个人都问到康顿博士是不是报纸上那个人，康顿做了肯定的回答。

晚上8:30，一名出租司机按响门铃，送来一封信，说是个身材高大、操德国口音的男人付1美元让他送的。

终于，这封信中有了支付赎金的详细指示。康顿要在杰罗姆（Jerome）大街坐有轨电车到终点站。这一站在布朗克斯，范歌兰公园（Van Cortlandt Park）方向。在一家已经关门的热狗摊前的石头下面，他会找到后续的信息。

康顿说服了本应监视着他的布雷肯里奇留在家里。取而代之地，他和他的朋友艾尔·莱科一起去热狗摊。热狗摊门口的字条让他们去大街的另一侧。在那里沿着林地墓园（Woodlawn Cemetery）的围墙向前直行。虽然天寒地冻，康顿还是下了车步行，真是万幸。之所以这么说是因为，要不然，他就会与那个突然出现在围墙栏杆中间拿着白色手绢的人失之交臂。

拿着手绢的男人翻过栅栏，寒暄了几句后，终于说到了正题。康顿事后说，那个男人告诉他，他是从斯堪的纳维亚来的水手。但康顿也说那个男人操德国口音，不可能有错。对于康顿"你是德国人吗"的问题，他没有作答。调查人员之后称他为"墓园约翰"。

"墓园约翰"随后告诉康顿,绑架团伙由两女四男组成。康顿试图将赎金砍到最初的50000美元,但那男人拒绝了他,称他的老板不会同意的。现在看来,一名没有做过任何警察工作的退休教育家能在冰天雪地里和绑匪亲切交谈,真是令人咋舌。

两个人同意,康顿拿到钱后,就在《布朗克斯国内新闻》上发一则消息。就此,谈判完全脱离了警方的控制,他们一无所知。除了等在车里的朋友,康顿是所有这一切的唯一见证。

如果照林德贝里的意思,可能就这样办了。但诺曼·斯瓦茨科普夫又一次掌握了一些主动权,并确保至少赎金使用的钞票编号被记录下来。当胡佛总统指定的一位银行家也建议记录钞票编号时,林德贝里终于没再开口,就这么一次,让警察做自己的工作去了。符合绑匪要求的木盒子只装得下50000美元,因此另外四百张50美元的黄金券,被放进一只不显眼的棕色袋子里,与盒子放在一起。

大约一周后,3月19日,业余小提琴手康顿在跳蚤市场卖掉了几只小提琴,准备将所得捐赠给一座小礼拜堂进行翻修。突然间,一个意大利女人站在他面前说:"风头过去前,什么都不能做。曝光率太高了。到塔克侯(Tuckahoe)的仓库来见我,周三下午5点。我会带消息给你。"没人通知警方追踪这个女人或跟进这一重大进展。林德贝里和康顿显然不想冒险让"墓园约翰"或意大利女人起疑。但是,周三没人出现在塔克侯仓库。

又两周过去了,4月2日林德贝里收到了最后一条信息。他事先收到消息,因此带着钱在康顿的住处等着。字条让他开车去布朗克斯"东特莱门大街(East Trement Ave)3225号"(实际上应该是特莱蒙大街［Tremont Avenue］），然后从花店旁边的桌子下面取一封信。警方多次礼貌地询问，他们能否对交付赎金进行监视。上校拒绝了，并向新泽西警方隐瞒了交款时间。

林德贝里和康顿从最后一张字条上说的那条街出发，圣雷蒙德墓园（St. Raymond's Cemetery）附近是一家花店，旁边的长椅上，一块石头压着一张字条："沿着惠特莫尔大街（Whittemore Ave）向南（soud）。"康顿下了车，对林德贝里说他想先单独和"墓园约翰"谈谈。他刚走了几步，康顿和林德贝里都听见一个声音喊："嘿，博士！"他站在公墓里的一座墓碑旁，与他的那个代号极其相称。由于"墓园约翰"没有把孩子带在身边，一番讨价还价后，康顿告诉"墓园约翰"，由于经济不景气，他只有50000美元。神奇的是，他竟然拿到了收条。

收条上写着："男孩在内丽（Nelly）号传（船）上那是一条28英尺长的小传，传上有两个人。他们是无古（辜）的。你会在豪斯奈克（Horseneck）海滩和伊丽莎白岛附近的五色岬（gay Head）之间找到那传。"

令人难以相信的巧合似乎没个完：这里所说的孩子应该在的那个地方，在马萨诸塞州离岸、玛莎葡萄园（Martha's Vineyard）附近，离林德贝里度蜜月的地方非常近。但没人找到所谓的内丽号。

可疑的教育家

约翰·康顿陷入了麻烦。林德贝里从一开始就错信了他，而且他是见证了所有这些重大事件的唯一的人。墓园的第一次会面没人在场，在他家的第一次电话交谈也没人听见。他的妻子接了那通电话，她听出了打电话人的意大利口音。第二通电话是康顿本人接的，他说他察觉到了德国口音。又一次，没有其他证人。只有出租车司机见过神龙见首不见尾的"墓园约翰"——操德国口音的高大金发男人。也许出租车司机是康顿的同伙？

康顿也有可能在林德贝里的起居室里无意中听说保姆的男朋友里德·约翰逊是一名来自斯堪的纳维亚的水手，并可能将这一身世安到了"墓园约翰"身上。但那艘船本应当所在的地方，与林德贝里曾度过美好时光的地点完全一样，这构成了更加诡异的巧合。康顿不可能随随便便地就知道林德贝里是在那里度的蜜月。但是，他也许看到过他们的蜜月照片，并向霍普韦尔宅邸的仆人们问了有关情况。

康顿也有动机。也许起初他只是想让自己显得举足轻重，而协调人的身份将吸引人们的眼球。不过之后，他意识到机会正摆在他面前，他可以选择成为那个交付赎金的人，并将钱揣进自己的口袋。为此，他只需要一两个同伙而已。

又或许康顿从一开始就是这么计划的。他之后成功将绑匪索要的金额砍掉20000美元的事实，让他在林德贝里那里看来更加可信。但这是不是只是一招妙棋呢？

一旦康顿意识到林德贝里不希望警察介入，伪造信件及让同伙扮演各自的角色，对他都易如反掌。这件事没有任何风险，因为康顿可以随时叫停，声称自己没再收到任何信件。只要他愿意，他可以在任何时候终止协调工作。但他没有这么做，保持着自己在这起事件中的主要角色。这一事实证明，他要么是精明，要么大意，要么无辜。

警方没有责任。林德贝里隐瞒了他们按图索骥地调查罪案的所有尝试。他刻意如此，这样就能自己破解谜题。

黄金券

当5月12日卡车司机威廉·艾伦找到孩子的尸体时，全世界都感受到了悲痛和愤怒。艾伦说出了大多数人的心声："我只希望他们能抓到做了这事的人。对他来说，没什么手段是过分的。"

稍许安慰的是，警长诺曼·斯瓦茨科普夫终于可以在不受林德贝里干扰的情况下工作了。上校曾声称，如果不听他的号令，他的孩子就会有生命危险，现在一切都不是这么回事了。

林德贝里夫妇永久地搬到了英格伍德，警方终于可以摆脱林德贝里的干涉，自由地尝试重现霍普韦尔的犯罪现场了。为此，一名警官顺着架梯子爬上二层，将一个30磅重的假人从孩子的被窝里拿出来，然后又爬了下去。他将假人装进在尸体附近找到的一个亚麻口袋里。在用了一个星期，尝试了各种各样的上上下下后，调查人员渐渐明白，要带着这个袋子爬梯子，几乎是不可能的。里面物体的重量，让它不停地撞到梯子的木头竖侧板上，而梯级几乎支撑不住绑匪和孩子加在一起的重量。在一个重185磅的男人带着与小查尔斯同样大小和重量的袋子登上梯子时，一根梯级折断了。孩子可能在被带下梯子时就死掉了，要么因为撞到梯级上，要么因为——可能和绑匪一起——从梯子上摔下来。绑匪随后在距宅邸不远处，将已没有了生气的尸体从车里扔了出去，因为对他来说它已没有任何价值了。他没有掩埋尸体或哪怕用树枝盖住尸体，这证明他当时匆匆忙忙。

从罪犯的角度考虑，这些新的发现难以自圆其说。绑匪为什么冒险索要赎金？因为通常来说，被绑的受害人要在交接钱款时送还。还有，绑匪还要面对尸体被发现、谈判随之破裂的可能性。

就算是再愚蠢的罪犯也知道，如果尸体被发现，他将面临谋杀的指控。当时在美国，谋杀比单纯的绑架要严重得多，后者的刑罚要轻得多。在林德贝里案之后，绑架才成为死罪，而且成为联邦级别有关部门和FBI管辖的案件（绑架案后国会通过的林德贝里法案是这样规定的）。

真正的绑匪应当知道，对尸体的掩埋极不妥帖。那么他为什么花时间索要赎金呢？他当然应该担心尸体可能很快被发现，让赎金不再有商量的余地。或者他只是在玩儿"心有灵犀"的游戏？虽然知道孩子已经死了，他还是谋划着，如果尸体被发现了他只要放弃要求就好。这和"墓园约翰"冷静地与康顿讨价还价了一个小时是否相符？知道孩子已经死了，随时可能被发现，必然增加他的紧迫感，这本应令他加速完成赎金支付。或者，他是否劝服了康顿倒戈成为他的同伙？也许康顿其实是无辜的，只不过因为绑匪的信而被牵连到这场麻烦中。无论调查如何发展，可能的解释都与之不符。

1932年和1933年都过去了。若干家庭提出将自己的孩子送给林德贝里夫妇，以代替他们失去的儿子。但1932年8月，他们的第二个儿子乔恩呱呱坠地。林德贝里夫妇可以心怀感激地拒绝

图6 黄金券。这与林德贝里案中作为赎金使用的黄金券相同。这些黄金券看上去与如今的美元纸币十分相似,且在理论上能够从美国财政部兑换出黄金。但在大萧条时期,财政部收回了这些黄金券,并且由于无法兑换出黄金,它们也不再流通(图片来自旧金山联邦储备银行)

其他父母慷慨的提议了。

绑架案发生后两年半,这起案件由于没有任何新线索而被警方置于次要位置。但这一情形于1934年9月16日改变了,一名男子开车到曼哈顿哈林区(Harlem)的一家加油站加油。他付给加油站的服务生沃尔特·莱尔一张奇怪的纸币——黄金券。当时黄金券的样子和今天的美元纸币非常相似,派发给把黄金交给银行的人。银子也可换白银券。虽然知道没人会这么做,但美国联邦银行保证用贵金属兑换黄金券,对人们来说,将纸币而非铸币或硬币存放在保险箱里或银行里要方便得多。

1932年春天,当林德贝里的私人银行准备赎金款时,黄金券仍是常见的支付方式,有许多不同面额。赎金款几乎包括了所有种类的黄金券。

1933年,小查尔斯·林德贝里绑架案后一年,美国及世界范围内持续的经济和金融危机,使人们更加中意黄金而非纸币。

但联邦储备银行没有足够的黄金储备。政府做了在这种情况下任何政府都会做的事：1933年5月1日，禁止银行赎回黄金券。想要摆脱黄金券的人让黑市发展起来。

次年，所有保险库里还存有贵金属的州级和联邦银行必须把它们交给财政部，用来对抗持续的经济危机，因此，在两年的时间里，黄金券就不再使用了，因为没有银行能够赎回。

"现在很少能再看到这些了。"当客人试图用一张10美元的黄金券付款时，哈林区加油站的服务员咆哮着。

"我还有一百张。"衣着光鲜、操德国口音的顾客回答道。服务生莱尔收下了黄金券，但由于不知道银行会不会承认，他将客户的车牌号写到了纸币上，牌照号码是4U13—41。

莱尔的第六感在两天后带来了丰硕成果，黄金券上的编号与赎金款上的相符。车子的主人是一名34岁的木匠，家住布朗克斯第222大街1279号。这是德国裔移民布鲁诺·理查德·豪普特曼（Bruno Richard Hauptmann）的家。一天后，他坐在自己的车里被逮捕了。"这是怎么回事？"他问警官，"这是为什么？"

当从他裤兜里翻出第二张黄金券时，他还是声称不知情。在下西区（lower West Side）的警局里，诺曼·斯瓦茨科普夫、他新泽西的团队和其他纽约警官向他解释了这一切都是为什么。

豪普特曼身高6英尺1英寸，比大多数美国人都要高。头发是浅棕色的，与康顿对"墓园约翰"的描述相似。豪普特曼和他妻子声明他们从未去过霍普韦尔，在雨夜他们更乐意听听音乐而不是在新泽西四处游荡。木匠否认与绑架案有任何关系。他把那些钱存起来以保护自己不遭受通货膨胀的损失，现在他想花了它们。当被要求提供笔迹样本时,他立即同意了。"我愿意,"豪普特曼说,"这将证明我的清白。"

大战风车

但是,豪普特曼在接受审问时撒了谎。当警方9月20日对他生活和工作的地方进行搜查时,找到的私房钱不是所谓的300美元,而是它的四十六倍,整齐地塞在木头的孔洞和裂缝里,这些纸币正是林德贝里交的赎金。现在,豪普特曼肯定麻烦了。

关于钱的来路,他给出了一个非常有趣的说辞。他说这不是他的钱,它们属于伊西多·费舍——这位同事寄存了一袋东西在他那里。费舍1933年12月6日去了德国至今未归。一天,费舍的袋子湿了,豪普特曼就把它打开了。由于费舍本来就欠他钱,他就用了一些,然后把剩下的藏了起来。费舍1934年3月因患肺结核死于莱比锡城,而豪普特曼又不想将剩下的钱还给其亲属。豪普特曼被证明偷了钱,在庭审时他甚至亲口承认了。他还说到自己有个虐待狂酒鬼父亲。

但不仅仅是藏匿的钱财,进一步搜查还找到了一把小信号枪。德国警方的消息说豪普特曼曾因持枪袭击被判刑,他甚至曾经在卡门茨镇(Kamenz)闯进市长家行窃。

豪普特曼出生在德国萨克森(Saxony)州的卡门茨。在父亲死于酗酒后,他独自和母亲生活在一起,他的两个兄弟都死于"一战",唯一的姐姐则移居美国。他的母亲很爱他,但他是个不让人省心的孩子。由于多次入室行窃,他很快就成了卡门茨尽人皆知的强盗。1919年6月3日他因入室行窃被包岑(Bautzen)市高等法院判处两年零六个月有期徒刑，十四天后又因在街头抢劫而再加了两年零六个月刑期。

四年后，他因表现良好而被提前释放。他立即跑到附近的森林，挖出了之前藏在那里的入室行窃的赃款。但与此同时，疯狂的通货膨胀却摧毁了这些钱财的价值。

他挖出了九张100马克的纸币和五十张1马克的回收币（back-drawn bill，不是真正的钱）。他带着这950马克到屠夫那里去，屠夫却向他要11600马克才肯卖他半磅劣质香肠。他的钱不名一文，所以他又回去与母亲生活。他继续着犯罪生涯，很快又因在其他人入室行窃时放哨而受到起诉。"二进宫"后，他靠向警卫的眼睛撒胡椒而成功越狱。他假扮盲人乘客和煤炭搬运工，成功地登上了汉诺威号渡轮。他随后在三等舱被抓住，但只因偷渡而受罚在船上做些许苦力。

虽被美国当局遣送回国，但他成功地与一些美国水手成了朋友，他们偷偷把他带上美国军舰华盛顿号。他在纽约港跳下船，但获救后还是被送回了汉堡。

终于，他偷了一名在德国的美国人的护照，成功进入美国。护照被美国驻汉堡领事馆注销了，但还是太晚了，波塔号（Porta）在信函抵达美国前靠岸，豪普特曼的美国梦成真了。他一句英语都不会说。不久，"他的"护照又被另一个蟊贼偷了。它最终在一次警方搜查时在唐人街再次现身。

一个富婆注意到了在纽约市中央公园附近无所事事的他，给了他一份在酒店刷盘子的工作。到1925年10月，他已经做了几份工，挣了足够的钱，可以和一个德国女移民搬到一起住了。

虽然有这些罪证和他作为罪犯的过往，豪普特曼的律师詹姆士·福西特（James Fawcett）还是相信他是无辜的。当联邦检察官被问及是否相信豪普特曼实施了绑架时，他说他不知道有谁不认为他是有罪的。

当然，在刑事案件中，个人观点并不重要。能证明他有罪的直接证据非常少。虽然有点晚了，但警方在"墓园约翰"走进公墓后，测量了他的脚印。两位笔迹专家应邀将豪普特曼的笔迹与索要赎金的字条上的潦草字迹进行比对——这两者看上去显然不一样。两位专家是艾伯特·奥斯本（Albert Osborn）和他的儿子。奥斯本父子的鉴定工作没有实质性进展，他们甚至让惯用右手的豪普特曼换用左手写字。在最终证词中，艾伯特·奥斯本说他认为豪普特曼就是写字条的人，但他儿子持相反意见。小奥斯本认为，虽然有些相似，但其中也有明显的差异。

至今也没人想到将第一张勒索字条拿给德国人读读。对于我这样一个能说流利英语的德国人来说显而易见的是，信函中的一些英文字被换成了德文字，比如，将good写成gut以及out写成aus。还有将"d"换成发音类似的"th"：写绑架字条的人没有写anything而是写anyding。这些简单的词，任何学习过英语的人都能从一开始就写对。这些单词，任何美国人都能从德语中认出来，因此它们被德国化就很奇怪。其他一些词，比如"赎金"（ransom），原本更生僻、更容易写错，却拼对了。这证明有人想要模仿德国人写英语。写字条的人似乎只知道一点点被误解的德文词，因此只能拙劣地模仿一些简单词汇。另外，豪普特曼只学了英语的发音，因此，也有可能是他写了那张粗劣的字条，几乎像是对德国英语的拙劣模仿。

笔迹专家无法在法庭上达成一致意见。但由于需要一份裁决，最终他们宣称信函是豪普特曼写的。就这样，出于诉讼程序的目的，问题"解决了"。

9月25日，林德贝里被问到他是否确信能够辨别那个在230英尺外喊出"嘿博士"的声音。上校不能确定，但同意次日进行测试。豪普特曼不得不喊了几次"嘿博士"。若干尝试后，林德贝里似乎确定了。10月，他做证说"墓园约翰"的声音与豪普特曼的完全一样。你可以自己做做实验：找个你从来没有听过他声音的人，在树林里站在距他230英尺外的地方，让他喊"嘿博士"。三年后，找五个人重复上述过程，其中之一是最开始的那个人。你有没有可能辨别出他的声音？康顿也被要求对声音进行判别，但他保持缄默。也许因为他担心自己判断错误导致死刑，也可能因为他就是不确定。

面对这些模棱两可的证据，豪普特曼和他的律师很乐观。但他们的自信并没能持续多久。决定性的证据出现了：一块丢失的木头。

地板上的缺口

在犯罪现场留下的极其有限的几个罪证中，那架自制的梯子必然是最引人注意的一个；而且最终证明，它也是最有用的一个。对梯子的调查交由阿瑟·科勒（Arthur Koehler）负责。

科勒在威斯康星州麦迪逊市的木材研究实验室工作。当听说证据中包括木头时，他立刻向诺曼·斯瓦茨科普夫表示愿意提供帮助。在小查尔斯的尸体被发现后，警方才将一块梯子木头的样本送到他那里检验。梯子上有无数指纹，但很久之后证明，没有一个属于布鲁诺·豪普特曼。

1933年2月，在检验了若干样本后，科勒检查了整架梯子。他断言木头是手工锯下来的，锯子的刀片没打磨锋利，锯齿间还塞满锯末。边边角角用的是一把又钝又有缺口的锯子，这可不是职业木匠的工作成果。

之前编号为证据16或横栏16号（确切地说，是"拆散的梯子上的一片木材第16号"）的那段梯子很有趣。这片木头上有四个旧钉子钉上后被起下而留下的孔。

这些孔的特别之处在于它们是方形的，必然是方形钉子留下的。20世纪30年代这样的钉子很少见，因为它们都是手工制作的。现在仍在使用的工业化批量生产的钉子是圆形十字钉，当时这种新型钉子已经面世。此外，用在户外时，旧款钉子会生锈。因为它们是生铁做的，没有镀镍，因此会受到外界环境的侵袭。

但横栏16号上的钉子孔里没有锈迹，这意味着它必然是用在室内的木材制作的。

科勒告诉斯瓦茨科普夫，如果找到犯罪嫌疑人，在搜查他家时，他们应当找找看在木地板上或其他厚木板上是否有方形的钉子洞。也许，科勒提出，他们能找到一些木地板，和梯子用的是一样的木材。

科勒将梯子大卸八块，每一块都放到放大镜下观察。他发现有两块，最下面的两片横栏（12号和13号），用的是新的黄松边材，刨平模式相似，两端契合，必然是从同一块至少14英尺长的木板上切下来的。根据科勒的计算，最初的木板应当有 $3\frac{4}{3}$ 英寸宽。木头是加州松木，有独特的刨平和锯开的模式。锯开时用的是工业木材锯，有六个垂直刃和八个水平刃。刨平方面，科勒计算木材必然是在速度为2.5英里每小时的机器上刨平。关于这一线索，唯一的问题是，仅仅在美国大西洋沿岸就有一千六百个锯木厂。

科勒没有放弃。他给所有的锯木厂写了信，向他们询问锯木机的情况。他还向其中的一些索要了木材切割样本。在南加州，他找到了他所寻找的锯子。这个公司向布朗克斯的一个木材批发市场供应木材。证据开始指向豪普特曼。

还有另外一片拼图。1934年9月19日，科勒在豪普特曼的公寓里找到了木地板上的一块缺口（图7和图8）。地板的纹理非常眼熟。它与横栏16号的很相似，并且有方形的钉子孔。当他将那块木头放到地板的缺口上时，他确信无疑了：这块梯子曾是豪普特曼的一块地板。它的纹理和地板的其余部分并不严丝合缝，也不与旁边的木板相连；它还稍稍小一点（图7和图8）。但这很可能是因为做梯子的人将过长的部分锯掉了，以便让它和梯子的大小相符。此外，地板有锯子留下的一个独特凹痕，这个凹痕与横栏16号边缘上的另一个凹痕完全契合。这再次证明有人锯短了横栏16号以便适合梯子的宽度。

"梯子上有太多可挖掘的东西了，"科勒事后在一篇科学文献上写道，"几乎可以确定的是，如果在一件东西上找不到重要线索，那么在另外一件或几件上一定能的。"

对豪普特曼的第三击是，警方在豪普特曼公寓里的碗柜边，

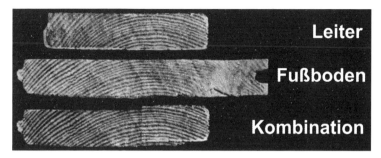

图7　木材剖面是林德贝里案中的重要证据。梯子所用木材的年轮和纹理与布鲁诺·豪普特曼阁楼地板上的相互吻合，严丝合缝（图片来自威斯康星州麦迪逊市美国林木制品实验室；马克·贝内克进行组合）

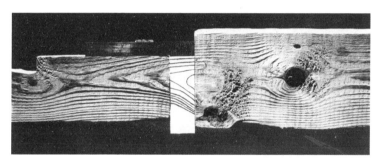

图8　梯子木材的纹理与地板上的相对应。两块中间，缺失的一块（手绘），可以将两端连接在一起（图片来自威斯康星州麦迪逊市美国林木制品实验室）

找到了一张写着协调人约翰·康顿的电话号码的字条。号码是用铅笔写的，藏在了隐蔽的地方。由于针对丈夫的不利证据越来越多，豪普特曼的妻子在警方的建议下搬了出去。审判推进及判决进行得很快。

豪普特曼被电椅处决。1936年4月3日，他的尸体——囚犯编号17400——被闪闪发光的黑色灵车运出了州立监狱。好奇的人群聚集在监狱外与他道别。一张照片中,一个看热闹的人向灵车的方向挥舞着帽子,另外一个人倚在高处的树枝上以便看得更清楚些。案件就此了结了。

证据上的缺口

公众对调查结果很满意,但也有持不同意见者。埃莉诺·罗斯福*说:"整个审判画下了一个巨大的问号。"

即便美国律师协会也认为检察官和辩护律师存有主观偏见。协会声明:"当一场单纯的审判变成了娱乐公众的闹剧,毫无必要地,生命成为廉价的商品。"

还有很多矛盾之处。豪普特曼一直主张,绑架案发生的那天,他正在宏伟住宅开发公司(Majestic Housing Development)的建筑工地上班。唯一将他置于案发现场的证人是一名老眼昏花的87岁老头,他说那天早上看见豪普特曼在林德贝里宅邸附近。被告直到最后仍坚称无罪。庭审期间,他表现得非常放松,时常面带微笑,向后靠在椅背上,这都是无辜的人的表现。他看起来无法相信法庭上正在发生的事情,无法相信他真的正在为了自己的生命参与审判。那片显然从豪普特曼公寓地板上锯下来的木头,比另外一端厚1/16英寸(1.5毫米)。为什么会这样?还有,将横栏与周围地板直接相连的那几片木头并没被找到。所以,关于用来建造梯子的木头毫无疑问来自豪普特曼的地板的主张根本不可能成立。最后,所有相关人员都先入为主地认为豪普特曼是

---

* 埃莉诺·罗斯福(Eleanor Roosevelt):当时美国第一夫人。

有罪的，因此也可能有人将康顿的电话号码塞进碗柜里以便能够更有力地控告他（在那个年代，这种栽赃并不少见）。此外，豪普特曼被捕前使用的黄金券的确闻起来有些霉味，这佐证了他关于黄金券被弄湿了，所以他花了一些、藏起了剩下的黄金券的证词。再者，新泽西的新州长哈罗德·霍夫曼（Harold Hoffman）去死因牢房见了豪普特曼。离开监狱时，他也相信这个德国人是无辜的。1938年霍夫曼没能成功竞选连任，部分原因就是他倾向德国移民，进行了干涉。还有就是，的确有个伊西多·费舍，根据豪普特曼的说法，他才是钱的主人。他涉嫌洗钱和黑市交易。最后，费舍是波兰口音，很少有美国人能够将它和德国口音区分开。然后，作为一个句点，查尔斯·林德贝里和他的全家都离开了这个国家。

林德贝里的旅行

州长霍夫曼非常关注林德贝里案，一度几乎逆转了判决。当他1935年夏天会见豪普特曼时，已被定罪量刑的豪普特曼要求进行测谎或被注射"吐真剂"。在霍夫曼看来，这个人绝对是无辜的；而且，与许多有罪的犯人不同，为了证明自己的清白，豪普特曼提出了有建设性的方案。

但对于豪普特曼可能是无辜的这种想法，公众和警方可不感兴趣。英雄林德贝里指证豪普特曼与"墓园约翰"的声音相同。质疑豪普特曼的绑匪身份，仿佛就是在质疑林德贝里的能力。在当时，对绝大多数美国人来说，这是无法想象的——几乎等于说爱因斯坦不是个天才。那根本就不可能！

霍夫曼做了更多。他会见了警探们，并看了据称来自豪普特曼公寓地板的那块木头。然后，霍夫曼通知了媒体，这比大多数政客都要勇敢。他称作为新泽西州仁慈委员会（clemency commission）的成员，他将动议推迟死刑执行。当时，与现在不同，州长不是唯一有权下令特赦的人，最高法院也能插手。霍夫曼将自己的政治生涯都押在了这件案子上。豪普特曼和他的妻子让他相信，法庭和陪审团办了件错案。

12月5日霍夫曼宣布了他将请求特赦的打算，林德贝里立即指示安妮打点所有行装，举家立即离开美国，前往欧洲。他向媒体透了口风，说他实在受不了他们的闹剧了。12月22日，他离开了美国。《纽约时报》在头版刊登了文章，其作者获得了该年普利策最佳新闻报道奖。

对《世纪罪案》的作者——律师格里高利·阿尔格利恩（Gregory Ahlgren）和警官斯蒂芬·莫尼耶（Stephen Monier）来说，林德贝里的解释有些蹊跷。他们确信，查尔斯·林德贝里是逃跑的。

根据他们的分析，林德贝里在豪普特曼被执行死刑前夕从美国逃走，并不是巧合。按照原本的计划，豪普特曼应于1936年1月被执行死刑，但由于州长霍夫曼的调查和对有罪判决的公开质疑，执行时间延到了4月。在调查进行期间，林德贝里不在国内，但他完全能够操控媒体。《纽约时报》对林德贝里的离开所做的描述，与他希望在媒体上发表的一字不差。按他自己的说法，他不得不离开，因为他的家人不再安全。

但林德贝里到底想逃离什么呢？也许，归根结底，我们会发现究竟谁对小查尔斯的死感到良心不安——是林德贝里自己？

林德贝里显然并不想要赎金，他有金山银山。也许所有涉及钱财的情节都是别人挑起的，比如康顿；他是否想给自己捞点外快？

但没什么让我们不能去想林德贝里把钱揣到自己口袋里了。在他离开岳父岳母家时，出现了第一张勒索字条，索要50000美元，与真正绑架案中索要的金额分文不差。安妮父母支付的第一笔赎金并没有人来取，也许因为林德贝里和安妮已经在奔赴他们幸福未来的火车上了。

但如果林德贝里对赎金不感兴趣，这一切都是为了什么呢？

"我们知道林德贝里上校以变态、残忍的恶作剧为乐。"阿尔格利恩和莫尼耶在他们的书中解释道。他们复述了若干传记作者记录的我们的大英雄中意的几个真实玩笑："把煤油倒进别人的水罐，受害人一饮而尽后被送进医院，这根本就不好笑。……将一条毒蛇放进他明知闻蛇丧胆的战友的被单里，毫无幽默可言，受害人很可能丧命，就算没被毒蛇咬一口毒死，也肯定会心脏病发作死掉。……在与艾米莉亚·埃尔哈特*共进晚餐时，上校突

---

* 艾米莉亚·埃尔哈特（Amelia Earhart）：飞越大西洋的第一位女性飞行员。1928年6月17日，在纪念林德贝里首次飞越大西洋一周年的飞行活动中，她成为历史上第一位飞越大西洋的女性"搭乘者"。1932年5月20日，艾米莉亚·埃尔哈特从纽芬兰岛的格雷斯港起飞，在十四小时五十四分钟以后顺利降落在爱尔兰北部。这次飞行她至少同时打破了三项世界纪录：首先，她当之无愧地成为第一个单独飞越大西洋的女性；第二，她又是世界上第二个单独飞越该大洋的飞行员；第三，她刷新了两地之间的飞行时间世界纪录——林德贝里完成飞行用了三十三个半小时。艾米莉亚·埃尔哈特还创建了世界上第一个女飞行家组织，创造了好几项女子飞行世界纪录。1937年，艾米莉亚·埃尔哈特在"女子单人环球飞行"时失踪。——译者注

然无缘由地将一杯水浇到安妮的头上,糟蹋了她新买的真丝裙子,这根本没什么好笑的。"两位作者继续写道,"虽然这件事糟糕透顶,但还不是上校对他家人开的最差的'玩笑'。在婴儿失踪前,(林德贝里)曾将其从婴儿床里抱出来,藏在衣柜里。整个房子炸了锅,全家人都以为孩子被绑架了,惊恐万分。林德贝里让他的诡计持续了二十分钟,直到孩子被找到。"

与此相比,给岳父岳母寄张勒索字条只不过是个温和的玩笑罢了。也许一生谨言慎行、井井有条的林德贝里,想在1932年5月1日真正开个大大的玩笑。也许他受了六年前去世的世界最著名魔术师霍迪尼(Houdini)的启发。霍迪尼也是位飞行先锋,他是首个驾驶双翼飞机进行特技飞行表演的人。也许林德贝里只是想开个玩笑——完美的、意想不到的玩笑。这次,在把整栋房子投入比第一次更加严重的恐慌和绝望中后——因为小查尔斯不会在衣柜里被找到了,他的父亲可以从容地从大门走进来,开心地吹着口哨,怀里抱着他的儿子。这正是老查尔斯会觉得逗乐的玩笑。

所以,也许他做了那架梯子,然后打电话告诉家人留在房子里。因为只有在这座宅邸,他才能够从锁着的百叶窗后,将孩子从床里抱出来而不被人看见。婴儿房在宅邸的一角,从主入口处看不到。然后他计划拆散梯子,稍后与小查尔斯一同凯旋。

这样看来,看家狗没有叫、孩子没有哭就不奇怪了。当时不过是房子的主人在自己家里闲逛而已。突然出现在窗户旁的勒索字条,是林德贝里自己放到那里的。没人第二次爬上梯子,在一片骚乱中,林德贝里事后自己"找到"了那封信。在那种情形

第三章 证人、巧合和度量

下,其他任何人都会立即打开它,他没有那样做,而是严格要求所有人等待刑侦科学家的到来,这也同样说明了他的计划:他知道信封上和婴儿房里不会有任何指纹,因为他都擦干净了。康顿号称看到的指纹,几乎可以肯定是不存在的。没有哪个警官看到一枚指纹。康顿必然伪造了全部证词。

这样,林德贝里为什么尽一切可能耽搁和阻挠调查就可以理解了。他希望线索的误导性越强越好,最好能是一团乱麻。

但尸体又如何解释呢?找到尸体的地点也许是确定林德贝里才是凶手的最强证明。林德贝里从脆弱不堪的梯子上滑了下来,孩子被不小心摔死了,林德贝里不得不尽快处理掉尸体。他离开宅邸不到3英里,然后将尸体扔进了灌木丛中。他没有时间掩埋,因为他必须尽快回到家里。安妮已经注意到丈夫不知道为什么比平时回来得晚了。

在某些人眼中,发现孩子尸体的地点也洗刷了布鲁诺·豪普特曼的嫌疑:布朗克斯在霍普韦尔的北边,而尸体发现于霍普韦尔南边几公里处。绑匪为什么会选择一个在回家路上遭遇路障的可能性更大的地点呢?事实上,在林德贝里报警后,连乔治·华盛顿桥进入纽约方向都关闭了,这让上述担心似乎很有道理。

在阿尔格利恩和莫尼耶看来,最后一个暗示林德贝里是凶手的线索是:小查尔斯的一个"拇指卫士"在通往宅邸的大路边被找到。难道真的会有人相信,绑匪在把孩子——孩子还戴着"拇指卫士"——带向自己的汽车时,会取道通往宅邸的主车道吗?

两位作者在《世纪罪案》中写道:没有绑匪会在实施犯罪时将车开进私人车道。这条私人车道是单车道,蜿蜒半英里。唯一可以掉头的地方就是宅邸门前。如果绑匪将车停在那里，估计会被抓住，或至少会被宅邸里的人或离开宅邸前往车道的人看见。更糟的是，也许会有访客到来，挡住他的去路。无论发生哪种情况，所有这些剧情都意味着，宅邸里的人或在车里的访客将目击罪案——至少看见孩子被放进车里。

还不只这些。对宅邸观察多日的罪犯会发现林德贝里那天晚上还没回家。就这一个原因，绑匪就不会将车停在宅邸附近。被林德贝里发现的可能性之大，简直等于自取灭亡。但"拇指卫士"在宅邸主入口附近的私家车道边上。

符合逻辑的解释是，林德贝里将已死去的孩子放到他的车子里，但在这过程中掉了孩子的"拇指卫士"。他是唯一在那个时间、在自家路上开车而无须任何解释的人。

太多疑了吗？想想林德贝里在法庭上所说的他在绑架发生当日的行踪吧：

赖利（Reilly，辩方律师）：可否请你向我们叙述一下绑架案发生当日你做了什么？

林德贝里：那个周二我整日都在纽约。

赖利：纽约哪里？

林德贝里：我记不清具体在哪里了。我想我到过泛美航空（Pan Am）办公楼，也许也去了跨大陆公司（Trans Continental）的货物办公室。我在洛克菲勒研究院（Rockefeller Institute）待了一阵子，如果没记错的话，那天下午我去看牙医了。

第三章 证人、巧合和度量

这就是了。他应当对一生中最糟糕的一天有着清晰如昨的记忆。

1941年，林德贝里问总统他能不能以空军飞行员的身份成为一位现役军人。罗斯福拒绝了。反而，他被允许以私人公民、福特发动机公司（Ford Motor Company）和联合飞行器公司（United Aircraft Corporation）顾问的身份执行抗击日本的飞行任务。林德贝里对德国纳粹党颇为赞赏，他曾获纳粹德国空军最高指挥官赫尔曼·戈林（Hermann Goring）颁发的德国最高等级的平民奖章。

战后，美国人和德国人都试图尽弃前嫌。当林德贝里1974年在夏威夷去世时，他又成了"孤独的雄鹰"——这是"幸运的林迪"在飞越大西洋后所获得的荣誉称号。这个爱开玩笑的人和自我委任的调查员享年72岁。在小查尔斯死后，他和妻子将霍普韦尔的宅邸捐赠给了一家慈善机构，后者1933年6月23日在那里开办了一家幼儿园。他们又养育了五个子女：乔恩（出生在英格伍德）、兰德、安妮、斯科特和瑞弗。

布鲁诺·豪普特曼的遗孀安妮与亲戚住在费城，直到1994年10月去世。她丈夫的辩护律师死于1940年，州长霍夫曼1938年卸任。

2003年出现了关于林德贝里的又一爆炸性新闻。林德贝里死后二十九年，他的孩子们打破了沉默，但这些是他的德国孩子，没有任何传记提及他们。那年夏天是几世纪来最炎热的夏季，阿斯特丽德·布托尼（Astrid Boutenie），娘家姓海丝席莫（Hesshaimer），声称自己和两位兄弟戴克和大卫是林德贝里和德国女帽制造商布里吉特·海丝席莫（Brigitte Hesshaimer）一场罗曼史的结晶。这个刺猬一样不合群的人爱上了一个年轻女人。他第一次见到她是在慕尼黑，在功勋大厅（Feldherrnhalle）前的欧迪翁广场（Odeonsplatz）上，那里有两只巨大的狮子雕塑，他问她："狮子为什么不吼叫呢？"自然地，布里吉特不明白是什么意思。于是老人解释道："有人曾告诉我，当你听见狮子吼叫，你就恋爱了——我刚刚爱上了你！"

林德贝里小心翼翼地和这名女子保持着秘密往来。他取了个化名：凯伦·肯特，他的三个孩子和他说话时也用这个名字。1974年林德贝里死后，他的女儿阿斯特丽德开始整理照片，她在一个旧巧克力盒子里发现了一些底片。阿斯特丽德的调查热情苏醒了。当时住在法国的她，去母亲在德国阿梅尔湖畔（Lake Ammersee）的房子里进行了一番搜索。在阁楼里，她找到了一叠信件，多数是手写的，并用红色缎带捆在一起。当母亲发现阿斯特丽德拿走了信件时，她警告道："你不知道你这么做开启了什么，你不知道你在做什么。"阿斯特丽德没有将信件还回去，但也没有将秘密透露给别人，直到母亲去世。第一封信的日期是1957年。

"和我们在一起时，"林德贝里的儿子戴克回忆道，"他会照看我们。别的父亲只不过坐着，面前放着一杯啤酒，但我们会一起去远足。"他看来真的爱自己的孩子。"替我抱抱阿斯特丽德，在戴克荡秋千时替我多推一下。"林德贝里在一封信中这样写道。林德贝里最后一次去阿梅尔的宅邸是在1972年。他供孩子上私立学校，给每个孩子都留下了一份投资组合（当时在德国很少见）。最后一次去看他们时，我们的飞行英雄已经非常虚弱，甚至都不能给汽车换轮胎。在日期为1974年8月的最后一封信中，他提到自己已经病入膏肓，几乎不能提笔："我唯一能传递的，是我对你和孩子们的爱。"

布里吉特·海丝席莫从报纸上得知了林德贝里的死讯。没有任何人知道他在巴伐利亚的第二个家庭。这正是他所希望的。

外一篇：正义对阵真相

欧洲大陆的人时常对美国的司法系统感到困惑。并不是正义的基本原理有多稀奇，而是司法选择的过程、律师们在法庭上好莱坞式的表演以及与某些庭审相伴的媒体上演的闹剧。众所周知，人们在法庭上很容易受到影响。与一些曾在美国刑事案件中做证的人一样，我也认为这些质疑在某种程度上是正当的。唤起陪审团的偏见和情绪状态，以及辩护律师和检察官常常采用的戏剧化策略，在美国许多刑事案件中都起了重要作用。我不相信这条通向正义的道路对揭开真相有任何价值。作为职业刑侦科学家，我只关心真相。

正义、司法和真相并不总是一致的，这一点每名政策制定者都心知肚明。他们往往不得不接受假象，以达到某种政治目标；该目标可能是非常有价值的。但是，在法庭上不应有要手腕和撞大运的施展空间。问题应当是如何找出发生了什么、何时以及为什么某件事情会发生的真相。如果不能做到这一点，任何审判都只能实现偶然的正义。

这就是为什么近几十年来越来越多的事实证据进入法庭。最重要的一种是自1900年开始使用的指纹，以及随后1985年发现的基因指纹。这两种刑侦学技术不仅将罪犯和犯罪现场联系起来，也将不同的犯罪现场联系了起来。即便罪犯在若干年后才被缉拿归案，仍可能证明他或她是较早的案件或系列案件的实施者。

与证人证言相比，这种证据的主要优势在于它超脱于主流意见的客观性和独立性。如果没有证据，案件将向各种假设和推测敞开大门。若有了证据，那么它们就应当被正确地理解和解读。任何进一步的争论和分析都是无用的，将证据和罪案联系起来的只有唯一一种可能性。但是，只有优秀的犯罪学家才能去除也许存在另一种可能性的疑虑。优秀的犯罪学家可能是警探、律师、犯罪现场技术人员或自然科学家。如夏洛克·福尔摩斯所说："当所有其他的可能性都被排除时，剩下的，无论多么不可思议，必然是真相。"

事实

林德贝里是无辜的吗？布鲁诺·豪普特曼是绑匪吗？你会怎么抉择？如果你在陪审团里，你就是那个要做决定的人。如果你认为犯人有罪，那么可以确定，他将被判死刑。

想象你自己是林德贝里案的一名陪审员。案件呈现在你面前，已经到了庭审的最后一天。很快就要到陪审团审议了。你匆匆翻阅笔迹，记得一位木材专家找到了一些重要的东西。木材专家？这是哪门子的专家？

梯子是用四种不同的木材制作的：普通松木、黄松、道格拉斯松木和桦木。在小林德贝里1933年3月失踪后一年，木材专家阿瑟·科勒被请到新泽西州特伦顿（Trenton）的警察局。他研究了整架梯子，而不仅仅是几块木头样本。

木头可以提供有助益的证据，部分原因是只要保存在干燥环境下，它们就不会腐烂。当科勒抵达特伦顿时，他得以做了三件事。第一，他仔细地检查了梯子。如前所述，梯子由三部分组成，总重量仅为38磅，不足以提供较高的稳定性。梯子能被拆解可以有多种解释。目的之一可能是：这样它在室内和室外都能使用。另外一个原因也许是：它可能不得不被存放在某个空间狭小的地方，比如一间小公寓，拆成三段也可以轻松地放进车里。

梯子的建造漫不经心。梯级被钉在侧面的扶手上，像业余木匠的做法。它们被嵌进粗糙雕凿的凹槽里，这可能有着不同的意味：建造者要么不懂木工活，要么时间不多。也许这架梯子他只想用一次。对专家来说，案件调查结果所产生的影响并不重要，他或她的工作是找出真相，而不是追求正义。专家会专注于调查，而将解释工作留给警察或律师。

科勒对梯子一段一段地进行了测量，精确到了1/100英寸。梯子由十七块木头组成，还有将它们组合在一起的木钉。第16块（之前提到的横栏16号）非常引人注目。它由次等松木制成，且显然之前曾被使用过。虽然其他较长的部分都是一般用在屋顶上的厚木板，在市场上就能买到，横栏16号的尺寸却不同。它的一侧和前部是手工锯断的，换句话说，横栏16号肯定不是来自阁楼的支柱，而是从地板上锯下来的。

为它的侧面刨光的刀刃上显然有豁口。当光线从某个倾斜的角度照下来，就能看到豁口留下的痕迹。

横栏16号上那些方形钉子孔呢？它们证明这块木头被钉在干燥的建筑物内部有相当长一段时间了；否则钉子会生锈。但在方形的钉子孔边缘没有锈迹。由于木头有着非常明显的纹理和几个丑陋的节点，它很可能被用来建造衣橱或阁楼，在这些地方，就算木头不是很美也不太显眼。

调查报告还记载，梯子的第12和第13块是从同一块厚木板上切割下来的。木板的一端比另一端宽1/16英寸（半毫米）。如果是用锯木机切割的，怎么会有这么大的误差呢？

答案是，刚从机床上下来时，木板是等厚的。它被从活的树干上锯下来，而它在树两端的生长状态是不同的：一端接近地面，另一端则向上攀升。接近地面的那端更紧致，有着更紧密的纹理。上端有更多空气和水，而且由于承担重量较轻因此较松散。所以在上面的一端比接近树根的那端缩小得更多。这种收缩只在木头被锯下来后几周、彻底干燥后才能看出来。

根据科勒的计算，较低那一端的木板不会收缩太多，因为它已经很紧实了。他测量的这一端的厚度是$3\frac{11}{16}$英寸（94毫米），另一端的厚度是$3\frac{5}{8}$英寸（92毫米）。

这很不寻常，因为当时多数锯木机锯下来的新木材都是刚刚好$3\frac{5}{8}$英寸。切割后，木材干燥收缩。这样说来，案中梯子所用的木材，在干燥后还和新木材一样厚，甚至其中一端还要更厚些。锯木厂里的工业用锯木机都设置了特定的厚度。因此，就只剩下了一个解释：这块木头来自一架被设置为将木板切割为 $3\frac{3}{4}$ 英寸（95毫米）厚的锯木机。

这是科勒能呈现给陪审团的最重要的一点。也许不可思议，在整个东海岸只有几十架锯木机可能锯出12号和13号。

科勒回到他在麦迪逊的实验室。在警察将梯子送到他那里做进一步的分析后，他注意到在倾斜角度极大的光照下，木头表面显现出很小的印记，而这一面是用锯木厂的机器刨平的。这些印记来自刨平机切割齿上的小豁口。他点数、测量了豁口，并计算出用于木板较宽一面的刨平滚轴有八个齿（用来刨平较窄一面的滚轴只有六个齿）。这是第二个要点。

滚轴每转一圈，每个齿就留下一个压痕，这些压痕可以被看作些空格。滚轴通常每秒五十转，据此科勒能够计算出木头以多快的速度穿过机器。木头上每隔0.93英寸（24毫米），豁口就重复出现一次。这表明，木头每向前移动0.93英寸，就会再次接触滚轴上那八个齿中最初的那个（豁口的）齿。

如果滚轴转一圈需要1/50秒，在此期间木头移动0.93英寸，那么木材在机器上就是以每分钟230英尺或大约每小时2.5英里（4公里/小时）的速度移动。当时多数机器只能以这一半的速度切割木材。

就算是夏洛克·福尔摩斯本人也会对科勒严密的调查工作印象深刻。科勒给东海岸的一千六百家木材公司写了信，寻找边缘为六齿、上下为八齿、切割厚度为不寻常的 $3\frac{3}{4}$ 英寸，且能以每分钟230英尺的速度切割木材的锯木机。绑架发生时，齿的数目及切割厚度与这些数值相符的设备只有二十三架；其中，只有一架的切割速度能达到每分钟230英尺。1929年9月，南卡罗来纳州的麦考密克（McCormick）——多恩（Dorn）家族木材厂的机械师——对机器进行了改造，使其速度提升了一倍。

他们提供的细节甚至更有用：由于客户对那些凹槽提出了投诉，同一年，多恩家打磨了机器上的齿刃。从那之后，他们的齿刃就不会再产生凹槽了。这证明，林德贝里案中涉案梯子所用的木头是1929年9月至12月间在多恩家的木材厂切割的。查看一下他们的派送簿，在这四个月间，只有四十六车带凹槽的木材离开公司。

此时，犯罪学史上最难以置信的调查之一开始了：科勒和警官刘易斯·波恩曼（Lewis Bornman）检查了林德贝里家附近每一家木材公司里来自多恩公司的木材。1933年末，他们在国家木材和木工产品公司（National Lumber & Millwork Company）找到了几堆从多恩公司设备上下来的那样的木材。这家木材公司不仅位于布朗克斯，还在1931年12月1日——林德贝里家的婴儿被绑架前三个月——收了一船货。

赎金是在布朗克斯交给"墓园约翰"的，因此罪犯很可能来自这个区域。调查起初一无所获，因为他们并没有盯上布朗克斯的嫌疑人。

仅仅九个月后，布鲁诺·豪普特曼被捕了。在他妻子搬出布朗克斯的公寓后，两名纽约的警官和科勒的合伙人波恩曼搜查了豪普特曼的阁楼，剩余的赎金仍然下落不明。也许它们藏在木地板下面？

就在这时，警察注意到木地板被锯断了，留下了一个缺口。这说明不了什么，却让警察起了疑心，愈发想在那里找找赎金。赎金没找到，但他们看了看横栏16号是否和缺口相符。不相符，它太小了。幸而四个方形钉子孔矫正了调查方向——它们恰好和下面梁上的四个孔严丝合缝。横栏16号上的纹理也被复制到纸上，看似与豪普特曼的地板一致，木头上的年轮都能相互衔接。在豪普特曼工作室找到的刨子上的齿刃也能留下和梯子上粗略打磨的部分完全一样的凹痕。

结论：暴风雨之夜在新泽西州霍普韦尔找到的梯子碎片16号，来自豪普特曼在布朗克斯的房子的阁楼。

这个证据对于定罪太重要了，辩护律师不可能不尽力质疑证据本身和专家。在庭审的第五天，科勒对他无可辩驳的证据进行了说明，若豪普特曼没有参与犯罪，就根本无法解释。辩护律师试图对专家的可信度投上疑虑。

豪普特曼的律师爱德华·赖利（Edward Reilly）说，根本就没有什么"木材专家"，科勒只不过是威斯康星州麦迪逊市美国木材研究实验室的一位林务官。他"也许"用肉眼观察一番就能够判断不同种类的木材。但能将松木和橡木、桦木区分开，只是"他的专业范畴"，绝不能令他有资格在法庭上以"木材专家"的身份做证。

律师越是攻击专家证人，他或她的证词的重要性就越低，目的是将陪审团的注意力从案件的事实上转移开。豪普特曼的辩护律师显然想要赢得陪审团芳心，这是他的工作。但当他说陪审团可以和专家一样做正确的判断时，他歪曲了事实。爱德华·赖利开足了马力。在法庭外，他说了一些法官不会放过他的话。"什么证人，"他喊道，"是他们从森林里弄出来的！"

但这一切都徒劳无益。豪普特曼虽然对钱的来路有很好的解释（来自伊西多·费舍），也知道笔迹证据是不确定的，但他开始担心了。豪普特曼不仅否认将那块木板从阁楼里锯下来，甚至否认那架梯子是梯子。"它看起来就像件乐器。"他在法庭上说。

基于刑侦学证据及对证据的司法评估，说布鲁诺·豪普特曼是唯一可能实施犯罪的人，就显而易见了。除了他，还有谁能用他的工具、他的阁楼地板，建造那架梯子？还有谁能用罪案发生前仅仅三个月派送到距他家仅十个街区的木材公司的二手木材建造那架梯子？

辩方关于所谓从阁楼地板上锯下来的那块木头比其他木板厚1.5毫米的主张，甚至也是不正确的。木板是不均匀的，只不过是因为它被钉到厚木板上时还没有干透。

"从本案看来，"阿瑟·科勒在1948年给他上级的报告中写道，"科学手段应当更经常地用于刑事案件。"这类科学证据，以及关于植物材料的专家证词，经常出现在法庭上，往往使辩护律师灰心丧气。

我们不知道在霍普韦尔林德贝里的狗为什么没有叫。也许由于狂风大作、门窗紧闭，它没有闻到或听到豪普特曼。宅邸里的女眷最初没有看见勒索字条也是可以理解的，她们在找孩子，而不是信。林德贝里在豪普特曼执行死刑前去欧洲，也许真的因为他想要远离媒体和公众，过几天安宁日子。他那晚回家迟了也可以简单地解释为，人们有时就是会比平时晚些到家，这不能证明就有什么见不得人的事。

他想自己调查，不惜一切代价救回孩子。他高估了自己也低估了警察。很多人相信他们能比专家做得更好。很多人，如果给他们这个机会，也会不明智地接过警方调查的指挥棒或按自己的方式实现正义。林德贝里能这么做是因为他是个有名望的英雄。那么康顿的电话号码呢？像之前说的那样，它不是警方藏到豪普特曼的公寓里的。不，解释就是警方说的：罪犯写下了它，并自己把它放到了那里。

你肯定会把这些告诉其他陪审员。在本案中，陪审员正确地理解了，证据比一千个法律争议更重要。豪普特曼造了梯子，藏了钱。

如果豪普特曼不是德国移民，而林德贝里也不是整整一代人的偶像，案件肯定会向不同的方向发展。如果豪普特曼是名门富贾而林德贝里是穷苦的恶棍，也许在二十五人的见证下在电椅上了此一生的会是飞行员而不是木匠。

我的结论是，在专家明了地解释案件证据前，没人能对一个人是否有罪做出判断。只要科学证据是一致的且与案件相关，世界上任何地方的法庭——陪审团也是一样——都应当迫切地聆听。如果客观证据不相符，绞尽脑汁的猜测都不值得考虑，那将是不公正、不负责任的。

第四章

致命的罪案，有时是索命的惩罚

能从长相看出杀人犯吗？

并非仅仅在生死攸关的案件中，我们才要将决定建立在坚实的证据上。单单是刑事起诉或刑事调查就能毁了一个人的名声。

1980年末，一股起诉父亲虐待儿童的浪潮席卷德国，恰恰体现了这一点。一旦遭到怀疑，多数父亲就变得十分脆弱。谣言风传。人们问的第一个问题总是："他能干这种事吗？"

你能否想象，一个可爱的小女孩会信口编个故事告诉警察，哪怕在案件水落石出后都不改口？或者，一个男人性侵犯妙龄继女多年，且有极大嫌疑将他再婚后的家庭灭了门（这是2000年我办过的一起真实案件）？我们会不会疑心可靠的实验室科学家捏造了基因指纹，让与罪案毫无瓜葛的被告受到严重惩罚？

匆忙做出有罪或无罪的推测是危险的。多数人都有两面。深层情感往往被隐藏起来，就连父母或配偶也难以察觉，无法理解发生了什么及其原因。比如，杀人犯杰佛里·达默（Jeffrey Dahmer）公开在电视上和他父亲讨论，他的生活到底哪里出了

第四章 致命的罪案，有时是索命的惩罚

问题，让他走上了这条路。这场讨论没产生什么有用信息，不过是杰佛里父母离异、年轻时就开始酗酒以及童年时期喜欢玩死动物之类的。他的药剂师父亲莱昂内尔·达默（Lionel Dahmer）后来写了一本很有趣的书——《一个父亲的故事：一个男人面对亲生骨肉邪恶本质的悲恸》(*A Father's Story: One Man's Anguish at Confronting the Evil in His Son*)。在书中，他试着解释，他发现自己身上有与他儿子相同的几点性格特征，比如对个人环境的可控性格外渴求。

看看年轻的杰佛里·达默的照片，你可以看到，邪恶并不总印在人的脸上。在家庭相册里，你可能找不到一张比那更无辜、更友善的面孔了（就连我妻子，在偶然看到杰佛里的照片时都评论说"他看起来人很好"）。与流行的成见相反，连环杀手不一定步态呆板、言语冷淡或缺少正常人的感情和想法，残忍杀手的态度也可以是友善的，这一点我在与被认为杀了三百多个男孩的哥伦比亚连环杀手路易斯·阿尔弗雷多·格拉维托（Luis Alfredo Garavito）谈话时就发现了。杰佛里·达默常常强调，自己一人做事一人当——不怨社会，也不怨他的成长环境。他不求宽恕，实际上他要求受到起诉。就在法官宣判九百五十七年的有期徒刑前，他说："我希望在这过程中找出到底是什么让我成了如此邪恶的一个人。"

连环杀手彼得·库尔滕（Peter Kurten）——著名的"杜塞尔多夫吸血鬼"，1931年7月2日在科隆监狱被处决——的妻子对丈夫的另一面没有丝毫概念。他们间的关系并不相亲相爱，但他们住在一起，肌肤相亲。

彼得·库尔滕：杜塞尔多夫吸血鬼

整个犯罪史上，没有哪个杀手，能像彼得·库尔滕于两次世界大战之间在杜塞尔多夫那样，一个人制造如此大范围的恐慌和义愤。毫不夸张地讲，1929年2月至11月间发生的性犯罪和凶杀案，像传染病一样，不仅在德国，也在全世界范围内激起了一股纯粹的惊骇和唾弃的浪潮。通过广泛详尽的剖析，司法系统不仅想让凶手为他的罪行付出代价，还想探求这个谜一般的男人不同寻常的思想和灵魂。对库尔滕的临床研究值得审慎、耐心的分析，这能扩展我们对失常犯罪和病态犯罪的了解。

我们这个凶手第一次犯案是1913年5月25日在科隆市。库尔滕整个春天都在偷窃，专门对老板就住在楼上的酒吧或小饭馆下手。这天晚上，他正在科隆的一家小饭馆踩点。这个故事他是这么讲的："我上到二楼。打开几扇门，发现没什么值得偷的，但我看见床上躺着个大约10岁的小女孩，正盖着厚羽毛被睡觉。"

库尔滕抓着女孩的脖子，用双手扼住她的喉咙。那孩子挣扎了一阵，失去了知觉。库尔滕把她的头拉到床沿外，然后将手指插进了她的阴道。

"我身上带着一把小巧锋利的折叠刀。我拎着那孩子的头，割断了她的喉咙。我听到血液喷涌而出，溅在床边的脚垫上。血流喷出了个抛物线，越过了我的头顶。整个过程持续了大约三分钟。然后我锁上了门，回到了杜塞尔多夫的家中。"

那孩子的尸体惨白惨白的，几乎没有人死后通常会呈现的铁青色。她的舌头被咬烂了。在她喉咙上有两处独立的伤口：一个浅（只有1—2毫米），一个深（9厘米）。上面的伤口证明有一次击打，下面的伤口则是四次攻击造成的。

库尔滕的第一个受害人名叫克里斯汀·克莱因（Christine Klein），是个还在上学的10岁小女孩。她的父亲彼得·克莱因（Peter Klein）经营着一家客栈，嫌疑立刻落在了他兄弟奥托身上。前一天晚上，奥托·克莱因（Otto Klein）曾向哥哥借钱，但被拒绝了；盛怒下，他威胁会做件让哥哥"记一辈子"的事。在孩子被杀的房间里，警方找到了一块手帕，上面有缩写"P. K."，关于奥托从他兄弟彼得那里借了这块手帕的说法似乎也很可信。

这场凶杀案似乎没什么其他可能的动机，这让奥托的嫌疑更加重了。孩子先是因窒息而失去知觉，喉咙被一把锋利的刀子割开。有性折磨的迹象却没发生强奸，而且奥托·克莱因捅了孩子的阴道以制造明显动机似乎也是可能的。他因克里斯汀的死而受到起诉，陪审团尽管或多或少地相信他是有罪的，但又觉得证据似乎不够强有力。他被无罪释放了。

次日，库尔滕回到曼海姆，坐在克莱因酒馆对面的咖啡店里，喝了一杯啤酒。这个凶手后来回忆道，周围的人全都在谈论那起凶案，那些惊骇和义愤让他感觉好极了。库尔滕并没有受到追捕，他虐待狂的冲动觉醒了。胃口大开的库尔滕很快对杜塞尔多夫的人们开始了一系列的斧刺勒颈的攻击。

他因抢劫被捕，1913年至1921年在狱中度过。然后他搬到了德国中部的阿尔滕堡（Altenburg）市，结了婚。有一段时间，库尔滕似乎过上了无比正常和值得尊敬的生活。他在一家工厂找到了固定工作，并活跃于工会圈子。带着政治活动家的新伪装，他平静地生活了四年。

1925年，彼得回到杜塞尔多夫，这个小镇又一次成了他犯罪癖的催化剂。库尔滕再次见到杜塞尔多夫时，正是夜幕降临时分，"我的归来令夕阳如血"，这让他无比高兴，他将这解释为命运的预兆。

杜塞尔多夫警方第一次意识到他的存在是1929年2月9日，8岁女孩罗莎·奥利格（Rosa Ohliger）的尸体在树篱下被发现。她被刺了十三刀，尸体被浇上汽油烧了。凶手也戳了她的阴道，她内裤上的精液痕迹显示，他曾射精。

在诊断死亡原因和时间，以及判断凶手动机时，要考虑在内的重要因素包括自成一格的刺伤、脑部充血及对生殖器的伤害。从证据看来，库尔滕的目的似乎不是性交，而是他必须将沾有精液的手指伸进那孩子完好无损的内裤里，插入阴道中。

六天前，一个男人突然袭击了一个叫库内的女人，抓住她的领子，刺了她好多刀。阿波洛尼亚·库内（Appolonia Kuhn）受伤二十四处，那男人逃跑了。库尔滕的虐待嗜好并未得到满足，他返回自己的犯罪现场，并从中找到了新的性刺激。

"同一天晚上，我两次回到攻击库内夫人的地点，之后又回去过几次。这样做有时能让我达到性高潮。那天早上，我把汽油泼到奥利格那孩子身上，点着了火。在火势最旺的时候，我达到了性高潮。"

罗莎·奥利格被杀后仅仅五天，45岁的技工舍尔（Scheer）在福林恩区（Flingern）被发现被刺死在路上；他身上有二十处刀伤，包括头上的几处。次日，库尔滕回到犯罪现场，甚至大胆地与现场的一名侦探搭讪。虽然心中狐疑，但那侦探没有担心的理由，于是坦率地说了罪案的情况。案件审理过程中，那名侦探接受询问时，证实了这段奇异的插曲。

攻击爆发后不久，一个名叫斯陶斯伯格（Stausberg）的智障男子因用套索骚扰两名女性而被捕。自然地，警方控诉斯陶斯伯格也应对2月的几起袭击事件负责。出于一些我们今天不知道的原因，他承认了所有罪行，并被关进了精神病院。由于斯陶斯伯格与库尔滕有极其相似的骚扰行为并被捕，"吸血鬼"又一次免于被发现。

但是，8月，一系列勒颈和持刀杀人事件告诉警方，那个疯子又在伺机而动。当月21日，在莱恩费尔德（Lierenfeld）西部郊区，有三个人在晚上走路回家时被刺。凶手在将刀子深深地刺进这三个随机受害人的肋部和背部前，都曾问候他们"晚上好"。

1929年8月23日晚上，当灯光渐渐暗淡，成百上千人在古镇弗莱赫（Flehe）享受着一年一度的市集。晚上10点半左右，两名被收养的姐妹，5岁的格特鲁德·哈马赫尔（Gertrude Hamacher）和14岁的露易丝·伦岑（Louise Lenzen）离开市集，穿过毗邻的园地，向家里走去。正在这时，树丛间闪出一个黑影，跟着她们走在人行道上。那黑影叫住了孩子们，并问露易丝是否"愿意非常好心地帮我买些香烟？我可以照看你妹妹"。露易丝拿着男人的钱跑回市集。悄悄地，那男人抱起格特鲁德，勒住她的脖子，然后用一把折叠刀慢慢地割开了她的喉咙。过了一会儿，露易丝回来了，她被从人行道上拖到一边，然后也被勒颈并斩首了。

次日下午，名叫格特鲁德·舒尔茨（Gertrude Schulte）的女仆被一名男子搭讪，想要和她发生性关系。当她说"我宁可去死"时，他回答"那就死吧"，然后刺伤了她。但不幸中的大幸是，舒尔茨活了下来，并得以对攻击她的人进行了描述——一个长得不错、没什么特别的男人，40岁上下。

库尔滕达到了性超负荷的状态，攻击日益频繁和凶残，这让医学专家相信，"吸血鬼"的虐待狂冲动已经完全失控。年轻姑娘伊达·罗伊特（Ida Reuter）9月被强奸并毒打致死。10月12日，另一名女仆伊丽莎白·多瑞尔（Elizabeth Dorrier）被活活打死。接着，穆伊尔（Meurer）夫人和万德斯（Wanders）夫人遭到锤子袭击，都是在10月25日。

随着被害人数的不断攀升，杜塞尔多夫陷入了惊恐之中，几乎与开膛手杰克所造成的恐慌相仿。11月7日，5岁的格特鲁德·阿尔伯曼（Gertrude Albermann）失踪了。两天后，《自由报》收到了一封信，里面有一张地图，信中称在一座工厂的墙边会找到孩子的尸体。在凶手描述的地方，的确找到了孩子的尸体，被埋在瓦砾之下。她也被勒颈，并被刺了三十五刀。

1930年2月至5月期间，勒颈、锤击汹涌而来，但没有哪次是致命的。虽然进行了大规模的追捕，但凶手还是没被抓到，杜塞尔多夫的公众对此非常不满。虽然动机相似，但让人捉摸不透的库尔滕所使用的方法却不时变化，让侦探找不到可以深入调查的行为模式。到1930年5月，杜塞尔多夫笼罩在深深的恐惧中，而"吸血鬼"仍然逍遥法外。

第四章 致命的罪案，有时是索命的惩罚

捕获

连环杀人案总是如此，杀手的被捕几乎完全出于偶然。1930年5月14日，失业的家庭佣工玛丽亚·巴德里克（Maria Budlick）离开科隆市，到邻近的杜塞尔多夫找工作。在杜塞尔多夫车站的站台上，一个男人和她搭讪，要给她指去女子青年旅社的路。他们沿着灯火通明的街道走了一会儿，但当他领着她往公园走时，她忽然想起报纸上的凶杀故事，不肯再往前走了。那男人坚持着，当他们正在争论时，另一个男人出现了，询问是否一切正常。火车站遇见的那个男人，显然因为新出现的男人感到不开心和受威胁，迅速溜走了，巴德里克和她的救星单独在一起了，这个人就是彼得·库尔滕。

"那女孩告诉我她失业了，无家可归。她同意和我一起回到我在梅特曼街（Mettmanner Strasse）的房间，然后突然又说她不想和我发生性关系，并问我能不能帮她找个其他地方过夜。"

两人沿着电车轨道向沃灵格广场（Worringerplatz）走，进入了格拉芬贝格（Grafenberger）森林深处。在那里，库尔滕用一只手抓住巴德里克的脖子，问她能不能和他做爱。

"我想在这种情况下，她会同意的。我是对的。事后我把她带回电车轨道，但没有陪着她走过去，因为有个警官就站在那边，我怕她报警。我无意杀害巴德里克，因为她没有反抗。"

整个过程中，库尔滕异常冷静和镇定，并确认在电车轨道上没人看到他将那年轻姑娘留在车站。

"梅特曼街偏僻昏暗，我没想到巴德里克能自己找到回我公

寓的路。当5月21日周三，在我家再次见到她时，我十分惊讶。"

与库尔滕的预期相反，巴德里克记住了地址，闪烁的煤气灯光下"梅特曼街"的街牌历历在目。至关重要的是，巴德里克5月17日将她的遭遇写信告诉了一位布鲁克纳（Bruckner）夫人。那封信并未到达收信人，它被误送给了布鲁格曼（Brugmann）夫人，她打开信，看了一眼内容，就报了警。

玛丽亚·巴德里克立即被锁定位置，并被彻底盘问了一番。长时间的心理斗争后，她把首席检查员吉纳特（Gennat）带到麦特马纳街71号的大堂。房东太太把他们带进了一间空房间，巴德里克立刻认了出来，就是这间房子。很快就查出，名叫彼得·库尔滕的男人使用着这间屋子。还在房子里时，巴德里克发现了更加决定性的证据，那个攻击她的人，走进房子，开始上楼梯，朝她走来。他仿佛闪过一丝惊恐，但还是继续走进他的房间并在身后关上了门。过了一阵子，他离开房子，头上的帽子压得低低的，遮住了眼睛，与站在街上的两名便衣警察擦肩而过，消失在了街角。

库尔滕意识到，被捕是不可避免的了，于是将巴德里克案告诉了他妻子奥古斯特（Auguste）。由于这起事件很可能以强奸的罪名被起诉，库尔滕认识到，加上他的前科，足以判他十五年劳教。

"整个晚上我都在走来走去。5月22日，周四，早上我在公寓见了我妻子，然后把我的东西收到一个包里，在阿德勒（Adlerstrasse）街租了间屋子。我安睡到周五早晨。"

直到这时，并没什么事情将库尔滕与之前的袭击联系到一起。他唯一暴露了的罪行是强奸，但他知道，想要继续隐藏他的身份是没什么希望了。彼得·库尔滕将5月23日周五的一系列事件写了下来。

"今天，23号，早上我告诉妻子我也要对舒尔茨事件负责，如往常一样，加上我的评论，那意味着我们将分开十年或更长时间——也许是永远。对这，我妻子悲痛欲绝。她谈到了失业、没有生活来源、晚年饿死。她咆哮说我应该了结了自己，然后她也会追随而去，因为她的未来完全没了希望。然后，下午晚些时候，我对妻子说，我能帮她。"

彼得告诉妻子，他就是声名狼藉的"杜塞尔多夫吸血鬼"，并把自己犯下的所有凶案都告诉了她。库尔滕然后暗示道：为找到凶手，警方设置了高额赏金，如果她将他的供述报告警方，告发他，她将拿到奖金。

"当然，想要说服她这不应当被看作背叛，而是相反，她在做一件有益人性和正义的善举，并不容易。直到很晚，她才答应听我的，不寻短见。我们分开时是11点。回到旅馆房间，我倒头就睡。"

1930年5月24日，奥古斯特·库尔滕将故事的来龙去脉告诉了警方，以及她安排了下午3点和丈夫在圣罗库斯（St. Rochus）教堂外见面。是时，整个区域被围了个水泄不通，彼得·库尔滕一露面，四名警官就拿着上了膛的左轮手枪冲了上去。那男人满面笑容，没有任何抵抗。

"没什么可害怕的。"他说。

杀人凶手的养成

库尔滕1883年5月26日出生在科隆的米尔海姆区（Köln Mülheim），他无疑是邪恶环境的受害者。他的童年在只有一间屋子的公寓里度过，十三人的大家庭贫困潦倒，父亲是个野蛮的酒鬼。父亲这一系有很长的酗酒和精神疾病家族史，常常醉醺醺地回家，打一通孩子，强迫他们的母亲和他做爱。

"要不是他们结了婚，那根本就是强奸。"库尔滕曾这样说。

脾气暴躁、自我中心、性失控，库尔滕的父亲后来因为与彼得13岁的妹妹乱伦而被判入狱三年。但库尔滕的妈妈似乎来自一个很值得尊敬的环境。库尔滕夫人是个富裕业主的女儿，有五个兄弟姐妹，都很长寿。在丈夫入狱后，她离开了他，并于1911年再婚，1927年去世。

库尔滕虐待狂的冲动在家庭暴力的画面中觉醒。

"整个家都因为他酗酒而遭殃，喝醉时，父亲糟透了。作为长子，我受苦最多。你肯定能想象，我们极度贫穷，因为他把工资全都拿去买了酒。全家人住在一个房间里，你会明白这在性方面对我产生了怎样的影响。"

9岁时，库尔滕与住在同一幢房子里的一名捕狗人成了朋友。这个人是个虐待狂，他让库尔滕看怎么给狗手淫和虐待它们。正常的小朋友面对他的影响会畏缩退却，但这个男孩却对他的友谊伸开双臂，两人间强有力的、重要的纽带形成了。大约同一时期，在莱茵河里的一只筏子上玩耍时，库尔滕淹死了同校的男孩。那男孩的朋友跳到水里去救他，也被按到了筏子下面，库尔滕一直把他按在水里直到他窒息而死。

库尔滕的性冲动迅速萌发，他很快开始与附近畜棚里的绵羊、山羊人兽交。他发现，在性交过程中用刀刺绵羊时，他的快感最强烈，于是他开始越来越频繁地这样做。

到16岁时，库尔滕经常偷窃并离开了家。他很快得到了第一个二十七年有期徒刑，这占据了他人生的二十四年。开始只是小偷小摸，吃的、衣服什么的，代价只是在杜塞尔多夫监狱度过很短一段时间。1899年拘留被释放后，库尔滕开始和一个年龄是他两倍的受虐狂妓女生活在一起。他的"教育"终于完成了，他虐待狂的冲动从动物转移到了人身上。

第一个较长的刑期留给库尔滕的是痛苦和对人类刑罚条件的愤怒："我不谴责刑期本身，但我谴责它们在年轻人身上执行的方式。"

禁闭也给库尔滕带来了另一个不正常的副产品，在性幻想的世界中，他通过想象残忍的性行为而达到高潮。他变得对这些幻想无比迷恋，甚至会在监狱里故意地犯些小错，这样就能被罚单独监禁。这看来是虐待狂白日梦的理想环境。

出狱后不久，库尔滕在与一个姑娘发生性关系时实施了第一起意在致死的攻击行为，然后把她留在格拉芬贝格森林中自生自灭。没有尸体被发现，那姑娘很可能挣扎着爬走了，把这骇人的秘密埋在了心底。不可避免地，他继续被判入狱，每次服刑完毕后，库尔滕心中的不公正感就更加强烈。对杜塞尔多夫民众来说，不幸的是，他现在的性幻想和虐待狂幻想中加入了报复社会的内容。

认罪和审判

被捕后,库尔滕与卡尔·伯格(Karl Berg)教授的谈话出奇地坦诚。关于彼得·库尔滕的犯罪道路,这位德国知名心理学家后来在名为《虐待狂》的书中,为人们提供了最为详尽的指引。伯格尤其善于赢得囚犯的信任以及对杀人凶手的内心提供引人入胜的见解。库尔滕的记忆运转得分外清晰,每次行凶的细节都在他脑海中,生动如昨,这证明那些行为给他带来愉悦。至于对他来说没有情绪价值的事情,他的记忆往往极其破碎。

库尔滕列举他的罪行的方式令人惊骇。他并未一件一件地讲出来,而是按照他自己的想法,从第1号到第79号,一口气全部倒出来。他对速记员讲述了每一起案件,在旁边听他那令人震惊的朗诵会的许多警官脸上露出了惊恐的表情,库尔滕甚至对此颇为享受。

这就是库尔滕被捕后的所谓伟大的忏悔。他的交代之全面,细节之清楚,自然引发了对其真实性的质疑。但除了一些偶发的,而且也许情有可原的错误外,他在与地方法官和之后与伯格教授的讨论中,对他那些非同寻常的陈述中的多数进行了复述。库尔滕自己也认识到,他的供述显然是可疑的,于是他花时间向伯格尽可能精确地描述了每起罪行。

"一个人想要描述他并不曾犯下的罪行是很容易的。人们简直无法不怀疑,认罪有可能建立在全面的报纸报道或简单的虚构上。从这个角度讲,我理解你的疑虑,教授。"

库尔滕不顾一切地想要解释他的罪行,其动机不是负罪感或

第四章 致命的罪案，有时是索命的惩罚

悔过心，而仅仅是想要为他妻子锁定一个衣食无忧的后半辈子。他在这场劫难中表现出来的对奥古斯特·库尔滕始终如一的高度尊重，是这故事中最令人着迷的方面之一，与我们所知道的库尔滕大相径庭。虽然在婚姻中并不忠实，库尔滕仍格外地喜欢他妻子，并且拼命地想要确保她能够获得高额赏金以度过未来的日子。

"第一次知道警察盯上了我的时候，我就已经放弃我的人生了。我想为我妻子安排个无忧无虑的晚年，因为她至少有权获得部分赏金。这就是我对所有罪行做有罪抗辩的原因。"

对杜塞尔多夫吸血鬼的审判于1931年4月13日开始，被告总共被控九项谋杀和七项谋杀未遂。法庭里特别搭建了一个与肩同高的牢笼以防止他逃跑，并在后面安排了一个库尔滕博物馆的可怕展览。他的受害人的头骨，还有凶手造成的伤口依稀可见的部分尸体，都一丝不苟地按时间排列。若干刀子、绳子、剪刀和一把锤子陈列在那里，还有许多衣物，以及一把曾被他用来埋掉一个女人的铁锹。这绝对是个阴森可怕的展览。

但是，真正第一次让聚集的人群震撼的是"吸血鬼"本人的现身。他穿着一件纯色西装，整齐的分头一丝不乱，看上去就像个正规、得体的生意人。库尔滕起初否认了早先的供述，对预审地方法官做了无罪抗辩。他声音平静，仿佛在陈述事实。他之前认罪只是为了保证他妻子得到赏金，他说。虽然开始坚持，库尔滕最终还是在预审地方法官的压力下放弃了，在两个月的庭审后，回复到了最初的、全盘的认罪。

他对自己罪行的描述比任何人能够想象的都更为怪诞，但德国最杰出的医生做证说，库尔滕"自始至终完全有能力对他的行为负责"。他的动机从一开始就很清楚：由于在狱中的不公遭遇，他要报复社会。当法官问他是否有良知时，库尔滕回答道："我没有。我的灵魂从未感到一丝不安；我从未想过我的所作所为是恶行，即便它们受到人类社会的谴责。我的血和我受害人的血债将算在对我施虐的人头上。必然有更高的存在（Higher Being），在原初是他让生命的火花第一次迸发。在这个更高的存在眼中，我的行为将是善的，因为我报复了不公正。我所受的刑罚摧毁了我作为一个人的全部情绪。这就是为什么我对我伤害的人没有一丝怜悯。"

用他标志性的平稳、没有感情色彩的声音，库尔滕描述了一个多个因素共同作用的不幸人生——遗传、环境和德国刑罚系统的缺陷，唤起并助长了他潜在的虐待狂倾向，而库尔滕相信自己的虐待狂倾向是与生俱来的。法庭被他戏剧化的剖析催眠了，这个杀人凶手一度毫无节制地描述起他的另一个想法，即如何制造涉及成千上万人的意外事故："我从这些幻想中汲取别人通过想象裸体女人而获得的那种愉悦。"

库尔滕继续叙述着他所犯罪案的细节，以堪称模范的逻辑性和清晰度呈现每一事件。这供认让他罪责难逃，检察官几乎免去了举证的麻烦。辩方律师韦纳（Wehner）博士的任务希望渺茫，面对难以逾越的众多杰出心理学家的证言，他试图证明库尔滕精神失常："在我看来，库尔滕是个谜。我解不开。罪犯哈曼只杀

第四章 致命的罪案，有时是索命的惩罚

男人，兰德鲁（Landru）*和格罗斯曼（Grossman）**只杀女人，但库尔滕杀了男人、女人、孩子、动物；杀了他能找到的一切。"

陪审团只用了一个半小时就得出了一致判决：所有指控全部有罪。首席法官罗斯（Rose）博士打断了被告滔滔不绝的自说自话，判处他九项死刑。库尔滕举止端庄，没有质疑法官或佯装懊悔。但他注意到了证人陈述中所有有误之处，并对专家的观点——在他看来，这些观点并不完全准确——提出了抗议。

1932年7月2日，克林葛尔朴茨（Klingelputs）监狱的院子里竖起了断头台，杜塞尔多夫吸血鬼被执行死刑。在去院子的路

---

* 亨利·德西雷·兰德鲁（Henri Désiré Landru，1869年4月12日至1922年2月25日）：法国著名连环杀手。18岁时入伍四年，复员后，1900年曾因诈骗入狱两年，出狱后开始做二手家具代理生意。1914年至1918年间，兰德鲁通过在巴黎报纸上刊登征婚广告，专门诱拐寡妇到自己家中，获得钱财后就将其杀害并将尸体在炉子里烧掉。由于"一战"，可供兰德鲁捕猎的寡妇数量很多。几年间兰德鲁就杀害了十名女性和其中一名的尚未成年的儿子。1919年，一名被害人的妹妹（知道兰德鲁的样貌及住址）成功说服警察逮捕兰德鲁。但由于找不到尸体，那些被害人只能列为失踪，兰德鲁最初也只以财产侵占的罪名受到起诉，而没有足够证据被起诉谋杀。但后来警方找到了兰德鲁的被害人名单，综合其他证据，成功令其以十一项谋杀罪被判处死刑。1922年初兰德鲁被执行死刑。——译者注

** 卡尔·弗雷德里希·威廉·格罗斯曼（Carl Friedrich Wilhelm Großmann，1863年12月13日至1922年7月5日）：德国连环杀手。除曾因虐待儿童而被数次判刑外，人们对其早年生活知之甚少。1921年8月21日，因邻居报案称听到打斗声，警方进入其住所，看到一名刚刚被杀的女性尸体倒在他床上。随后的调查证明，过去几年里，有很多女性进入格罗斯曼的住所却鲜有人看见她们出来。此时正值"一战"，格罗斯曼在黑市上大量出售猪肉，他甚至还在火车站门口摆了个热狗摊。这些肉很有可能就是他杀害的人，她们的骨头等则被扔进了河里。被害人的具体数目不详，除了格罗斯曼被抓住现行时的那个被害人外，没找到任何其他尸体，但他公寓里的血迹证明至少还有三人在之前几周遇害。有人称格罗斯曼至少杀害、肢解了五十名年轻女子，并将她们的肉提供给不知情的客人食用。格罗斯曼因一级谋杀被判处死刑，但未及执行就在牢里上吊自杀了。由于格罗斯曼从未彻底坦白其罪行，其具体的犯罪行为和动机至今是个谜。——译者注

上，库尔滕说出了他在尘世的最后一个愿望。"告诉我，"他问监狱的精神病医生，"头被砍掉后，我还能不能听见——至少在很短的时间里——我自己的血从脖子里喷出的声音？"他就这个想法品味了一会儿，加上了句："该是这样的愉悦来终结所有愉悦。"

精神病患者的思想

长期以来得到公认的是，造成连环凶案的并不是某个单一原因，但在几乎所有此类杀人凶手的邪恶脑子里，有同样的因素在起着作用。彼得·库尔滕也不例外，并显示出所谓"欲望杀手"的许多特征。归根结底，他是个病态的性欲过剩的精神病人，过度自我中心，以至于在他眼里，其他人全都无关紧要。

库尔滕承认在实施犯罪行为之前和之后会感到紧张，专家从这一点看出他动机中的性特征。计划和实施攻击，是为了获得只有通过暴力行为才能得到的性满足。这是畸形且特有的自我中心导致的终极结果：不惜一切代价地满足某人的性冲动。"我纵火的原因也是一样：虐待成癖。火焰的灼热和求救的呼喊让我感到愉悦。"

在公众面前亮相时，彼得·库尔滕身形挺拔、面容整洁、精神焕发。对所有的个人习惯他都一丝不苟。这种自恋倾向充分反映了内在人格的自我满足。库尔滕深深地爱着他自己，而他的悲剧的核心也就在于，他无法去爱任何其他人。

在审问过程中，库尔滕不时地追溯悲惨的童年和在狱中的日子。谈及它们时，他总是带着极大的痛苦，常常责怪它们把他变成了这样一个人。库尔滕似乎比同类杀人犯更清楚,他的人生到底是哪里出了问题。如库尔滕的精神分析师乔治·戈德温(George Godwin)曾指出的:"若他的确成了无辜者的加害者,必须记住的是,他的人生是从一个被加害的无辜者开始的。"

不可避免地,他的精神是否健全,以及进而他的法律责任如何,成为庭审的焦点。最终的结论是,库尔滕没有任何器质性或功能性的精神疾病,因此他应当对他的犯罪行为承担法律责任。

精神分析学家说,与懂得调整自己以适应社会的常人相比,罪犯不同之处在于,他/她未能将其侵略性的原始冲动升华。不公正造成的创伤触发了这些行为。毫无疑问,库尔滕在监狱中遭了很大的罪,他以此作为自己犯罪的合理化理由。"所以,我对自己说,以我年少轻狂的方式:'你们等着,你们这群无赖!'差不多就是报复或复仇的想法。比如,我杀了某个无辜的人,他对我所遭受的不公待遇没有任何责任,但如果这世上真的有所谓的补偿正义,那么那些折磨我的人必然能够感受到,即便他们并不知道我的所作所为。"

在库尔滕案件中,这种报复和补偿的想法根植于虐待狂,是性感受的一种掩饰。虽然分析学家曾在狱中对他进行研究,但这些因素似乎从未被排在评估事项的前列。在狱中对病人做基本的虐待狂诊断,会救很多性命,但库尔滕却能够自由地将一生中所见证的暴行视作他罪行的正当理由。他对无辜受害人表达了惋惜,但从未就他的行为表现出任何悔恨。"我能怎么做?毕竟,我得完成我的使命。"

关于他自己,库尔滕想了很多,达到了相当的自我洞察度。

他知道自己有毁灭性的虐待狂倾向，但总将这归咎于遗传和他的成长环境。然而，很多时候，库尔滕似乎又认识到了自己的邪恶本性，对受害人说得明明白白，且几乎为他"不必要的"行为道歉。这对库尔滕这种欲望杀手而言是很不寻常的，欲望杀手往往彻头彻尾地相信补偿是他们的动机。

另外有趣的一点是，考虑到库尔滕的精神病倾向，他虽然易于撒谎和欺骗，却十分有教养，值得尊敬的好公民的面具很难被看破。他的冷静自信让他能精确地掐算攻击的时间，然后迅速地消失在黑夜中。

但库尔滕最令人困惑的性格是对他妻子的极度忠诚。在这个凶手心中，袭击产生的不忠实比血腥谋杀的分量更重。奥古斯特·库尔滕的性格也令人困惑，整个婚姻生活中，她都表现出极大的谦卑。她将与库尔滕在一起的苦日子视作对她前半生罪孽的惩罚：她曾是个妓女，后来因为一个男人食言没有娶她而对他开了枪。库尔滕对女性缺乏应有的尊重，但他似乎能理解妻子的这种献身行为，并曾评论道："我和我妻子的关系总是很好。我爱她，不是因为肉欲，而是因为我欣赏她的美好人格。"

库尔滕是否可能因为他妻子对赎罪这一观念的专注而爱她？专注似乎是一种他没有能力表现的情绪。也许，假如其他人曾给予他的不仅仅是赤裸裸的性满足，还有更加无私、无我的爱，彼得·库尔滕可能不会变成现在这样。

彼得·库尔滕的奥秘

这些全都是猜想。总会剩下个问题，就是库尔滕堕入虐待狂

第四章 致命的罪案，有时是索命的惩罚

深渊的起因；而我们，作为真实罪案的分析师，永远不可能知道全部真相。关于他所呈现的心理学谜题，人们可以提出一大堆基因和情绪因素，但仍旧得不出有说服力的解释。乔治·戈德温曾说："爱是人生的大门，正如恨是死亡的大门；库尔滕的悲剧在于他还没有明白这恒久不变的真理，就死去了。"无论彼得·库尔滕这个巨大的谜的解是什么，总结发言也许留给凶手自己更合适：

> 我现在再看我所犯的那些罪行，它们是那么可怕，因此我不想尝试为它们找任何借口。我已经准备好为我的罪行承担后果，并希望能就此弥补我所作所为的绝大部分。当你想到我已被执行死刑，并认识到我是真心为我所犯的罪孽而赎罪，我想，因我而生的报复和憎恨的可怕愿望将不复存在。我想请求你们原谅。

库尔滕夫人1930年6月提供给警方的证词仍令我们震惊：

> 我丈夫被羁押的前一天，我告诉他，他将因为强奸了一个姑娘而被捕。他起初否认了。然后，他承认了一切，然后离开了。我想这八成与他和那个叫泰德曼（Tiedemann）的女人做过的事一样：他们只是发生了性关系。我没有想到他可能杀了她。我没理由相信，因为我知道他与很多女孩有很亲密的关系，而她们还活得好好的。无论是在杜塞尔多夫这里还是之前在阿尔滕堡，我都没注意到任何迹象暗示我丈夫

是个杀人犯。让我再加一句，我丈夫甚至曾在晚上带姑娘回公寓，因为他以为我不在家。当我到家时，他过了好一会儿才把锁着的门打开。我问："到底怎么回事？"他说："你干吗不把灯打开，你就知道了。"我开了灯，一个女孩躺在床上，舒服得很，还不想起来。我好一阵子才说服她，让我把她带回她的公寓会比较好。当我斥责她，告诉她和这把年纪的男人扯在一起对她来说不是个好主意时，她对我说，其实没那么糟。不多久前，她还和一个40岁的男人搞在一起。她真的很年轻，这体现了我丈夫对年轻女性来说是多么有魅力。

人们可能不着痕迹地做很糟糕的事，说查尔斯·林德贝里杀了自己的孩子，都不是没可能。这可能让外来移民布鲁诺·豪普特曼成为致命误会的牺牲品，即便他实际上已经因其他事情而被判犯了若干罪名。

林德贝里很没品地热衷于毫无分寸的玩笑，而且，他顽固，还相信纳粹德国那一套。另外，他也出了名地内向，但愿意冒险及处理棘手任务。他爱他的家人，并努力让美国和欧洲更好地了解彼此。说到这里，什么可能成为他绑架孩子的动机呢？在林德贝里案中，似乎没有这样的动机。幸好，证据也告诉我们豪普特曼就是罪犯。

要正确评价不合群的人就更难。就连资深调查人员也倾向于错误地怀疑他们。先入为主的观念往往决定了我们会怎么看待其他人。我们以为英雄和恶棍看上去应该就和电影里的一样，但这些假定通常是行不通的，这也同样适用于我们对世界和周遭人群的看法。比如，许多刑侦科学家看上去都相当古怪。毕竟，如果一个人一辈子都待在实验室里，在受控制的环境下研究死尸和与谋杀有关的样本，只为寻找真相，而不评判善恶——那么在一个充满预想定见的世界里，他们很可能会举步维艰。哈佛大学的校训是"Veritas"——真理。这个指导方针可能干巴巴的，但对科学家来说，却没什么比这更恰如其分了。

辩护律师、社会工作者和法官无法只考虑真相。除此之外，他们还得判断被告的可归责性的影响。这方面，自然科学家帮不上忙；猜测和评判性推理开始起作用。

让我援引一个典型的先入为主的例子。预想和定见粉饰着我们对牧师的看法，人们倾向于相信他们。其实本来就应该这样：经验告诉我们，神职人员往往会为他们的教众行善举。

多数人认为，牧师不太可能屈从于人性的弱点，诸如仇恨、嫉妒、贪婪和怨恨。这种看法建立在偏见之上，虽然是正面的偏见。这种看法的错误在于，在看待牧师时，我们看到的不是一个立体的人，而是将他们归为"好人"那一类。牧师犯罪被认为是极端反常的，但实际上那不过是人皆有之的人性弱点的又一例证而已。让我引用几篇新闻报道。《莱茵报》（*Rheinische Zeitung*）是一份亲工会的报纸，乐于迎合人们对统治阶级的偏见。1900年至1902年间，该报对如下这些事件进行了报道：

> 意大利米兰来的丹尼尔·卡诺（Daniel Carcano）牧师曾犯下若干性罪案，之后逃到了瑞士提契诺（Ticino）州的

卢加诺（Lugano）。经缺席审判，他被判监禁于反省院*十一年。在卢加诺，他过了几个月的正常生活。他说自己是米兰反政府起义的牺牲品。当意大利政府要求引渡这名犯罪的教士时，他抗议说，这一要求不过是他的政敌为了在1898年米兰起义期间他的作为想要让他吃些苦头。瑞士联邦法庭认为他的抗辩理由不充分，一致决定同意意大利的请求。

下周二，在西班牙的格拉纳达（Granada），朱利安·安吉塔（Julian Anguita）神父将因杀害了他的父亲和叔父在反省院内被执行死刑。为避免丑闻，哈恩（Jaen）主教将先宣布革除他的神职人员资格。

阿尔萨斯的斯特拉斯堡（Strasbourg）高等法院不得不处理一件焦点案件。天主教教区牧师路易斯·布尔（Louis Buhr）被控在奥特斯托镇（Otterstal）纵火。他曾和一个名叫伊莉斯·胡特（Elise Horter）的女性有不正当关系，但后来与她分手，因为她把她和牧师的风流韵事告诉了他们村的每一个人。为了报复她，他运了一大桶汽油到距教区办公所不远处属于伊莉斯和她丈夫尤金（Eugene）的小屋里。他想让纵火的嫌疑落到伊莉斯身上。他邪恶的计划成功了。

但火很快被扑灭了，没有造成重大损失。伊莉斯也洗脱了纵火的嫌疑，因为火灾发生当晚，她并没在奥特斯托过夜，而是在斯特拉斯堡的一家精神病院。

---

* 反省院（penitentiary）：14世纪时，罗马教廷内部设置的处理宗教案件的"特赦法院"，不以刑事或民事案件的方式来审理，而是用忏悔或补赎的方式来处理。——译者注

嫌疑很快转向了布尔牧师，在棚屋里找到了一个属于他的汽油罐。牧师起初否认牵涉其中，但很快认罪。

预审法官找到了一封斯特拉斯堡主教办公室写给他的信，这封信加速了他的认罪。信中说，基于众所周知的事情以及他已承认的性生活上的越轨行为，布尔不能再担任牧师。他可以加入修道院，以免于教会法庭起诉。当调查法官向布尔出示这封信的复本时，牧师崩溃了，承认了他的罪行。

过了一阵子，他又撤回了部分供述，说他实际上是让其他人放的火。接受审判时，他又一次否认有罪，并声称他是在暂时精神错乱的情况下认的罪。他认罪只是为了让调查法官不再骚扰他。法庭指定的来自斯特拉斯堡大学的心理学家查明，虽然他母亲精神失常，但被告心智健全，他那所谓的短暂痴呆不过是托词。

陪审团判决他纵火罪名不成立，但就重大财产损害这一较轻的罪名判决他有罪。他没有烧掉小屋的主观意图，因为为了灭火，他给他叔叔和婶婶打了电话。他被判入狱一年。

如今，媒体仍津津乐道于报道牧师涉案的刑事案件。再加上性和昆虫的元素，就完美了。下面就是个例子。

外一篇：适应环境的好公民

杰佛里·达默借助他显然与环境完全相适应的行为和一

张十足的大众脸,杀了十七个人仍不为人所知。此外,他还老奸巨猾——轻轻松松地就误导了两名老练的警察。

1991年5月末,他的一名受害人只成功地逃脱了很短的时间。杰佛里住在密尔沃基(Milwaukee)西部靠近密歇根湖(Lake Michigan)的一间年久失修的公寓里。14岁的克内拉克·辛萨索芬(Konerak Sinthasomphone)本要去杰佛里公寓附近参加一场足球赛,却被杰佛里一个屡试不爽的把戏骗得改变了方向。连环杀手承诺,如果他同意拍裸照,就给他钱。这是个聪明的计策,因为还没意识到自己暴露在怎样的危险中,受害人会先自愿地脱光衣服。

对于小克内拉克,杰佛里表现得格外厚颜无耻。他已经因为与未成年人——克内拉克的哥哥——发生不当性行为而被判过刑。

在法庭上,杰佛里说他只给男孩照了两张相,然后就和克内拉克一起舒服地坐在电视机前。但在那之前,他将安眠药溶进了给男孩的饮料里。看着看着电影,克内拉克睡着了。

杰佛里进行了一阵口交,然后发现啤酒喝完了。他嗜酒成瘾,在性行为时就更需要;对他的受害人他还有很多计划。所以他出门去买酒,把失去意识的男孩独自留在公寓里。

在回来的路上,他被警察叫住了。两个女人看到一个赤身裸体、流着血、喃喃自语的男孩,蹒跚着穿过街道,于是报了警。克内拉克醒过来了，并在寻求帮助。杰佛里脑袋转得飞快。他声称克内拉克是他的同性恋朋友和伙伴，已经成年，就喜欢把事情闹大。这绝不是第一次了，而且他还喝醉了。

两位警官觉得这解释说得通。他们劝诫了几句，就把杰佛里和男孩带回了"家"。杰佛里从他公寓里拿了几张照片出来，上面是他和"他朋友"，并保证会照顾克内拉克。警察离开后，他把男孩勒死了，又口交了几次。然后，他给尸体照了相，碎尸，并煮了几块以便处理掉尸体。他把头骨留下了，但与对其他头骨不同，没有给它刷上漆。之前受害人的部分尸体也是被他烤熟吃掉了，通常是心、肝和瘦肉。

可能看起来极端古怪的是，杰佛里的公寓老是散发出恶臭，但没人注意到。最终人们发现，他的公寓里面藏着十一具不同尸体的腐烂残块。杰佛里后来表示，他不想让受害人离开他。只有一次，1991年，一名警官被叫去他的房子查看恶心的气味是怎么回事。他敲错了门，当然，没发现什么不寻常。

荒诞的是，杰佛里对一只他带回家准备屠宰、剥皮的爱尔兰猎犬却下不了手。那只狗张着大眼睛看着他，肯定让他想起了他童年时的宠物闹闹（Frisky）。他父亲说那狗是"杰佛里的最爱"。

"上帝啊！"是记者罗伯特·达弗恰克（Robert Dvorchak）和丽莎·霍娃（Lisa Holewa）在杰佛里·达默审判后发出的

惊叹,"就算恐怖电影专家跟你说,你也不会相信那种恶心的画面。"在一部小说中,杰佛里·达默的行为被极夸张地进行了描述——夸张到让它们降格为恶俗桥段。在想到真实世界时,我们将这种行为从现实可能性中排除。毕竟,如果我们不得不怀疑每一个衣着光鲜的人在背后都有可能是个连环杀手,世界将会变成怎样?

在庭审程序中,杰佛里自己说道:"在外面,我从未感受到真实的生活。我确信在这个法庭里,我也不会找到生活的意义。这只是一段被虚度的人生的大结局,是个完全悲剧的结尾……这只是个变态、可怜、肮脏、悲惨的人生故事,仅此而已。这对别人到底能有什么用呢?我不知道。"

盖尔牧师案

"我请求法庭终结这场噩梦。"这是被告克劳斯·盖尔(Klaus Geyer)1998年3月16日对法庭所说的最后一句话,他的结案陈词。一百四十名旁听人员大多对他布道般的辩护不以为然,对"阿门"发出了嘘声。

从那年2月初开始,不伦瑞克刑事法庭就在处理一宗从表面看来并不算重大的谋杀案。但媒体仍跟了几周,案子还上了电视晚间新闻。

被告被判入狱八年。观众已经打定了主意:盖尔是个不道德的顽固的人。当法官宣读判决的理据时,对其私生活的评论，让盖尔牧师很气愤。"太无理了！"他咕哝着，"我还必须得听着！"

等待盖尔-伊旺德夫人

麻烦始于1997年7月25日，盖尔一家在郊区的家里收到了一封信。教师兼小镇贝恩罗德（Beienrode）的镇长维罗妮卡·盖尔-伊旺德（Veronika Geyer-Iwand）被告知她丈夫有了外遇。这封信是牧师的情人写的，巨细靡遗。

那天早上，夫妻俩都说了些重话，至今我们并不清楚当时到底发生了什么。盖尔神父说，他正坐在书房里，他妻子哭哭啼啼地跑过来。读了信后，他承认自己的确和另一个女人坠入了爱河。然后维罗妮卡用胳膊搂住他，想要安慰他。

这听上去是个感人的故事——如果这是真的。盖尔夫妇二人都有外遇，甚至还都和对方讲明。但许多年过去了，证人注意到情况正变得越来越危险。

比如，管家提到，几个月间，房子里发生了许多争执。"我在那里的最初几年，气氛和谐友爱。但最近，盖尔夫人的音调提高了很多。"她说。牧师确认了这一点。他说："我妻子对其他人表现出最大限度的友善和慷慨，但她也可以变得相当暴躁乖戾，不留情面。"

盖尔后来又提到了他妻子的坏脾气。他说："我妻子也可能变得很好斗，夸张得过分。"他没有解释这种侵略性和他家音量变化的原因。盖尔夫妇的养女证实了她父亲的背叛。她极悲痛地注意到，在母亲消失后，另一个女人睡在了父母的床上。

我们从盖尔-伊旺德的一个也当老师的同事那里知道，牧师的妻子因她丈夫的出轨感到极度震惊和受伤。他说："她向我指出，她和她丈夫的关系对她来说是多么重要。他们有许多共同点。"盖尔-伊旺德，这个被她丈夫在法庭上形容为"据我所知只穿运动鞋和短裤的女人"，在班级旅行途中的一天晚上，向她的同事抛出了这么个问题："男人到底需要什么才能让他们感觉好？我是不是该化妆？"她反对穿着女性化的女人对男人更有吸引力的观念。

另外，牧师的一位朋友说，盖尔夫妇的婚姻中的确有些争执，但肯定没到无法挽回的地步。"也许的确有婚外的关系，但那难道不是能巩固婚姻吗？"审判开始时，他对柏林一家日报的记者如是说。盖尔夫妻关系的困境充斥着整个案件。这名证人预测，如果最终裁决被当庭宣读，在牧师眼中，那将是无法容忍的："假如为了让人们以正确的观点审视他的婚姻关系，克劳斯·盖尔不得不在为自己辩护的过程中解释那些实质性的东西，面对这群小市民，那难道不是难以置信地丢脸吗？"在不伦瑞克，当时有很多在传统上被视作"小市民"的人，而盖尔夫妇20世纪60年代的政治活动显然冒犯了他们。

这对夫妻的松散婚姻哲学不是很难理解，但这并不意味着它在心理学上是健康的。但这和公众没关系。盖尔神父公开说："在我们的婚姻中，我和我妻子都曾和其他伴侣坠入爱河。我们彼此都知道一点，但不知道全部。当那段关系变得非常强烈，当我们动了真感情的时候，我们会告诉彼此。然后到此为止，我们不会再摊开来谈论我们的外遇。但我们对对方都足够了解，能够

第四章 致命的罪案，有时是索命的惩罚

与对方共鸣，因此，我们懂的。"但在有四个孩子的牧师家庭、在养老院隔壁、在乡村环境中，这种开放的伙伴关系是否能够维系？还是它必然以灾难结局？

虽然他们之间有些麻烦，但事发的那个周五，盖尔夫妇约好下午在城里见面。中午时分，维罗妮卡开车到了柯尼希斯拉特（Koenigslutter），然后上路去不伦瑞克的一家旅行社。在那里，她取了他们一起去美国旅行的飞机票。他们先去盐湖城会朋友，然后继续美国其他地方的旅行。

她想带些礼物给在美国招待他们的东道主，所以她去了一家精品店和一家家居用品店。人们最后一次见到她是下午2点。克劳斯·盖尔坚称他和妻子约好的时间是下午3点30分。但下午2点和3点30分中间这段时间，没有人见过他们两个中的任何一个。维罗妮卡在哪儿？牧师又在哪儿呢？

盖尔称妻子并未出现，并补充说在他们三十年的婚姻中这是她第一次迟到。他还说他在一家餐厅门口等了整整一个小时，直到下午4点30分。但没人回忆起曾看见他在那里。"她永远不会等我那么久。"神父在法庭上如是说，让在场的人无不惊愕。

下午的一通电话

克劳斯·盖尔等得不耐烦了，他从城里的会面地点打电话回家，但没人知道维罗妮卡在哪里。"我在不伦瑞克漫无目的地四处转，又担心又害怕。我像个没头苍蝇到处乱撞。这种事情，你知道，不像我妻子会做出来的。她有时候会在外面聊天聊得忘了时间，但我可以放心地上床睡觉，因为心里知道她会回来。"

这一小段描述中至少有一个弥天大谎。电话不是从不伦瑞克打回家的，而是从不伦瑞克和贝恩罗德中间路上的一个电话亭，距离后来发现维罗妮卡尸体的地方很近。电话公司的数据库能证实这一点。

后来，星期五晚上，盖尔给他妻子任高级地方检察官的哥哥和另外两个熟人打了电话，他还先后通知了赫姆斯塔德（Helmstedt）警察局和不伦瑞克警察局。他妻子的车——一辆红色大众帕萨特登记在赫姆斯塔德。在后来的审问中，没人知道（甚至神父自己也不知道）赫姆斯塔德警方对寻找神父的妻子能帮上什么忙。神父的紧张仿佛有些古怪，他不停地谈到犯罪，但这难道不可能只不过是个误会，他妻子不过是在其他地方而已吗？这是许多相关人员的疑问。但神父可不这么认为。他准备了传单，并打电话给不伦瑞克的报纸要求刊登。

大约凌晨2点，一位女神父，也是盖尔夫妇的朋友来到了牧师家。很快，她和牧师爬上了床——《明镜》（Der Spiegel）这么报道。在后来的诉讼程序中，这名证人穿着黑色西装和迷你裙出庭。她做证说，盖尔在案发的周五晚上10点打电话给她，对她说："我想念维罗妮卡。"就这段特殊的婚外情，这是公众所知道的一切；仅此一次，公众被排除在了诉讼程序之外。女牧师做证实际超过两个小时，刑事技术报告中包括新鲜精液痕迹的数据。

之后不久，这一场面又在牧师家重演，只不过这次是另一个女人。"任何时候我都需要有人在我身边，"盖尔牧师在法庭上说，"我需要懂我的人。在这些日子里，我需要两个会支持我、能让我依靠的人。我觉得自己就快喘不过气来了，这绝对是灭顶之灾。在这种情形下，我们总是能够蔑视世俗。我觉得我有权利在那个晚上超越世俗。我妻子会明白的。"

维罗妮卡·盖尔-伊旺德失踪后九天，1997年8月3日，《星期日图片报》(*Bild am Sonntag*) 提到了牧师的出轨；他的头上立刻被乌云笼罩。盖尔觉得完全正常的，公众却认为高度可疑。沃芬布特尔（Wolfenbuttel）地方法院7月30日对他签发逮捕令时，公众还认为其中有些误会。但当他滥情的出轨行为被公之于众，人们开始忘记他的牧师活动、他在老年之家的工作，还有他的青年营。公众无法接受，一个其地位代表着美德的人，不践行他们的说教。但生活不是那么简单；婚姻不忠不一定导致谋杀。

被摧毁的声誉

周六，他妻子失踪次日，盖尔神父取消了他们去美国的机票预订。"我想在旅行社关门前通知他们，"盖尔解释说，"我看不出为什么人们会因此而责备我。"这时，他也把头天晚上编辑好的海报拿了出来，这是寻找他妻子的寻人传单，上面写着："一人失踪——我们不能排除犯罪行为。"

由于新近披露的他那诡异的家庭生活，传单和取消机票立即被看作有罪的迹象，而非出于关心。贝恩罗德的民众、警察和多数记者都认为，一个对他妻子的下落一无所知的人不可能行事如此冷静和有条不紊。神父怎么会知道她回不来了？假如她回来了，他怎么向她解释取消机票的事？另外，如果她的确总是很准时，他推测大难临头了，难道不是很合理吗？

太可疑了，一些记者写道，这引发了盖尔关于"媒体诋毁人格"的抱怨。"我妻子被杀,我失去了终生的伴侣,对我来说简直是晴天霹雳。……公众对我的持续怀疑像癌症般侵蚀着我。它正在摧毁我的诚信,令我不安。我受到了道德审判。我能说的只有:'你们不要论断人,免得你们被论断。'"[*]

周日,第一条有用的线索出现了。不伦瑞克火车站附近发现了盖尔-伊旺德的汽车,里面还装着刚买的东西。她是否只不过离开了?也许不是,因为她的信用卡和支票本还在车里。警方感到很困惑。

当发现盖尔-伊旺德周五买了很多糖果,警察警觉起来。他们想起盖尔神父曾猜测某个购物袋里必然有一盒巧克力。后来证实,那个盒子里是吃冰激凌用的勺子。是什么让神父认为他妻子完全一时兴起地买了某种特定的糖果?这是否暗示着他在她买完东西后,曾和她说过话?

周一,盖尔-伊旺德的尸体在不伦瑞克南边的森林里被找到了,颅骨断裂。发现尸体的猎人当即注意到死者的脸被打得面目全非。犯罪学家称这种面部损坏为"过度杀伤"。这往往意味着凶手的动机是仇恨,这感情是如此强烈,以至于凶手想要毁灭被害人最重要的特征。当然,这只是一般情况。没有性侵犯或抢劫的迹象。

更能说明问题的是距离尸体700码左右的一摊血迹。显然,尸体是从这个位置(纯属偶然地,这里的地名叫作"牧师的营地")被挪到最终被发现的地方的。控方从这些事实推论出,凶手用乡间小路上的撬棍将被害女性击打至失去知觉,但实际是在

---

[*] 《圣经·马太福音》7:1。——译者注

发现尸体的地方将她杀死。尸体头部被打得极其严重，甚至法庭医学顾问都无法分辨出最终致死的伤害是一脚还是一拳。他们只能说，被害人的头部被击打了至少七下。在盖尔-伊旺德的车里找到了一根撬棍，但上面没有血迹或任何生物材料（尸体附近也没有血液痕迹）。盖尔牧师爱莫能助，他从来没见过那根撬棍，也无法想象他妻子要它来做什么。

假设神父是杀人凶手，夫妻俩为什么要去牧师的营地这个地方呢？首席检察官乌利希·亨内克（Ulrich Hennecke）在进行法庭辩论时推测，两人在事先约好的时间和地点见了面，但心情相当差，于是走到了这个有些与世隔绝的地方，好把事情解决。此外，他还推测盖尔-伊旺德没给她丈夫任何宽慰，而是威胁要永远离开他。

鉴于神父与富有的伊旺德家族的婚姻能带给他社会地位上的好处，他的世界开始在面前崩塌。"他会失去什么呢？"检察官问道，"他那受人尊敬的社会地位，他地方牧师的职位！他将不得不接受一个较低的职位。更糟的是，他不能再当著名神学家汉斯·约阿希姆·伊旺德（Hans Joachim Iwand）*的女婿了。"

在诉讼程序中，这种想要比其他人优越的渴望多次被证明；

---

* 汉斯·约阿希姆·伊旺德（Hans Joachim Iwand，1899—1960）：德国神学家、路德会牧师。纳粹德国统治时期，希特勒企图把德国基督教变成纳粹的政治和宣传工具，结果引发基督教抵抗运动，1934年至1948年间，成立了名为认信教会或宣信会（Confessing Church）的基督教会，声称教会不是政府机构，有上帝赋予的使命。伊旺德是该教会的重要成员。认信教会其后遭到迫害，转成地下活动。第二次世界大战爆发后，认信教会的教士和信徒大都应召入伍，但其抵抗活动仍有继续。主要领导人因其"叛逆"行为，有被驱逐或遭到杀害和监禁的危险，很多人被抓进集中营。——译者注。

盖尔牧师总是提到他成功的人生。"现在，让我来给你们讲讲我的人生。"他在审判的第一天这样开场，"我父亲和母亲都是数学家。小学时我跳了一级。高中时，很不幸，我多数时候都在病中。我1959年毕业，但在两个职业目标之间摇摆不定。这是源于我的两项天赋——做数学家还是音乐家。我哥哥已经开始学习数学了。我在犹豫是去音乐学院学钢琴还是主修数学。"

他继续列举自己身上的荣誉和成功，以及他为不同专业协会工作的经历。面向精英的国家研究协会（National Studies Association）为盖尔提供了资助，他先是学习数学，然后选择了神学作为专业。他还成立了一个管弦乐队，学习古典语言，在还是个学生时就娶了维罗妮卡·伊旺德。在他们有了两个孩子后，小两口就搬到了维罗妮卡父亲的城堡中。他成立了一个政治活动团体，并在城堡辖地的公园里组织召开会议。结婚时，他娶的不仅是个聪明的女人，还是著名神学家的女儿，这位神学家是极少几个反抗纳粹、拒绝与他们同流合污的德国新教神学家之一。

此外，他还成为贝恩罗德村（有大约六百名居民）和更小的村庄奥克森朵夫（Ochsendorf）、昂赖（Uhry）和克莱斯泰姆柯（Kleinsteimke）的神父。这是个小社区，没有太多事情可做，这样他就能有时间和精力去参加国际会议，并和东德联系。

刚被拘留时，他不得不和人共用一间小牢房，他努力收集信件和其他文件以使自己保持思维活跃。1997年圣诞节，他写信给自己的教众说："在牢房里，我有四个装得满满的文件夹，里面全是问候和信件。"

盖尔也从他的朋友和社会工作中的同事——知名神学家多萝

西-泽勒*那里得到了鼓励的信息。"我第一次明白了被诋毁人格是怎么样的,"她写道,"坚强些,'残忍的人'总有另一面。我为你祈祷。你的朋友,多萝西。"

他的多数同事开始与他保持距离。神父深受伤害,在写给教众的信中说:"外交辞令般的寒暄,似乎能维持兄弟情深的表象,但实际上全无休戚与共可言。"

泥靴子

所以,神父并不是他的教众希望他成为的那种人。关于电话亭,他撒了谎,但他的自相矛盾和没逻辑的陈述并不能增加他杀害妻子这一控告的证据。

但没有别的犯罪嫌疑人。克劳斯·盖尔显然对警察或法官都没说实话,因此他仍是调查的重点,并仍被羁押。

神父的故事变得越来越可疑。一名证人说他在盖尔-伊旺德失踪前两周曾见过她,她走路经过牧师的营地,和另一个人在一起;盖尔神父对此一无所知。他推测他妻子也许和一位同事在那里散步。他确定他不可能是那个在他妻子身边的人,因为他好多年没去那里了。

这一陈述,最初看来完全无害,但最后证明是又一个,甚至更大的谎言。当法庭技术人员彻底检查他的黄色雨靴时,他们找

---

* 多萝西·史帝芬斯基-泽勒(Dorothee Steffensky-Sölle,1929年9月30日—2003年4月27日):德国解放神学论者,创造了"基督教法西斯主义"(Christofascism)一词。泽勒在政治上十分活跃,公开反对越战、冷战时期的军备竞赛和发展中国家的司法不公。1968年至1972年间与丈夫一起组织了科隆的"政治晚祷会"(political night-prayers)。——译者注

到了来自那个区域的新鲜泥土样本。里面甚至有一只蚂蚁,它肯定就在发现尸体的地方生活(本章后面会详细讨论)。

调查人员自问:"神父干吗要撒谎呢?除非他想隐瞒什么事。"但被告仍坚持自己的证词:"那双靴子不是我的!"如果它们曾出现在那个地点,也许某个陌生人甚至也有可能是他妻子穿过它们。他只把它们套在脚上过一回,为了在他们住的公园里走动。他无法解释为什么不属于他们的靴子会出现在他们家,或为什么维罗妮卡或孩子们会穿比他们自己的鞋大好几码的靴子。

自然,对这双靴子,法庭形成了自己的看法。陪审团相信,在被告汽车中找到的雨靴,肯定被人穿着去过发现尸体的地方。泥土样本附着在靴子上的时间不可能早于7月24日,即维罗妮卡失踪前一天。就目前所知,这双靴子只有盖尔神父和他妻子穿过,而她被杀时,肯定是神父穿着它们,因为尸体被找到时,他妻子穿着自己的鞋。

在泥土样本和一些逻辑思维的帮助下,关于发生了什么,一幅更可信的画面形成了。虽然有这份证据,但牧师直到最后仍然坚持,对于这些发现,只有一个可能的解释:肯定是他妻子穿着这双靴子去了发现尸体的地方,还有肯定是她把它们放进了她丈夫的车里。

外一篇:嘉年华亮片和其他罪证

对专家而言,嫌疑犯的生活方式在其他人眼中是否合理,以及该嫌疑犯是不是真善美的榜样,根本无关痛痒。唯一让专家们忧心的是罪证本身,而不是它们在整个案件中起什么作用。专家们的结论将会导致怎样的社会或法律后果,将由其他人来决定。

这是个狭义的视角,而且可能令控方、辩方及媒体对专家产生不满情绪。当牵扯到数据上的争论时,这种不满尤其普遍。但这些其他当事方高兴与否、他们所期待的是什么,法庭专家并不感兴趣。他们所生活的世界,由事实和可量化的可能性组成。

在盖尔案中,有几次,案件当事方想要更精确的界定或公式化的陈述。比如黄色雨靴上的泥土样本的含义:这些样本来自发现尸体的地方的可能性到底有多大?泥土专家称,这些样本不可能来自城堡周围的公园,因为那里的泥土成分不同。而这一点与神父所谓他只穿着这双鞋在公园里走动过的说法相矛盾。

专家也能排除泥土样本并非来自尸体发现处的可能性。这样的双重否定听起来有些矫情,但专家遵循着夏洛克·福尔摩斯的定理,对刑侦科学家来说,提供正确的假设与证伪错误的假设同样重要。在盖尔案中,这意味着在靴子上找到的泥土样本极不可能来自其他碰巧具有相同特征的地方。

只有在一切替代选项都能够被排除时,自然科学家才会做出100%确定的陈述。本案中,如若缺失哪怕一个重要成分,泥土样本就不可能是来自找到它们的地方。就像但凡缺少一个重要的表皮特征，一枚拇指指纹就不可能是嫌疑犯的。一只栖息在酷热环境中的蚂蚁不可能来自德意志的北国。

还有另外一种用不着排除法和否定性证据就能证明关联性和同一性的方法。但本案中，没有一种数学工具能让结论具有100%的确定性。这里，我们只有可能性。我们不需要公式，只要理解一个相关试验就行了。

让一位朋友拿着两个调酒器站到窗帘后面，让他或她把少量闪闪发光的水晶放到其中一个里面，然后把两个调酒器都装满沙子，彻底摇匀。我们现在有了一瓶纯沙子和一瓶含有一点点闪光水晶的混合物。

现在让你的朋友把纯沙子倒在桌上一半。想象你自己是个法庭专家，必须比对三份沙子样本：一份倒在桌上，一份留在第一个调酒器里，还有一份在第二个调酒器里。法官让你判断，桌上的那份是从哪个调酒器里倒出来的。

"很简单，"你会说，"桌上的样本没有闪光物，它肯定来自装有纯沙子的调酒器。"

辩护律师问，你对你的结论有多大把握。全世界其他地方就不可能有某个调酒器装着与桌上一样的沙子？这些沙子就不可能来自某个旧沙箱或有些历史的运动场？

你是个诚实的专家，你将不得不回答："你是对的，我不能确定这些沙子就是从那个调酒器里倒出来的，还是来自某个运动场。我只能说它很有可能来自那个调酒器，因为我们周围100码内都没有运动场。我们的朋友不可能这么快就弄来别的沙子。所以，如果你问我，桌上的沙子来自那个混有闪光物的调酒器的可能性有多大，我必须回答，桌上的沙子来自那个没有闪光物的调酒器的可能性几乎为100%，因为我在沙子里没有看到任何闪光物。但我不能100%地肯定，因为我不能通过科学手段排除你的沙箱假设。但如果你想让我做一个100%肯定的陈述，那么我会说，桌上的沙子里没有闪光物。因此几乎可以肯定的是，它们不是来自混有闪光物的调酒器。"

那么干吗不直接那么说呢？这两个陈述难道不是根本就是同一个意思吗？也许。但专家必须告诉法庭他或她的的确确知道的事情。法庭对常识或泛泛的假定没有兴趣。专家不是律师或法官；若某个观点投射出的世界超越了被证事实，只有律师才有权利努力说服法庭相信它。

在盖尔案中，控方有权推测神父的妻子可能威胁要和他离婚。除了神父之外，没人知道这是否属实。法庭所掌握的神父的情人写的信，将控方的陈述划入了可能性的王国。另外，盖尔神父说他和妻子在婚外都滥情放荡，由于不可能准确衡量盖尔-伊旺德威胁离婚的可能性到底有多大，没有任何经过科学训练的专家会就这个问题表态。更确切地说，他或她可能很想，却不能给出意见，因为这个意见并非源于专业知识。

让我们再举个例子。即便是确凿无疑有血缘关系的亲子鉴定结果，其可能性也不超过99.999%。这意味着，这个应

> 当是孩子父亲的人，在一百万人里都没有一个人与他的基因指纹相同。男人与孩子两人基因指纹的吻合度意味着这孩子是那个男人的（孩子的一半基因指纹遗传自母亲，另一半遗传自父亲）。但只有法官，而非专家，能够决定这个结论在当前程序中的重要性有多大（例如，父亲应该支付多少孩子的抚养费，或孩子应该住在哪里）。
>
> 盖尔案里的泥土专家不想卷入很可能具有误导性的关于数字的含义和可能性的讨论中，所以他们的结论只是：泥土样本不来自发现尸体的地方的可能性可以排除。双重否定构成了一个绝对的陈述；一个表达同样意思的简单的肯定句，表达不出法庭能够接受的完全的确定性。

六条腿的罪证

盖尔案中，媒体格外关注对昆虫的调查。我是该案的一名专家证人和调查人员，因此不能透露我调查的任何细节。但我将介绍我的同事贝恩德·塞福特（Bernd Seifert）的工作，他曾参与过许多以昆虫为证据的案件。他的案子和我们的案子的主要区别在于，前一个，专家要基于苍蝇幼虫数据库，找出尸体被暴露在空气中多长时间了；后一个，则是要通过成年蚂蚁找出某人穿着黄色雨靴去过哪里。

使用蚂蚁，与使用在尸体上或尸体旁找到的、可能从凶手毛衣上掉落的纤维，建立在相同的刑侦学原则之上。

神父雨靴上的蚂蚁也是同样的道理。如果被告穿了这双靴子，如果蚂蚁极有可能来自发现尸体的地方，那么被告显然很可能去过那个地点。换句话说，蚂蚁将证据联系到了一起，这在法庭上可能至关重要。

塞福特回忆道："我们的证据经过了二十天诉讼程序的讨论，在最后阶段，那双沾有泥土样本的雨鞋成为关键证据。"泥土专家已经说明，鞋底的泥土样本不可能来自神父家。他们可以通过在显微镜下研究靴子上找到的矿物微粒、植物腐殖质和花粉得出这一结论。神父的律师想知道更多。"关于这双鞋很可能曾在找到尸体的地方出现过的陈述，辩方律师在1998年4月8日提出了质疑。我们想要寻找能证明蚂蚁同一性的证据。"在格尔利茨（Goerlitz）的国家自然科学博物馆工作的塞福特被认为是德国最渊博的蚂蚁专家之一，法庭要求他提供意见。"法庭想要我回答如下问题。（a）在被害人上衣上找到的蚂蚁和靴子上泥土样本里的蚂蚁是否同一种？（b）在下撒克逊州东部，这一品种的蚂蚁有多常见，它们的属种鉴别是否完全相同？"

塞福特到他的实验室去鉴别从发现尸体的地方取回的蚂蚁所属的品种。"在距离尸体5—9码处，我发现了Lasius fuliginosus（shiny black wood ants，闪光黑木蚁）在白桦树中空的树干底部所筑巢穴的通道入口。还可以看到，虽然气温很低，只有46华氏度，但许多昆虫正在活动。"从蚁群的规模和所剩动物残骸的数量，塞福特断定这个蚁群必然已经在这根空树干中住了超过两年。从附着在尸体胸前的一块烂木头，能追查到蚂蚁进入树干蚁穴的入口处。换句话说，在尸体被发现后，木头与蚂蚁样本和尸体一起被带了回来。

在死亡女性上衣上发现的蚂蚁和在雨靴上的是完全相同的品种。"蚂蚁品种的准确性是100%的。"塞福特说,"这些蚂蚁是叫作Dendrolasuis的亚种中栖息在欧洲中部的唯一一种,两份蚂蚁标本都十分完好。这种蚂蚁只在本地活动;它们不能飞,而且活动范围在它们出生的巢穴周围不超过25码。它们因强风或其他原因被动移动的可能性可以忽略不计。"

这里,刑侦学的因果论证完成了。附着在雨靴上的泥土样本里找到的动物只在它们的巢穴附近活动;而它们的巢穴就靠近发现尸体的地方。靴子必然曾在死亡女性附近出现的推理是不容否认的。

这听起来相当有说服力。但还是有一个漏洞。在诉讼程序中,下面这个问题也必须被考虑在内:这个蚂蚁品种在其他地方有多常见?如果这双靴子被其他人穿着在另一个地方走动,纯属偶然地,在那里他或她踏入了含有同样的闪光黑木蚁的泥土里,又怎样呢?

塞福特现在开始引用他在这一领域二十年的职业生涯中所积累的数字:数不胜数的跋山涉水,去过一百多个不同地区,寻找更多的蚁冢或栖息地样本,调查生活在那里的蚂蚁。塞福特知道这个品种的一切,他也能够估计出这种闪光黑木蚁存在于德国的绝大部分区域;但它们很少筑巢。在100平方码的区域内,他找到了近一百四十个蚁巢,但他计算其中只有2.6%住着Lasius这个品种。"某人在下撒克逊州东部各种各样的人文和自然景观中随机走动时,纯属偶然地踩到了Lasius fuliginosus样本,这样本还附着到了靴子上,这种可能性从统计学的角度来说,是可以忽略不计的。"这是塞福特的观点。他补充道:"鉴于被告或尸体距离Lasius fuliginosus蚁群密集栖息地的通道入口很近,盛夏时节,成千上万的工蚁在频繁活动,发生这种事的可能性显然增强了。与从周边区域走过相比,在这里踩到Lasius fuliginosus的可能性增加了10^2到10^4。"

换言之,第一,在尸体上和发现尸体的区域找到了与在雨靴鞋底发现的品种相同的昆虫。第二,在这区域走动的随机的一百个人中,只有一个会踩到这种蚂蚁,并因为它附着在了他或她的鞋底而把它带走。第三,靴子是在牧师的汽车中找到的。第四,这双靴子对他妻子来说太大了。第五,夫妻俩没有将这双靴子借给别人。第六,鞋底的泥土仍很新鲜。

可能某些人会认为这是一个很有说服力的论证链条;其他人也许不同意,尤其是当结论很可能决定着被告是否会被送进监狱的时候。因此,法庭的职责是尽可能地衡量利弊。的确,媒体详尽地报道了昆虫学专家的证据,但法官认为盖尔神父打的那个电话也同样重要。然后就是关于他的行踪,他自己证词中的自相矛盾,以及和另一名证人关于看见他不在城里——这一点他自己也是这么说的——但在尸体发现地附近的证词之间的矛盾。此外,神父试图让他的教众中的一位长者为他做有利证词,这也给法庭留下了负面印象。1998年4月末,神父因二级谋杀被判有期徒刑八年。

死　刑

法庭所判罚的刑期因不同的法官、历史时期和行使管辖权的国家而各有不同。总的来说，很难预测。这不奇怪，因为绝对的正义是不存在的。

但有一种特殊的刑罚在几百年后仍激发着人们的强烈情绪：死刑。就因为它触及了人类存在的根本：死亡还是生存？我们中仍有死刑的支持者似乎很令人费解，不仅因为这种刑罚是不可逆的，还因为它令某些人居于他们无权企及的位置——其他人类生命的主宰者。

如今，在欧洲，一级谋杀的标准判罚是终身监禁。许多欧洲人会自问，对那些犯下了格外邪恶的罪行的人——诸如杀害儿童的人——处以极刑是否合理？美国和中国维持死刑所援用的是完全不同的理论。

在美国这样一个基督教徒占绝大多数的国家，这种不符合基督教教义的程序源于一种现实的考虑，少一个坏人仅意味着：少一个坏人。报复也是一个常用的理由。很多人称，死刑的作用在于威慑，虽然这一点很难证明。

在中国，死刑不仅被用于表现国家权力，也是对所有犯罪——不仅仅是谋杀或叛国——的一种极端的威慑。在相当晚近的2001年，还有一群中国人因伪造货币而被判处死刑。*

我的家乡科隆的前任市长、律师科特·罗沙（Kurt Rossa）在1966年从一个很有趣的角度研究了死刑问题。"研究哪种罪行

---

* 据新华社2001年7月24日报道，经最高人民法院核准，当天，浙江省高级人民法院对参与伪造货币总计超过15亿元的卢奕群、张见森、陈伟健、胡继昌等四人执行了死刑。虽然因经济犯罪而被判死刑的案件并不鲜见，但该案在当时得到了媒体的广泛报道，因此作者所指可能正是此案。——译者注

促进了死刑,"他写道,"能向我们揭示某个特定国家的社会和文化标准。今天,二十种以上的罪行可能被判处死刑:谋杀、故意伤害致死、私刑、人工流产致使母亲死亡、过失杀人或服刑人员实施的人身伤害、导致死刑判决的伪证、强奸、绑架未成年人并索要赎金、劫持火车或使火车出轨、使用炸弹实施暗杀、纵火致人死亡、持械抢劫、叛国、在国内动乱时期过失杀人,以及意图杀害美国总统或州长。"

"要批判这显然已经过时的列举可能很容易,"罗沙继续写道,"上面提到的一部分重罪应当被视为是从开拓期传承下来的,另一些可能基于保护国家免于刑事恐怖的需要——诸如,在禁酒时期。但这份清单中仍有些内容很古怪。很多情况下,我们只能摇摇头。比如,强奸只在俄罗斯和一些非洲国家——津巴布韦、南非、中非共和国、达荷美(贝宁的旧称)和象牙海岸——仍会被判死刑。强奸致死仍在日本、中国台湾和菲律宾的死刑清单上。很难理解,为什么强奸在美国十八个州仍是一项可判处死刑的罪名。"

所以问题到底在哪儿呢?某个社会对某项罪行——比如杀婴——无法容忍,因而要对它处以极刑,有什么问题呢?答案很简单。

早在1867年,维克多·雨果(Victor Hugo)就预测,到不了20世纪,欧洲就不能再容忍断头台的使用了:"把人的头砍掉将变得无法想象。"也许这位法国作家(他被越南某些教派尊为圣人)的这句话在21世纪会被普遍接受。这些社会问题自然地引出了下面这个问题:至少在生物学上,死刑是否能提供它所承诺的，无痛苦地消除不受欢迎的公民。

眨眼的头

死刑能否实现立即死亡？自断头台第一次被使用，这个问题就一直挥之不去。断头台被视为人类的死亡机器——这也是革命者和他们的"新社会秩序"开始使用这项独具匠心的发明的原因。有流言称，头被割下来后仍有感觉，仍能看见。这有可能吗？

波恩的神经外科医生德勒夫·林克（Detlev Linke）相信在大约半分钟的时间里，头颅仍保持着一些知觉。同样地，无头的尸体也还能跑几步。据称1401年被处决的克劳斯·施托特贝克（Klaus Störtebeker）*身上就发生了这样的事。1875年，一名法国罪犯在里昂被斩首，几乎喘不过气的围观的人们看到无头的尸体从棺材中站起来，倒向一旁，然后又一次尝试着走出棺材。这是

---

* 克劳斯·施托特贝克（Klaus Störtebeker，本名Nikolaus Storzenbecher，1360—1401或1400）：是被称为"补给兄弟"（Victual Brothers）的私掠船中最有名的船长。在丹麦和瑞典的战争中，"补给兄弟"最初被雇来抗击丹麦并向被围的瑞典首都斯德哥尔摩提供物资。战后，"补给兄弟"继续抢劫商船，并称自己为"平等的分红人"。1398年，"补给兄弟"被从大本营波罗的海岛屿哥特兰驱逐出去，此后他们开始不念旧情，疯狂劫掠汉萨同盟船只。根据传说，1401年，因叛徒出卖，施托特贝克被打败，和他的船员一起被带到汉堡，以海盗罪受审。施托特贝克和他的七十三名手下被判斩首处死。最著名的传说是，施托特贝克对汉堡市长提出要求，如果在被斩首后他能从船员身边走过，那么他走过多少人，就释放多少人。请求获准并被斩首后，施托特贝克的无头尸站起来，走过了十一个人，直到刽子手伸脚把他绊倒。但那十一个人还是和其他人一起被处死了。不过这些都是传说，有史学家认为施托特贝克死于1400年。施托特贝克成了罗宾汉式的民间英雄，在汉堡还有他的雕像。——译者注

第四章　致命的罪案，有时是索命的惩罚

法国的最后一次公开斩首，本意是对群众进行道德教育，却被自主神经系统反应抢了风头。

之前提到的科特·罗沙对这种恐惧、迷信和医学假设的混合产物进行了十分形象的描述：

> 在世界历史的流言表里，我们找到了一栏，是关于对改良派（loyalist）刺客夏洛蒂·科黛（Charlotte Corday）的处决。她刺死了应对法国大革命期间的"九月屠杀"*负责的雅各宾俱乐部的主席让-保尔·马拉（Jean-Paul Marat）。她于1793年7月17日在巴黎被斩首。当刽子手揪着头发，举起她被砍掉的头颅，展示给咆哮的人群时，他的一名助手上来扇她的耳光。至于接下来发生了什么，法庭记录员留下了这样的描述："夏洛蒂·科黛的头被砍下来后很长时间，她的脸上仍保持着一种清晰可辨的愤慨表情……她两颊泛红……没人敢对我说这不是因为被扇了耳光。你打一个死人的脸，应该没有任何反应——它们不会变颜色。此外，她只有一边被扇了耳光，但两颊的颜色都变了。"

是不是太传奇了？听听两位目睹了斩首过程的医生是怎么说的：

> "如果你允许我们说说自己对这事的看法，我们将从描

---

* 1792年8月10日，要求共和的巴黎市民攻下王宫。9月1日，普鲁士军队攻陷凡尔登的消息传到巴黎，巴黎人群情激奋，有大约三百人自发地奔向各个监狱，从2日到5日他们不经法律程序，不加区别地将在押人员和可疑分子滥杀了约一千五百人。这就是"九月屠杀"。——译者注

述我们认为不堪入目的可怕行为开始。随着被砍断的主动脉的节奏,血液流出血管,然后开始凝结。肌肉抽搐,这最后的动作让你产生了对神灵的畏惧。内脏因最后几下脉搏动了动,心脏不规则地收缩,奇怪的最后的动作。嘴唇短暂地扭曲了一下,仿佛在做糟糕的鬼脸。与身体分离的头颅上,瞳孔放大的眼睛没有移动。所幸它们并无神采。尽管未出现乳光(死人眼中的混浊物),但它们一动不动。它们的透明度也许使其看起来仍旧充满生气,但它们最终保持的僵硬意味着死亡。可能要几分钟才能到这最后的时刻;对于一个身强体壮的人来说,也许会持续几个小时。死神并不会立即接管;所有生死攸关的部位都能在斩首中活下来。对医学专业人员来说,这给人的印象就像是个狰狞的试验,一场要人命的活体解剖,然后迅速埋葬。"

这篇报告不是在法国大革命时期而是在1956年留下的,由法国医生彼得雷弗(Piedelievre)和富尼耶(Fournier)为法国医学研究会(French Medical Academy)所著。研究会让他们用被斩首的罪犯的尸体进行这项研究。

若看看其他报告,我们就会发现一些令人震惊的细节。有个传说,头颅被宝剑砍下后,尸体仍能奔跑。在被斩首前,这些人表明想要通过这种方式来证明自己的无辜,这样他们所谓的共犯就能被释放,或他们的家人就能够获得他们的无头尸跑过的土地。一部古老的编年史告诉我们,1337年,迪亚兹·冯·绍姆博格(Dietz von Schaumberg)骑士因破坏治安而被判死刑,他向法官请求,如果被斩首后,他能从地上站起来,并走过他的四个随从,那么就释放这四个无辜的随从,因为他们只是在执行他的命令。"人头落地后,他的身体站了起来,从他的随从身边走过,然后才倒地身亡。"

我们听说一些剑子手知道如何从被砍头的人的短暂存活中获得好处。在《福格特伦德传说》(*Voigtland Myth*)一书(罗伯特·埃塞尔[Robert Eisel]著于1871年)中,我们读到一名剑子手陪着一个被斩首的女人走过9英亩的田地于是获得了那片农田的故事。类似地,埃斯·昂斯特曼(Eise Angstmann)记载了另一个被称为"30英亩先生"的剑子手,带着这个诨号,他于1647年在德累斯顿(Dresden)被约翰·乔治一世公爵(Duke Johann Georg I)授予了贵族头衔。当时他将一小块草皮放到了无头尸的脖子上,止住了血,成功地和那个尸体走过了30英亩土地。

尸体的肌肉会在棺材里继续抽搐几个小时的想法(这是不正确的),是我们的想象力在发挥令人作呕的作用。另一个糟糕的想法是,现在放在某个桶里的被砍掉的头颅,可能仍有一些感觉、一些意识。

1803年,文特(Wendt)医生和他在布雷斯劳(Breslau)的一群同事足够冷血地进行了一项他们称为被斩头颅的"短期自主生命"的实验。为了这项实验,他们观看了一个叫作托伊尔(Troer)的男人的死刑执行。文特医生记录道:

"创伤专家伊宁(Illing)医生和哈尼施(Hanisch)医

生很好心地轮流拿着被砍掉的头颅，让我方便很多。我不间断地盯着头颅上的那张面孔，但看不到哪怕一丝一毫的扭曲。他面容安详，明亮的眼睛张开着，嘴唇紧闭。没有任何面部特征表露出，由于身首异处，这个不幸男人的头颅的状态有了怎样的转变。我用手指尖碰了他的眼睛，的确，那颗可怜的头真的合上了眼睑，以保护眼睛不遭受任何可能的危险……伊宁医生举着头，把脸转向太阳。那个时刻，那只直接朝着太阳的眼睛闭上了。为了测试听觉是否和视觉器官一样仍在运转，我两次朝着被砍下来的头颅的耳朵大声叫出'托伊尔'的名字。结果也许受到了我自己的感觉和想象力的影响，但的确远远超出预期：每次被叫后，头颅都睁开眼睛，看向声音传来的方向，并同时张开嘴巴。在这过程中，一些观测人员坚称它想要说话。这项实验看来能支持一个叫作泽默林（Soemmering）的人的记录，他主张，被砍掉的头颅，若能装上一个人工肺，那么就能说话。

"在我测试听觉时，做时间记录的助手奥托·考夫曼（Otto Kaufmann）告诉我一分半钟已经过去了。我用一根针碰了下脊髓，你能相信吗，被处死的人的面部发生了很明显的变化，几名观测人员喊'还有生命'，而我不由自主地说：'如果这不是生命和感官的迹象，那什么才是？'毕竟，当我用针碰他的脊髓时，他的眼睛抽搐了一下合上了，咬紧了牙关，靠近下眼睑的颊囊抽搐着。"

这类用被处死的尸体做的实验在当时似乎曾多次进

行，因为一份日期为1804年3月3日的普鲁士刑事程序报告明令禁止"对被斩首的人的尸体或器官进行电流或机械刺激"。一位来自国家医学和卫生事务学院（Ober-Collegii-Medici et Sanitatis）的专家说服了普鲁士国王弗里德里希·威廉三世（Friedrich Wilhelm III）[*]，令他相信"如果罪犯在被砍头后立即丧失了感觉和意识，那么只要在很短的时间内进行这种刺激，就能够唤醒大脑及其功能，进而是感觉和意识"。

这份禁令将国王从之前给内阁和大臣的另一份命令中提到的当务之急中解放出来："关于近来的一些实验结果，传闻中并未包括意识能保持多长时间的精确信息。如果这是真的，那么我们将不得不修改关于如何用剑执行死刑的法律。"

当时的科学家们跃跃欲试的兴趣极大程度上源于关于人类灵魂在哪里的争论。著名德国学者塞缪尔·托马斯·泽默林（Samuel Thomas Soemmering）激烈地反对使用断头台。他假设，虽然血液循环被中断了，人类的大脑可能仍在继续运转。这意味着头被砍下后，仍能存活一段时间。这一论断受到了法国学者的强烈抨击。不必说，后来建立在当时实验

---

[*] 弗里德里希·威廉三世（Friedrich Wilhelm III，1797—1840年在位）：自即位后就一直在与法国征战，历次反法同盟他基本上都参加了，却屡战屡败。1806年在耶拿遭到了惨败险些亡国，普鲁士沦为法国的附属国，这成为霍亨索伦家族历史上最为深重的耻辱。不过，弗里德里希·威廉三世却是卧薪尝胆，在拿破仑远征俄国失败后，立即举起反旗和法国开战，终于在滑铁卢和英国军队一起彻底击败了拿破仑，洗刷了先前的耶拿之耻。——译者注

证据基础上的理论，在今天没有什么价值。但现代医学还是没能对他们所观察到的提出合理的解释。

1932年6月4日，精神病医生阿尔弗雷德·埃里希·霍赫（Alfred Erich Hoche）在一个神经科专家会议上做了如下演讲："处决并不会造成任何痛苦。从这个角度看，牙医都比断头台要糟糕。和绝大多数疾病比起来，斩首能让人死得更舒适。它比其他任何形式的处决都更人道。即便缺乏来自亲历者的报告，它也应当被视为是无痛苦的。我们的这个观点来自外行都能明白的简单知识。若脑泡中没有血压，那就不会有意识。我们知道，血压的轻微降低，即便还不到威胁生命的程度，也能够导致意识的完全丧失。在断头台的斧头砍断颈部血管的那一刻，意识就丧失了。这种击打造成的感觉并不是突如其来的，神经需要一段时间让信息传达到脑部——如今已知有方法可以测量该时间。在身体组织被割断的信息到达脑部前，意识就已经停止了。"今天的医学专家也会告诉你同样的结论。但如果你问及实证依据，答案就不那么直截了当了。

博里厄（Beaurieux）医生肯定明白这任何外行都能明白的"简单知识"——伴随着血压的消失，意识也同时丧失了。但在文特医生的试验后约一百年，他对1905年6月18日被斩首的男人朗吉耶（Languille）的头颅进行了研究。他的报告发表在《刑事人类学档案》（*Archives d'Anthropologie Criminelle*）上：

"脖子被砍断的平面朝下，头落下来，因此我不必像所有报纸报道的那样，把它拿在手里。我甚至不必碰它，让它呈合适的角度。对我计划的观测内容来说，这很幸运。

"我现在要告诉你，在头被砍下后，我看到了什么。被斩首的男人的眼睑和嘴唇有节奏地但不规律地动了五六秒。这一现象所有在场人员都看见了，这是脖子被砍断后的反应。我又等了几秒钟，痉挛性的动作停止了，面部放松了，眼睑半合，因此只能看见眼白——如我们在帮助垂死的或刚刚死去的病人时、在工作中每天都能见到的那样。这时，我用尖锐的语调喊道：'朗吉耶！'我看到他的眼皮缓缓地张开了，没有任何痉挛性的抽搐——这一点我想强调一下——而是清楚、安静、正常的动作，如我们每天见到的、人们从睡梦中醒来或从沉思中回过神来的样子。然后朗吉耶的眼睛专注地看着我，他的瞳孔变小了。那不是我们与垂死的人交谈时，在他们脸上看到的那种茫然、呆板的神情。这里，看着我的那双眼睛生机勃勃。

"几秒钟后，眼皮又一次合上了，动作缓慢均匀。脸上又恢复了我叫他的名字之前的表情。

"当我又一次叫他时，他的眼睛又睁开了——很慢，没有抽搐；两只眼睛——显然有生气地——坚定地看着我，比第一次还要敏锐。然后它们又合上了，但没有闭紧。我试了第三次，但这次没有反应。他的眼睛里有了死人的那种呆滞神情。整个实验持续了二十五至三十秒。"

这些是否仅仅是条件反射？尽管有被广泛接受的研究方法，博里厄还是从他的亲眼所见得出结论：在斩首后，大脑的所有组成部分仍是活着的。"相信我,在探索生理学问题时,"他继续讲述道,"我没打算写虚构故事。但我不得不认可大脑皮层仍能保持运转,因为我们必须承认视觉器官仍在工作,而且没有理由否认它的继续运转。只有将死的人才能告诉我们到底有没有有意识的知觉,这也就是为什么这个问题在科学上是不可解的。但事实仍是,不能先验地否定意识知觉。对这个问题应当做进一步的讨论。"

格拉温(Graven)记载了本瑟姆(Bentham)医生对这项讨论的贡献。本瑟姆说,通过实验,他发现温血动物的头被砍掉后,沿着脊髓一直到大脑,仍有感觉。

"头部将目睹自己身首异处的糟糕状况,对这种诡异、恶心的想法,多数涉及这一问题的现代生理学家都有所保留,"克肖(Kershaw)说,"但他们还是排除了这种可能性。这种可能性就像魔鬼的鬼眼般直勾勾地盯着我们。"

不过,当代医学的认识将这种可能性降低为恐怖的梦魇。虽然毛细血管可能因条件反射而扩张,但由于没有血液供给,在被砍掉的头颅上,血压总体来说消失了。这让脸红现象变得难以想象。

此外,无论有没有血液,单是头部反应本身就让人难以置信,因为只要被狠狠打一下或被勒住,人们往往就会丧失意识。更重要的是,拉紧脖子上的套索就能导致意识的立即丧失,就因为进出脑部的血管被抑制住了。当拉紧套索时——与砍头的情况不同——在脑部仍有血液。但两种情况下,对红血球的氧气供应都停止了。

因此，断头台完全能让人失去意识。它阻止了血液流动和氧气供应，斧子落下还造成了强力的一击。关于罗沙记述的托伊尔的处决，其原始记录中还包括其他的观测内容。记录上说，医学研究员将一块银板放在头部肌肉的一端，锌板放在另一端，所产生的小小的电流让肌肉抽搐。这种效果在没有大脑的尸体上也会出现。被斩首的人的大臂肌肉在死后几小时仍会抽搐。这意味着，我们不得不承认有这样一种可能性，所观测到的头部的运动可能也是用这种方式诱导出来的。

不过动物实验似乎也证明被砍掉的头里仍留有生命。被斩首的老鼠，眼睛会继续动一段时间；被打得失去意识的绵羊，在颈动脉被割断后十四秒内，脑部功能显现出能测量得到的活动。对狗的实验有相似的结果：在电流让心脏停止跳动后十二秒，大脑才发出与醒着的或轻度睡眠的动物不同的脑电波。

我们仍不知道被砍掉的头能否感知自己；毕竟，无意识的肢体也会产生肌肉运动（如在杀鸡时所见到的）。我们不能排除被处决的人仍能感觉到砍头工具所造成的疼痛或他/她在几秒钟后仍有感觉的可能性。

至于被电椅或斩首处死的人的眼部运动和脑波，唯一与当今医学理解（立即丧失意识并肌肉松弛）相一致的解释是：大脑能够使用剩余的氧气，或任何其他储存在脸部或颈部肌肉里的能量，让它们能继续运行七秒钟。但这一过程中所使用的能量是否足以到达脑部，仍是个有待解决的问题。没人能告诉我们他或她自己被砍头的亲身经历。

外一篇：杰佛里·达默之死

典狱长也许确保了杰佛里·达默不得不和格外有攻击性的狱友一起工作，让后者最终杀了他。

这个过程，从达默发现他不能忍受再住在那个没窗户的8平方码的牢房里就开始了。在那里，他听着格里高利圣咏*、鲸鱼的叫声和约翰·塞巴斯蒂安·巴赫（Johann Sebastian Bach）的作品。他还独自或与罗伊·拉特克利夫（Roy Ratcliff）神父一起研读《圣经》，并在监狱的游泳池里受洗。除此之外，无事可做。结果是，剪头发都成了大事件，他对他的律师如是说。

他的情形看不到一丝改变的曙光，去监狱其他任何地方都太危险。在任何国家，当犯人因杀害儿童的重罪入狱，他的生命就受到了威胁。即便是袖珍的监狱礼拜堂对达默来说也不是个安全的所在。1994年7月，一名狱友几乎成功地割断了达默的脖子。但他还是想要与其他人交流，因为感到寂寞。（相比较来说，哥伦比亚连环杀手路易斯·阿尔弗雷多·格拉维托住在监狱的行政区域，以便让他能安全地透透气。）

---

* 格里高利圣咏（Gregorian chants）指罗马天主教做弥撒时所用的音乐。罗马教皇格里高利一世为了统一教会仪式中的音乐，将教会礼仪歌曲、赞美歌等收集、整理成一本《唱经歌曲》，共收集整理了三千多首歌曲，它后来就被人们称作格里高利圣咏。——译者注

第四章　致命的罪案，有时是索命的惩罚

> 四个月后，监狱行政部门终于同意达默参加一支清洁队。这让他能有一小点活动，以及每小时24分钱。但他的幸福是短暂的。1994年11月28日，新生活开始后不过几周，当达默在监狱健身房擦厕所门时，清洁队的另一名成员克里斯多夫·斯卡乌斯（Christopher Scarves）用一根铁棒把他活活打死。算上判决前的羁押时间，达默只在监狱里活了三年。

谁罪该万死？伯纳多和霍莫尔卡案

我的一位加拿大同事艾伦·华莱士（Alan Wallace）回忆起卡拉·霍莫尔卡（Karla Homolka）和保罗·伯纳多（Paul Bernardo）的罪案："伯纳多案从头到尾都让媒体处于盛怒之下，从诱拐的发生，到发现尸体，再到逮捕、面对恶魔和审判。那时候我正在跑新闻，这个案子似乎永远占据着日程。最让人放不下的肯定是，人们满怀厌恶地意识到，悲剧本可以避免——马哈菲、弗伦奇和黛米·霍莫尔卡（很可能还有其他几个人）本应毫发无伤，因为伯纳多在他还是'斯卡伯勒采花贼'的时候就应该被抓住了，但调查人员……没有分享任何信息……一个一个的点从未被连接起来，直到一切都迟了……我希望（你的书）能起到些作用，确保这种方式的猥亵行为永不再发生。"

今天，加拿大公众的恐惧仍未消退。卡拉·霍莫尔卡和她前夫分别于1993年和1995年被判刑。从媒体的反应看来，加拿大人显然觉得遭到了背叛，背叛他们的不仅是罪犯，还有当局。

一个地方网管甚至还不怕麻烦地开通了个网站，让人们能够在那上面下注，赌赌看卡拉·霍莫尔卡被杀到底还要多久。这个网站反映了一个冷酷的现实，儿童杀手有时还在监狱里就被杀了，有时甚至在获释后还会被杀。

因此，卡拉·霍莫尔卡为她的生命安全而忧心是有道理的。与达默不一样，关于公众对她的愤怒，卡拉是自作自受。而这又因为她与地方检察官达成了控辩交易、只被判入狱十二年而加剧了，这个刑期在公众看来是难以置信的宽仁。2000年夏天，她试图争取因"表现良好"而在2001年7月获得提前释放。"我满足了必须达到的一切条件。"她说。考虑到她的刑期和正常的假释程序，这是完全正确的。她后来放弃了提前出狱的申请，她的刑期于2005年7月5日终结。

她不知道她的一名前狱友在1998年7月的一次监狱晚会中，合法地给她照了几张相。两年后，她将这些照片卖给了《蒙特利尔公报》(Montreal Gazette)——这可是非法的。在这些照片中，公众瞥见了一小群人围着笑容满面的卡拉，正热热闹闹地庆贺。这个聚会本身就足以为自己赢得报纸头版的位置，进而激起大众的骚动。摄影者的图注让愤怒沸腾了。报纸引用了拍摄这张照片的女人说的如下一番话："列特(Joliette)市女子监狱就像某种'成人娱乐室'，里面的居民都被宠坏了。"

加拿大人感到罪犯应当受苦，而不是庆贺。所有提前释放的话题都被搁置了。当人们知道她前夫的牢房里还提供男性杂志《箴言》(Maxim)，上面全是衣冠不整的女人照片时，伯纳多的典狱长被开除了，拿卡拉的死做赌注的网站出现在了互联网上。

第四章　致命的罪案，有时是索命的惩罚

另一位典狱长告诉《多伦多邮报》，现在的情形用火上浇油来形容最贴切不过了。

卡拉·霍莫尔卡和保罗·伯纳多到底犯了什么罪，让监狱晚会和杂志供应都被禁止了？在这个自由的国度里发生了什么？照片里站在游泳池边的这对无忧无虑的幸福小两口究竟经历了什么？

扼杀一个灵魂

这场悲剧的第二主演是卡拉·霍莫尔卡的前夫——保罗·伯纳多。保罗的童年是一场惨剧。他希望他母亲死掉，他恨他的继父，尤其因为继父性侵犯了保罗的姐姐黛比。当黛比开始讲出这件事，她妈妈一个字都不信，责骂道："你怎么能编出这么个恶心的故事？"当黛比的母亲在八年之后终于与那男人对质时，一切都太晚了；黛比已经长大，并离开了家。

从那时起，保罗的继父就变得越来越沉默。他母亲也疏于家务，并唠叨得让人无法忍受。保罗还待在家里，只是因为他没钱过别样的日子。他让自己投入到学校的功课中，从不缺勤，数学和科学学得相当不错。为了自己挣些钱，他当过报童，然后是服务生，最后是清洁用品推销员。夏天，他组织了YMCA*假日露营，并似乎经历了几段快活的夏日恋情。他知道自己想要什

---

* YMCA是基督教青年会（Young Men's Christian Association）的简称。YMCA是基督教性质的国际性社会服务团体，已有一百六十多年的历史，以基督"为世人服务"的精神，根据社会人群（尤其是弱势群体）的需要，从事各种各样的社会服务工作，包括平民教育、体育康乐、营地服务、社区服务、青少年工作、难民工作、就业服务等。——译者注

么；他给了初恋女友丽莎一件T恤，正面印着"别碰"，后面印着"保罗私产"。

他的黑暗面第一次投下阴影是在保罗与史蒂夫、凡和亚历克斯成了朋友之后。这三人是一家餐厅老板斯米尔内的儿子，与保罗住在同一条街上。由于这家餐厅的关系，四个男孩总是不难弄到酒喝。喝得越醉，他们就越觉得自己有男子汉气概，然后他们会按这种感觉行事。包括为了换取汽油，沿街叫卖偷来的不值钱的零七八碎，比如从餐馆厨房偷来的比萨饼。他们曾开车去短途旅行，在试图用从餐厅的顾客那里偷来的信用卡付饭钱时被抓住。

大约这时，保罗开始试图将自己的意愿强加于他人。他一次又一次地对他的朋友们说，他喜欢和他女朋友肛交，并且许多年都无法摆脱这种习惯。事后，警方认为这是他有同性恋倾向的证据。

他继续招摇过市，但没人和他认真。1980年，他高中三年级时，刑事调查员在他的学校做了一次介绍，当时的古怪场面本应令人们警觉。

那位警官给学生们看被大卸八块的尸体照片。这些尸块被用绿色塑料袋裹好，形状井然。在对骨头和仍能辨认出来的软组织进行检验后，医学检验员相信，死者是一名东南亚女性，至少曾生育过一次。更重要的是，她的一条腿在亚麻咖啡袋旁边被找到。根据实验室报告，在袋子里找到的泥土样本可以追踪至肯尼亚还有蒙特利尔——相当奇怪的组合。一名调查人员锁定了蒙特利尔的一个咖啡进口商，他的货源就在肯尼亚。这名商人将空的咖啡袋送给木材工厂，后者则用它们来包裹原料。员工们被仔细地筛选了一遍，其中两个看起来有些可疑，结果他们果真就是凶手。一只旧咖啡袋，含有来自世界上截然不同的两地的泥土样本，就这样出卖了他们。

在这场刑侦技术讲演过后是学生提问时间。保罗·伯纳多没有问生物罪证或泥土样本，而是问："如果两个人在自己家里关起门来进行肛交，警察怎么能知道？警察会溜进房子里逮捕他们吗？"调查人员无疑都瞠目结舌。

保罗·伯纳多长大了

1980年，保罗高中毕业了。他的父母离婚了。这个男孩又钓上了个新女朋友，名叫珍妮弗。从一开始他就打她，在她觉得冷的时候往她身上浇水，在高中舞会结束后开车送她回家时几乎用一根绳子勒死她。一天，他给她照了些不雅照，威胁她要是再想离开他，就把照片贴到教堂的墙上。他的女朋友被吓得听之任之。

神奇的是，即便珍妮弗在他们的床底下找到了一个年轻的菲律宾女人的照片，在门外因嫉妒大发雷霆时，保罗仍能与她讲和。只要他想，他就能立即表现得像个体贴的伙伴，亲吻着，海誓山盟。但这不会让他不再录和那个菲律宾女人做爱的录像带。

他上了多伦多大学商学院，学校在安大略省（Ontario）斯卡伯勒（Scarborough）。他还在一家公司做兼职，多数时候就在周边地区，有时会被派到不远的尼亚加拉瀑布的客户那里去。1986年，他获得文学学士学位毕业，并继续为同一家公司工作。

虽然收入有限，保罗还是衣着考究，出了名地奢侈。他很快就和另外几个同事一起被叫作MCP（大男子主义的蠢猪）。但让伯纳多粗野和自负的并不是酒精，他偶尔才会喝些比较烈的鸡尾酒。

宿命的邂逅

1986年10月17日，伯纳多在餐厅邂逅了卡拉·霍莫尔卡。23岁的他在普华国际会计公司（Price Waterhouse）工作，并且正在进修高级管理课程。他总是背叛女朋友，让她们全都对他恨之入骨。卡拉当时17岁，且与众不同。她立刻邀请他下个周末到她父母在小镇圣凯瑟琳斯（St Catharines）的家里，参加她组织的聚会。

卡拉和保罗如约相见，但他们没有加入到聚会中，而是去看了约翰·卡朋特（John Carpenter）的新电影《沉睡百万年》（*The Prince of Darkness*）。当他们看完电影回来，聚会已经在没有主人的情况下自行开始了。

为了不被打扰，这对新恋人把自己锁在了卡拉的房间里。在屋里，她从抽屉里拿出一副手铐，对保罗来说，这意味着惺惺相惜的开始，因为他做爱时也喜欢用手铐。几分钟后，他把手铐套在了卡拉的手腕上，然后问她，如果他其实真是个强奸犯，她会说什么。卡拉回答道："那多酷。"保罗欣喜若狂！

往返圣凯瑟琳斯

从那时起，每周四，保罗都开车去圣凯瑟琳斯会他的新情人。车程两个小时。不久,周六和周日他也会到访。卡拉的父母觉得这个男孩不错,应该省下汽油钱和路上的时间,他们说他可以在卡拉房门口的沙发上过夜。

卡拉开始尽可能多地给保罗写信和纸条(这些日常往来后来成了非常重要的证据,但那时,两人的恋爱关系已经到了无法挽回的地步了)。11月,觉得自己仍处在恋爱的新鲜感中的卡拉,尝试着将她的想法写成诗篇,并对一首著名的打油诗开了个小小的玩笑:

> 玫瑰是红的,
>
> 紫罗兰是蓝的;
>
> 没有谁能像变态的你
>
> 那么有趣。*

同时,保罗·伯纳多和他在斯卡伯勒的朋友们的关系变得越来越糟。当他们11月为他举办告别晚会时,他用"娼妇"这个词来辱骂他的女朋友珍妮弗。开车回家途中,他在车里拿刀子顶着她的喉咙说:"你给我的毕业礼物只是件该死的运动衫。"这是他责备她的理由之一。刀子滑落到了汽车的两个前座中间,珍妮弗成功地逃走了。

卡拉和保罗之间的爱情变得越发炙热,保罗的心智开始不受

---

* 原诗较通行的版本为:玫瑰是红色的,紫罗兰是蓝色的;糖是甜的,你也是!(Roses are red, Violets are blue; Suger is sweet And so are you!)不过实际上这首诗的历史很悠久,版本很丰富。——译者注

控制。1987年12月16日晚上10:30，在斯卡伯勒市中心，他攻击了一个名叫莉比·凯彻姆（Libby Ketchum）的年轻女子。他先是用暴力捂住了她的嘴，然后把一根电线缠到她脖子上。"聪明的话，就别出声。"他命令道，"一声也别吭！我不会伤害你；我只想和你谈谈。如果你想活到圣诞节，就闭嘴。你叫什么名字？"

然后他野蛮地强奸了她，就在离大路不远的地方。他用了一个多小时才起身离开。受害人后来告诉警察，在一次次的折磨中，袭击她的人反复对她说，她没有反抗是明智之举，为此他不会杀了她。

无用的犯罪嫌疑人外貌描述

斯卡伯勒警局凶杀组的警探史蒂夫·厄尔温（Steve Irwin）觉得莉比强奸案很奇怪。5月到7月间，这一区域曾有三名女性在从公交车上下来后被一名男子掳走，这名男子野蛮地对她们上下其手并施行虐待猥亵。还有一次，在斯卡伯勒城外的县长森林公园（Warden Woods Park），一名正在慢跑的女性被拖进灌木丛里奸杀了。

三名幸存的女性对行凶者的描述是一致的，都说他外表整洁、牙齿洁白，没有令人不愉快的气味。他一直对受害人说话，问她们的名字，问她们有没有男朋友。对她们的答案，他很当回事，会从她们的包里找出身份证来核对名字。

虽然厄尔温主张因攻击行为的相似性将几起强奸案和那起谋杀案联系在一起，本案中的一名特别调查员却认为，已掌握的情况相同并不意味着这就是系列刑事案件。性侵犯都发生在市区范围内，但杀人案发生在市区外。连环凶案的罪犯通常在相同的地点和环境实施犯罪。

一周后，12月23日，玛丽·博斯（Mary Both）在街上遭到攻击，随后被强奸了。之前被袭击的女性都有着长长的黑发，样貌清秀。但玛丽·博斯是金发，身材高大，体重将近150磅——这再次指向这不是起连环凶案。

但玛丽的强奸案与之前的袭击案发生在相同的路线上。强奸犯更迫切地希望他的需求被重视。他强迫玛丽·博斯一遍又一遍地说："我是个婊子，圣诞快乐，我爱你，我这么做是因为我讨厌我男朋友，我在这儿把我自己献给你。"

在行凶者放她走之前，他威胁道："我有你的身份证；如果我在地方报纸上看到任何关于这件事的报道，我会来找你然后杀了你。"越来越明显的是，这个男人和所有连环强奸犯一样，只想要一件东西：权力。性侵犯只是获得权力的手段而已。

痴迷于控制力的保罗·伯纳多在这一过程中犯了一系列的错误。玛丽·博斯在街灯下清清楚楚地看见了他的样子。在世界上任何一个小镇，她的描述都足以终结连环强奸案。

据她形容，在他轻微鹰钩鼻的下面有一块胎记，没有伤疤或文身。头发是浅色的，肤色也很浅。他面容整洁，约6英尺高，身材修长，割过包皮。他挺好闻。一只手上戴着一条金手链，上面有三颗钻石；另一只手上戴的是镶着红色石头的高中毕业纪念戒指。他攻击时使用的利刃是一把短剑，装在黑色皮质剑鞘里。最后，但并非无关紧要的，他开一辆白色卡普里牌轿车。

圣诞快乐

这起强奸案次日就是圣诞夜。对卡拉和保罗来说，这是交换礼物的时间。在圣凯瑟琳斯，伯纳多几乎用珠宝、衣服和一只昂贵的泰迪熊把他的女朋友埋起来了。卡拉则想给保罗一件特别的礼物，她给了他一张手写的礼物券，上面写着："出示这张礼物券，卡拉·琳恩·霍莫尔卡将会为保罗·肯尼斯·伯纳多演出变态的把戏。变态把戏的具体项目由持券者选择。这张礼物券于1988年1月2日到期。爱你的卡拉。"

但幸运女神已经不站在他们这边了。一来，玛丽·博斯对攻击她的人的描述非常精确；而且，就在这张礼物券即将到期时，保罗的前女友珍妮弗被警方捡回去了。准确地说，警察专员凯文·麦克尼夫（Kevin McNiff）不得不把珍妮弗从麦当劳带走，因为他再也无法忍受她的哭哭啼啼了。

在麦当劳及之后在警局，伯纳多的女朋友所讲述的细节，听起来可比圣诞节普通恋人拌嘴严重得多。事实上，相当严重。保罗又一次差一点点就强奸并杀害珍妮弗。她能活下来完全是因为她跑到了灌木丛生的城外。当珍妮弗终于回到家中时，遭受虐待的她情状骇人，脏兮兮的，几乎不能清楚地表达自己。她对父母说，在逃跑时圣母玛利亚向她显身了，这给了她继续跑下去的勇气，但她父母并没有报警。这名饱受凌辱、精疲力竭的女子立刻沉沉地睡去了。她父母非常担心，不允许保罗·伯纳多再到他们家来。几天后，保罗满脸无辜地敲开了他们家的门，对他们说，他带了钻石戒指来向珍妮弗求婚。

第四章 致命的罪案，有时是索命的惩罚

听了这个故事，麦克尼夫专员拿出笔记本，写下了这些难以置信的经过。但珍妮弗拒绝做证，她说她唯一想要的是保罗能把向她借的钱还给她。麦克尼夫觉得应当遵从她的意愿，但他还是给警局写了内部报告，交给了正在办理强奸案的警官。现在，他的同事有了名字、地址和聚会上目睹了他是如何对待珍妮弗的人的证词，再加上强奸案幸存受害人对施暴者的体貌描述。

当后来读到报告时，麦克尼夫的同事目瞪口呆。珍妮弗之前曾两次报案称被伯纳多侵犯。但虽然有这些清晰的线索，麦克尼夫是第一个将这些线索两两对应起来的人。珍妮弗的施暴者和圣诞节前一天开白色卡普里轿车的强奸者很相像。这个巧合是最后一根稻草。1988年1月5日，麦克尼夫写了一份五页的报告，清楚地表明了自己的发现。但他犯了个错误，将报告的日期写成了1987年1月5日，而不是1988年。麦克尼夫的报告就这样被丢进了前一年的旧文件堆里，并很快被遗忘了。

永不结束的连环案

下一名强奸案受害人也能描述出侵犯她的人的样貌和衣着。20世纪80年代后期，人像拼图技术已经开发出来，因此斯卡伯勒警方做了一张罪犯的面部肖像。效果非常好：拼图和保罗·伯纳多一模一样。但糟糕的是保罗现在还没有成为嫌疑人——至少还没有被警察局发现。

进一步调查后，警方找到了一名看上去和警方素描很像的投递员。但这名投递员没费什么劲就说服了他们，他和他们正在调查的那些事情没有任何关系。

在最近一起案件中，罪犯又一次强迫受害人重复一些句子和奉承话。但这次，强奸案的案发地点在城外很远，在去圣凯瑟琳斯的半路上。另一个地方，另一个罪犯——调查人员得出了这样的结论。保罗·伯纳多仍没遭受任何阻挠，连环强奸案仍在继续。

1989年8月14日夜间至15日凌晨，凯茜·汤普森（Cathy Thompson）在公车站遭到袭击并被强奸。行凶者采用了相同的行为模式，但和所有连环凶案的重犯一样，他下手越来越狠。放凯茜走时，他不仅用惯常的方法威胁她，还清清楚楚地讲出了她前一晚在做什么、躺在床上读书时着什么衣服。让她惊骇的是，他甚至知道书名。

但这一次，保罗·伯纳多被人看见了。普华公司的一位同事路过那个车站，看到她的同事坐在他的白色卡普里轿车里。她挥了挥手，试图引起他的注意，但伯纳多聚精会神地盯着车站的方向，没有看见她示好的动作。

当这位同事听说前一天晚上的强奸案时，她很容易地得出了自己的结论。"昨天晚上我在车站看见你了，"她当面对伯纳多说，"你肯定就是那个强奸犯。"保罗没什么困难地回答她："哦，真的吗？"他说，"一个人不该指责另一个人做了这种不光彩的事。"然后，就这么过去了。

尼亚加拉瀑布回荡着婚礼钟声

1989年，卡拉高中毕业了。因为不想去上大学，她开始在一间兽医站工作。10月，她把一只小狗的尾巴寄给一个女伴。

"我刚刚用一把指甲钳把这个剪下来。是不是很酷？"她在附随的字条上写道。

同年，基因指纹技术被开发出来。在加拿大，又用了一年，才建起了功能齐全的实验室，但这期间，从犯罪现场已经搜集了一些生物罪证，并送到了美国的实验室。为此，1989年11月21日，在对斯卡伯勒又一起强奸案受害人的调查中，厄尔温警探将所有衣物、指甲中的罪证，以及任何相关物证，都送到了验尸官办公室的刑事生物学部门，开启了重要的先例。来自不同地点的生物学罪证，可以通过比对DNA样本建立联系。这样，即便没有嫌疑人，警方也可以证实不同的罪案是同一个人犯下的。想想看，如果在每个犯罪现场都有相同的基因指纹，一旦有了嫌疑人，他们就能将若干不同的罪案都归结到他或她身上。但本案中，厄尔温送出的材料石沉大海，因为加拿大的实验室尚未开张。

新做的人像拼图，正如人们预料，和此前强奸案的凶犯一样，它证实了这第十二起袭击案是斯卡伯勒连环强奸案之一。

1989年岁末将至，卡拉和保罗都炒了雇主的鱿鱼。卡拉换到了一家较大的兽医站，在这里她被允许做手术助手。保罗则开始了"独立工作"，大批量地走私香烟。他在美国买整箱的香烟，装在自己的车里运回加拿大，然后将它们卖掉，通过逃掉本国的高额税收牟取暴利。

在第一次走私探险后，他向卡拉求婚了。为此，他邀她一起到尼亚加拉瀑布边浪漫的维多利亚村去。在卡拉的日记中，她这样描写1989年12月9日这一天："这是个爱的天堂。瀑布上方霓虹闪烁；雪花飘落在月光下……保罗拿出一只音乐钟，上面有只玻璃独角兽。在它的角上，他套上了一只美丽的钻戒……为了让我暖和起来，他紧紧地抱着我，在我耳边轻轻说着情话。最后，只有我俩还在外面，在埃尔夫斯教堂（Church of the Elves）前面。"卡拉不知道，这只钻石戒指原本是要给珍妮弗的。

不到两周，12月22日前一晚，德宁·谢尼埃（Deneen Chenier）成了"斯卡伯勒采花贼"的下一个受害人。她的报案引起了警方的注意。侵犯者喋喋不休，就和他玩自己那套性权力游戏时惯常的表现一样。但在他背后，德宁注意到还有另一个人，没有参与到行动中，但拿着一架摄像机对准了他们。

警方对德宁的证词有些吃不准，毕竟她显然已经处于崩溃的边缘，而且有迹象表明她曾遭到毒打。在此前的案件中，从没有人提到过还有另一个人。但警方错了，第二个人的确存在，那就是卡拉·霍莫尔卡。

第二天晚上，在难以置信的压力下，德宁被要求从站成一排的人中指认出罪犯。她指了一个叫作西尔维斯特的男人，但他是无辜的。保罗·伯纳多没有在警方挑出来的这一排人中间。为什么？因为没人想过他会是犯罪嫌疑人。

媒体和几名证人的预感

1990年1月，连环强奸犯保罗·伯纳多仍然在家中过着幸福的生活。他四处挥霍着自己的万贯家财。他接受了几个会计工作，虽然薪水会稳步上涨，但都只做了很短的时间。为了负担他正在策划的那场相当体面的婚礼，一年的薪水都是不够的，走私香烟收入更好。

他的下一次强奸发生在5月。他告诉受害人,他正在从聚会回家的路上(那碰巧是卡拉20岁生日聚会)。他把受害人绑起来,几分钟后才回来。这些都是新的行为元素。再次出现时,他咬了一口被绑着的女人的乳房,跟她说:"我需要些东西让我能记住你。"以前,他都拿身份证件和钱包,但这次他想要些更私人的东西,所以他扯了一缕她的头发,还拿了她的化妆包。

渐渐地,斯卡伯勒警方变得灰心丧气。不得不开始公共搜索了。但为了防止媒体介入,总共十五起强奸案中,警方只告诉了媒体六起。为了避免公众愤怒,他们撒了个弥天大谎:他们告诉媒体,凶犯总是藏在受害人身后。只有一次,即在最近一次强奸时,他才不小心让受害人看见了他的样子。所以只是因为最近一次罪案,才做出了人像拼图。他们声称他们才刚意识到他们在对付的是一个连环强奸犯。他们没能注意到保罗·伯纳多开着他那辆白色卡普里轿车定期穿越守卫森严的美国—加拿大边界,也没能注意到他们收到了许多指控他人身攻击和性侵犯的报案。他的档案里有所有这些信息,却被压在了抽屉最下面。

当强奸犯的第一幅拼图公布后,普华公司的前同事立即认出了他,但没人和警方联系。只有一名银行出纳员做了一件早就应该做的事。他告诉斯卡伯勒警方,他的客户保罗·伯纳多,住在雷蒙德爵士道(Sir Raymond Drive)21号,出生日期为1964年8月27日,就是他们要找的人。

但这份声明也丢了,很快天崩地裂。

图9　保罗·伯纳多和卡拉·霍莫尔卡看上去是友善聪慧的一对。这让他们得以与那些尚未成年的被害人交上朋友，然后实施虐待。卡拉的母亲觉得保罗·伯纳多是个完美女婿（图片来自《多伦多太阳报》）

外一篇：基因指纹

用从遗传的化学成分中提取的独一无二的序列图谱，调查人员能够确定罪犯的身份。自1993年起，从最微小的，哪怕已经不再新鲜的样本中，也有可能提取出有用的DNA。

但即便DNA指纹技术如此强大，刑侦科学家还有别的需要。首先，他们需要一个计算机数据库，其中含有大量已知主体的基因指纹。其次，他们需要罪犯留下的清晰的DNA样本。只有当一个DNA样本能够明确地与某个人相对应时，才能进行有用的比对。

第一个成功的案例出自始于1990年的数据库试点计划，十四个国家和地方级实验室中此前并未建立联系的匿名基因指纹被进行了比对。在美国，不同的数据库中找到了许多相互吻合的基因指纹。最终，1998年10月，FBI的国家DNA检索系统（NDIS）建立。现在，在地方、州和国家层级，都有DNA数据库设施。DNA数据库可以将跨时间、跨区域的一系列罪案联系起来，这意味着罪犯不再像以前一样，只要流窜到另一个州就能不被发现。确认DNA及完成数据库检索可能需要些时间，但只要做完这些，罪犯就能因他或她所实施的所有罪行受到起诉，而不仅仅是他或她被抓住的那一桩。

角色扮演

在未来岳父母的家里,保罗·伯纳多从周末孝子升级成了终身贵宾。他留给他们的印象是可爱的、大男孩一般的,是家庭欢乐的添加剂。他和卡拉的妹妹黛米·林恩(Tammy Lyn)成了好朋友。有时,俩人会一起散步好长时间。

"要是你真的爱我,"一天保罗对卡拉说,"就让我和你妹妹找些乐子。"虽然(或也许正因为)卡拉知道保罗犯的一些强奸案,她不喜欢他现在勾引她妹妹的想法。她嫉妒,部分因为在这个家里黛米总是那个最宝贝的。这也是为什么她觉得保罗不应该和黛米走得太近。姐姐想要成为——而且要一直稳坐——第一位。

自从求婚后,卡拉的自信就一日不如一日。她把下决心要做的事情列了份清单,清楚揭示了她对自己的评价:

> 展示给所有人看我们的关系是完美的。
> 保罗在时总是面带微笑。
> 做保罗的完美朋友和完美爱人。
> 时刻不忘:我是个哑巴。
> 时刻不忘:我很丑。
> 永远别忘了我也很胖。

为了把保罗绑得更牢,她萌生了个计划,虽然有些风险,但还是有希望的。她会支持保罗追求黛米。她自觉是只丑小鸭——实际上无论从哪方面说她都不是——她既想帮助保罗，又想能够在保罗走得太远时在感情上帮他悬崖勒马。

一天晚上，计划进了一步。卡拉和保罗在黛米窗前鬼鬼祟祟，在她脱衣服的时候录了像。之后几天，在黛米晚上出门后，趁没人，他们会溜到黛米床上，卡拉会为保罗扮演她妹妹。

可惜，卡拉的计划并没能让保罗满意。他想和真的黛米发生关系，他如实地对卡拉说了。到了这个份上，卡拉终于在给她妹妹做的意大利面里放了强力镇静剂。那药是给动物用的，她买这药原本是想让她那得了膀胱炎的猫"影子"少受些罪。在黛米睡下后，保罗溜到她的床边，对着枕头手淫。然后他试图强奸她。虽然昏昏沉沉，但黛米似乎能感觉到他的碰触，动了下。卡拉和保罗于是决定适可而止，回到了起居室。

生物罪证

1990年9月25日是警探厄尔温的幸运日：实验室里的刑事生物学家，收到了他送去的斯卡伯勒强奸案现场的罪证，在里面找到了少许精液痕迹。血型测试提供了初步结果，将可能的凶犯范围缩小到全部男性的13%。鉴于还知道他的样貌和年龄（大约30岁），以及所有罪案都是在斯卡伯勒或周边犯下的，这是很人的进展。现在，警方可以要求这个集合里的所有男人提供血液样本以便进行比对。如果将白色卡普里轿车的线索加进去，还有多次被提到的保罗·伯纳多的名字、他已知的家庭住址和出生日期，嫌疑人的数量会减到一人。但这些信息仍然在警方的档案里不见天日，由于缺乏计算机数据库网络，这些信息也没那么容易拿到手边。

寻找证据以缩短嫌疑人名单的工作还是开始了。厄尔温警探将他手头的所有文件过了一遍，终于发现了从人像拼图认出了保罗·伯纳多的那名银行职员的陈述。此外，从一个名叫蒂娜·斯米尔内（Tina Smirnis）的女性那里，有了指向伯纳多的进一步证据。她是他的朋友史蒂夫、凡和亚历克斯的姐姐。不巧，中间这段时间，斯米尔内家搬走了，与保罗几乎断了联系。

厄尔温警探让蒂娜到警察局来。她来了，还带着她的弟弟亚历克斯。原来，是亚历克斯让姐姐与警方联系，有话想说的其实是他。他带来了保罗·伯纳多的几张照片。亚历克斯说，保罗突然想要搬到圣凯瑟琳斯，这件事特别可疑。他为什么觉得有必要离开斯卡伯勒呢？

亚历克斯·斯米尔内还提供了一些细节以支持他的怀疑。某次一起远足时，保罗曾把一个女孩哄骗到他的房间，把她灌醉，然后强奸了她。还有，斯米尔内补充道，保罗总是在车里放着一把刀子。他心里笃信，保罗就是斯卡伯勒采花贼。

虽然警方不知道亚历克斯·斯米尔内是否可信，但他的话还是让他们想起了些什么。尽管长相与人像拼图十分相似，保罗并没有立即成为一号犯罪嫌疑人。但当警方再次翻阅强奸案堆得像山一样的档案时，一份在混乱中消失了很长时间的证据出现了。在玛丽·博斯案的档案中，他们找到了被放错地方的麦克尼夫警官的报告。在那份报告中，他记录了伯纳多对他女朋友珍妮弗的残忍行为。

两个月后，警局的一个调查小组去拜访伯纳多一家。他们只

第四章 致命的罪案，有时是索命的惩罚

见到了保罗的父母，但留下了名片，要求保罗来见他们。保罗很快就打回电话，说他很乐意回答警方的问题。他愉快地跟调查人员讲着他的新恋人卡拉，然后说他和警方的素描那么相似真是个古怪的巧合。他对强奸没有兴趣，他说他身边从来不缺女人。那个跑步的姑娘被杀那天，他人在佛罗里达。

保罗·伯纳多非常清楚他在说什么、做什么，操控局势是他最热衷的游戏。调查人员觉得他比举报保罗的亚历克斯·斯米尔内讨喜、礼貌、机灵得多。那些警官比保罗大不了几岁，他很了解他们。保罗留下了血液样本让他们做进一步调查，然后他们就让他离开了。这血液样本没有丢，而是作为可能的犯罪嫌疑人的比对材料，被送到了刑事实验室。在那里，它应当与在强奸案受害人处找到的精液样本进行比对。但过了很长一段时间，才终于做了这项比对。

刚刚迈出警局的大门，伯纳多就不能再保持镇静了。他急忙赶回圣凯瑟琳斯，回到卡拉身边。为了不让她父母看见他，他从地下室后窗进入房子，然后他将去警局面谈的情况告诉了卡拉。由于对最近一起强奸案一无所知，她试图让他冷静下来，但徒劳无功。单单是最近一桩罪案和很早之前慢跑女性的被杀被联系在一起这个事实，就已经吓得他魂飞魄散。卡拉很困惑。她任何时候都会毫不犹豫地给保罗做不在场证明。毕竟，最后一起强奸案发生的那晚，他参加了她的生日聚会。

还来得及做些侦探工作。保罗和卡拉来到图书馆，翻看过去几年的报纸。他们摘录了斯卡伯勒采花贼每次犯案的日期，写在了一叠信纸上，他们将时间、地点和对凶犯的描述全都汇总到一

221

起。这么做之后，他们注意到，保罗有重大嫌疑，但警方还完全蒙在鼓里。

卡拉做了一个实验

1990年11月20日，卡拉试着为她妹妹配置一剂新的安眠药。她想要没有苦味的，多数药都有苦味。它还应该产生麻醉剂的效果，让人什么都感觉不到。最后，她在从兽医站拿的一本旧的药物年鉴里找到了。她看到有种叫作三唑仑（酣乐欣）的镇静—安眠药物，它没有副作用，容易取得，尤其是，她是兽医助手，正好负责从本地药店采购日常药物。

为了确保她妹妹会失去意识，她还准备加入氟烷。她工作的兽医站常常使用这种麻醉剂，甚至比安眠药还容易买到。不好的方面是，氟烷不像酣乐欣，如果使用剂量出错误，可能会导致致命的麻醉事故。

即便如此，卡拉还是从办公室偷了两瓶氟烷。为保险起见，她声称氟烷混合装置坏了，消耗了太多的麻醉气体，这就能够解释那么大量的药物怎么就不见了。

12月23日，周日，卡拉和保罗为她妹妹安排了一个重要的"麻醉日"。对他们来说不巧的是，黛米已经和闺密有了安排，要在对方家里过夜。但命运似乎又一次给了卡拉和保罗可乘之机。夜幕刚刚降临，一场剧烈的暴风雨来袭，于是黛米决定待在家里。另外，卡拉和保罗继续执行他们的最后一次圣诞大采购。在外面时，他们停下车，拿出卡拉带的酣乐欣，碾成了粉末。大约晚上7点，他们拎着大包小包的礼物回到家。圣诞节的一切都已经准备好了。

保罗拿出他的摄像机，录了圣诞树、正在做晚餐的霍莫尔卡妈妈、光着膀子在看电视的霍莫尔卡爸爸。然后保罗准备了鸡尾酒。很快，黛米就醉得直问保罗为什么举着两个摄像机。那之后不久，她就跌跌撞撞地回到自己房间，好一阵子见不到人影。

卡拉有些难过。在霍莫尔卡姐妹还很小时，有一张照片是她们俩在圣诞树前。"今年，看起来，那是不可能的了。"卡拉愤怒地说，都怪保罗强有力的鸡尾酒。今天，我们不知道这是苦涩的嘲讽还是单纯的否定。毕竟，卡拉和保罗将一剂碾碎的安眠药混在了黛米的鸡尾酒里。

家庭圣诞庆祝结束后，除了卡拉和保罗之外，所有人都上楼睡觉去了。这时黛米摇摇晃晃地下楼了。她坐在沙发上，立刻昏睡过去。

保罗开启了摄影机，对着黛米。卡拉拿出了氟烷，倒在一块布上，举到黛米的鼻子下面。用这种方式，氟烷的使用量很难控制。当保罗开始在转动的摄像机前强奸黛米时，她仍旧睡着。"快点，"卡拉低声说，"想想要是有人下楼怎么办。"她还要求保罗戴避孕套，因为黛米没有采取任何避孕措施。万一保罗让黛米怀孕，这可是她最不想看到的，那会让她的计划天翻地覆。毕竟，保罗也许会想要娶他孩子的母亲。

"闭嘴，"保罗在摄像机前回答道，"你只需要留点神，别让她出声。"摄像机里的影像变得越来越不稳定，保罗说着："哦，黛米，你的性高潮是至今为止世界上最棒的。"然后他命令卡拉用手指强奸她妹妹，她顺从了，苦涩地抱怨着，因为她妹妹正来着月经。自始至终,她一直将那块浸了氟烷的布捂在黛米的脸上。

遭到持续虐待的黛米开始呕吐,卡拉和保罗害怕了。他们担心的不是黛米的安全,而是他们自己的。黛米吸入了她自己的呕吐物,窒息了。如果谁被这些声音吵醒,进入房间,就会看到摄像机朝着赤身裸体、奄奄一息的黛米,面前是两个不知道该如何解释发生了什么的渴求权力的凶手。所以卡拉和保罗将呼吸困难的花季女孩拖进她自己的房间,给她穿好衣服,然后报了警。

急救小组和警察一起来了。他们起初怀疑是吸毒过量。但卡拉和保罗实话实说,说不管黛米还是他们,都没有吸食可卡因。警官困惑于另一件事:在黛米的脸上,有一大片火红的印记。

12月24日凌晨1点钟,圣诞前一天刚刚开始,黛米在医院被宣布死亡。当调查警官返回去将这个令人伤心的消息通知霍莫尔卡一家时,卡拉并不在那里。她去了洗衣房,并且已经将沾有黛米呕吐物的毯子全都放进了洗衣机里。

那位警官虽然刚工作七周,但他反应很敏捷,立刻关了洗衣机。但还是太晚了;洗衣程序已经开始,毯子都已经湿透了。

情况越来越糟。卡拉搂着另一个妹妹罗莉哭了起来。保罗漫无目的地喊叫着,用头撞墙,绕着房子狂奔。这可能只是他逐渐意识到自己惹上了什么麻烦的迹象。或者,这只不过是自怨自艾,对可能的后果感到恐惧?

不久后,一名资深警探来到霍莫尔卡家。卡拉和保罗告诉他,黛米坐在沙发上,醉得一塌糊涂,最后,看着看着电视就停止了呼吸。他们俩刚刚打了个盹醒来,发现了可怜的黛米的情形,他们尝试了口对口心肺复苏术(这是真的),然后把她抬回了自己屋里。为了把她抬回屋里,他们把她的头拖上地毯,那红色印子肯定是那时弄上的。甚至到了葬礼的时候,那火红的印子还是清晰可见。事后,卡拉告诉一个邻居,那变色是粉刺造成的。没人会猜到,实际上,那印记是使用了麻醉剂后的症状。

但这次,保罗和卡拉没能像以前那样轻松脱身。验尸官在当天晚上报告说,黛米脸上的变色不可能是因为在房子里被拖着走而造成的擦伤。警官也认为事情有些不对劲。小两口那精心演练过的说辞,还有立刻跑去洗衣房,都让他们起了疑心。但那是圣诞前夜的早晨,他们都有比查案更好的假期计划。

早上6点,每个人都黔驴技穷了。调查得在圣诞节期间暂停了。警察离开后,保罗和卡拉惊慌地发现,有人挪动了他们的摄像机。

但命运女神还是站在他们这边。他们在卡拉的房间里找到了摄像机,有人把它放到这里,免得它在警察调查期间碍事。摄像机旁边的地上放着一盘录影带;另一盘录像带,录着黛米被强奸及死亡的过程,仍在摄像机里。

外一篇:氟烷打碎美梦

在连环杀手于尔根·巴奇(Jurgen Bartsch)一案中,麻醉药物氟烷扮演了完全不同的角色。事实上,正是氟烷终结了他的杀戮。

对刑侦科学家来说,巴奇事件没什么可让人兴奋的。被捕时，这个19岁的男孩，通过自己的供述，向德国公众预报了沉闷的20世纪五六十年代的终结。和许多普通男孩一样，他每天按时回家吃晚饭，钻进父母被窝里一起看电视。但后来证明，在这样的日常生活之前和之后，他都在搜寻可供捕猎的男孩。

1962年至1964年间，他先后把四名被害人哄骗到一条曾是防空掩体的旧隧道里，殴打并杀害了他们。他们死后，他把尸体肢解，这能让他产生性快感。他后来说，他觉得自己像是在地球上的外星人，是罪犯界的超级明星。

私下里，多数德国人都赞成他应当被判死刑（"让他站到墙根底下。"虽然不会公开这样说，但相互间会这样谈论）。

一个审慎、能干、显然没有发疯的人是否应对他或她所做的事情负起全部责任，于尔根·巴奇案又清清楚楚地提出了这个老问题。他肯定接近过几百个孩子，但只要他们有一丝一毫的抗拒，他就会放他们走。他带着一个公文包，说是帮一家保险公司运送钻石用的。此外，他还在那个防空隧道附近藏了一套衣服。他从父母店里偷钱，以便支付出租车费及在酒吧买苹果汁款待被害人。

有一阵子，巴奇带着一个巨大的旅行箱到处走，那箱子的大小足可以藏下一个"正合适"的男孩。他对同一类型的男孩很偏爱——那种皮肤细腻、年龄适中的。但当路人问他打算拿这个"儿童棺材"做什么用时，巴奇很快处理掉了这个太过显眼的物件。总的来说，他完全没有精神病的临床表现,他父母店里的所有顾客都说他友善又机灵。

另外,他的大多数想法都被导向寻找更多的牺牲品,这当然说明他精神不正常。因此,在1971年4月结束的那场审判中,巴奇没有如1967年那样被判无期徒刑,而是被判十年少管所监禁,并随后被送进了精神病房。这个判决引发了公众的极大愤慨,因为它违背了德国当时的精神病学传统。性专家和精神分析学家被请进那个案子,若是在20世纪50年代的德国,这根本是无法想象的。

巴奇常常强调,只要有机会,他会杀掉更多人。身处精神病房仍令他心情沮丧。尽管天性异常,但他依然渴求自由。他的一个主要问题是,在被监禁期间,这个聪明的年轻人没有可以真正交谈的人。典狱长明确告诉他,没有专家能来为他进行治疗。其他狱友因为他妈妈带来的魔术道具而欢欣雀跃,他们都喜欢他,并选他做他们的发言人。但这种生活并不能满足这个现在已经29岁的男人。

除了他的父母,他只与两个人保持着往来,一个是美国记者保罗·摩尔(Paul Moor),另一个是首席调查员阿明·麦特泽勒(Armin Matzler)。巴奇写了许多信和明信片,见证了他为重获自由所做的努力。他甚至娶了半身瘫痪的年轻女子吉塞拉,他与她曾进行过书信往来。虽然他不会接吻,并仍有捕猎年轻男孩的冲动,但他觉得这能让他逃离精神病房。

在20世纪70年代,是可以申请自愿阉割的,但几位医生和病友都试图劝阻巴奇。第一，他们说，其效果并不完全可以预测，有时是无效的。第二，这是个危险的手术。最后，巴奇写信说，他不愿申请阉割。*

1975年秋，他的态度来了个一百八十度的转变，并开始为阉割做辩护。他写道："我的幻想停止了，它们不再含有任何暴力内容。我反常的性癖好已经消失了，现在完全处于正常水平。"他还主张，抑制男性激素的药物治疗是不成功的。他继续写道："对一个想成为**正常人**的性罪犯来说，这个手术意味着**治愈**。由于肢体没有发生变化，它保留了正常的性生活的可能，却清除了不正常的**冲动**。病人现在已经**百分之百地受控制了**。这意味着他将不会再成为性罪犯。我受到错误的指控，称我仍试图保持我邪恶的性欲求。那些这么说的人，是想用最低级的论证让我继续被关押。但我**唯一**想要的，只是和我的妻子过上正常的生活，并满足她的性需要。否则，她会放弃我的。我不想成为一个身体不健全的人。**我想要的就这么多！**但那两个医学专家全弄错了。我所说的只不过是，请让两个人快乐地生活在一起直到永远吧。让这成真才是人性。"

虽然之前曾被否决过，巴奇的申请——随后又追加了几封信，最终于1976年获得了威斯特法利亚-利珀区（Westphalia-Lippe）医学委员会的批准。就连巴奇那寥寥无

---

* 这里的阉割手术应该是指只去除睾丸，也即不完全割除男性生殖器的方式。——译者注

几的朋友也认为，如果他真以为这个手术能带来幸福生活，那他根本就是在做白日梦。但他仍认为自愿阉割是向他所梦想的正常生活靠拢的唯一方法。

就这样，大约六周后，4月28日，手术在他自1972年起就一直居住的地区医院进行。早上10:30，他因心搏停止被宣布死亡。这个死亡原因听起来怪怪的，因为说到底每个人都是死于心搏停止。是否有对麻醉药的不当使用？

医疗调查员斯蒂克诺斯（Stichnoth）和麻醉专家施托夫雷根（Stoffregen）没发现"与麻醉药的使用或手术流程有关的不适当的情节"。但后来发现，当时实施麻醉的是一名年轻的护士，因为"地区医院的员工中没有麻醉医师"。

5月6日，德国周刊《明星》（Stern）公布了事情的真相：巴奇的心脏停止跳动是因为麻醉药使用过量。在手术前六天，一名女性患者也在同一间手术室里死亡。两起事件中，都有人将麻醉用的氟烷注入了错误的蒸发器中。

犯错误的年轻护士只能说是缺乏专业培训，但很难被指控犯了罪。但首席外科医师约瑟夫·赫莱贝克（Josef Hollenbeck）应对巴奇的死负责。原来，赫莱贝克曾在七个不同的案件中被控因疏忽大意而伤害他人或致人死亡，但由于诉讼时效的规定，他从未被判刑。但他也输了几场官司，诸如患者皮肤被烧伤或缝合伤口时把棉球留在了里面。

巴奇的去势手术是个只需要八分钟的小手术，早上8:30就完成了，看起来很成功。但在将患者推出手术室的时候，护士斯蒂芬·加特纳（Stefan Gartner）发现他感觉不到巴奇的脉搏了。这时，拯救这名年轻杀人犯生命的最后一战开始了。60岁的外科医生打开了巴奇的胸腔，直接对他的心脏实施电击，没有见效。巴奇因氟烷过量而死亡。

后来发现，关于如何使用麻醉药物，赫莱贝克医生的观念很奇特。记者保罗·摩尔回忆道："那家医院手术室里的麻醉药装置有两个蒸发器，分别用于两种不同的麻醉药。虽然每个蒸发器上都有用三种语言书写的巨大醒目的黄色警示标志，赫莱贝克医生还是跟协助他的护士说，哪种药物进哪个蒸发器没什么区别。赫莱贝克因医疗失当而受到审判，并被判了九个月的缓刑。"

5月4日，于尔根·巴奇被葬在精神病诊所附近，他在这里度过了人生中的许多岁月。只有七个人获准参加仪式，但一百五十名好奇的围观群众试图看上一眼，警方甚至出动了一支小分队拦阻他们及维持秩序。原来，在葬礼前几天，有人发出了恐吓，不仅针对巴奇（或更准确地说，是他的尸体），也针对应对他的死负责的医疗小组。

电影导演

圣诞事件并没有打击到年轻的凶手夫妻；相反，他们变得更加寡廉鲜耻。卡拉在黛米葬礼次日，弄了更多的安眠药来。

1月12日，为了冲淡悲伤，她父母想去多伦多看大型焰火表演。卡拉的另一个妹妹会在祖父母家过夜。这为新的罪行大开方

第四章 致命的罪案，有时是索命的惩罚

便之门。保罗开着车四处转，成功地搭上了个姑娘，强奸了她，再把她打发走。后来，关于那年轻女子，保罗和卡拉都想不起任何事情，他们只能叫她"1月姑娘"。

但保罗还是不开心：卡拉杀了他最喜欢的玩具——她妹妹黛米。他没完没了地责备她，虽然他心里十分清楚卡拉实际上非常喜欢她妹妹，圣诞节发生的事情纯属意外。

为了安慰自己，小两口决定拍个黄色录像，卡拉在里面扮演她死去的妹妹。在最终做成的录像里，两位主角出现在摄影机前，他们的对话听起来糊里糊涂，但实际上意味深长：

保罗：你相信家庭的爱吗？
卡拉：这个嘛，我觉得那很有趣。
保罗：那么我们从这一切里学到了什么？
卡拉：我们喜欢每一个年轻女子。

然后，夫妻俩讨论，对那些他们计划诱骗的女孩子，他们接下来将做些什么。最后，在运转着的摄像机前，卡拉拿出黛米的内衣，用它摩擦保罗的阴茎。

保罗和卡拉计划未来

接下来的几个月，卡拉告诉兽医站的人，她破产了。她的同事们发起了募捐，而她也满怀感激地接受了。她利用一切机会带更多的安眠药回家。

同一时期，保罗越来越多地走私香烟穿越国境，每个月挣大概15000美元。他最好的顾客之一是斯米尔内兄弟中的一个。

电脑里有他出入境十七次的记录。报关经纪人例行公事地记录下来，以便在需要寻找罪犯时，能有个人信息和汽车牌照以供检索。在水落石出后，这些信息被用来重建保罗的一些行程。如果有关部门能将他们的数据库比对一下，保罗早就会在某次跨境活动时被抓。但海关电脑数据从未与更大的警方数据库相比对。结果，连环强奸犯开心地出出进进，每次都登记，却从未招来后果。

保罗成了一家皮革作坊的常客，买了一辆金色尼桑，总想着怎样才能混进说唱音乐的圈子。他认为自己是个出色的说唱歌手，他的偶像是维尼拉·艾斯（Vanilla Ice）。到被捕时，保罗已经完成了大量作品。在他的某一盘恐怖录像带中，人们可以听到背景音乐就是维尼拉·艾斯。

现在他们已经有了万贯家财，搬到了风景如画的小村达尔豪西港（Port Dalhousie）。这是个典型的北美郊区，街道两旁，白色木头房子鳞次栉比。但他们的头脑似乎更加不正常了：卡拉认为她的新房子里有鬼魂出没，保罗则受不了房间里的臭味。最后，保罗堵住了排水孔。怪味道变得不那么难以忍受了，"鬼魂"仿佛也出来得少了。

但他们制作更多录像的热望并未消退。1991年4月6日凌晨5:30，保罗在去赛艇俱乐部的路上强奸了一名年轻女子。卡拉被吓到了。当他不久后精神抖擞地回到家时，卡拉妒火中烧。婚礼迫近，所以她决定为保罗准备一份大礼，将他永远地绑在身边。

第四章 致命的罪案，有时是索命的惩罚

图10 在幽静小区里的保罗和卡拉的家。几年时间里，运气和错误的证据处理放任他们杀害了三个女孩。这些罪行让许多加拿大人对警方丧失了信心（图片来自艾伦·华莱士 [Alan Wallace]，©马克·贝内克）

这个礼物就是简。三年前，卡拉发现12岁的简睁着一双大眼睛站在兽医站前。卡拉允许她帮些忙，于是她们变成了好朋友。

在卡拉执行她的计划时，简15岁。她邀请这个姑娘到家里做客，简欣喜若狂。卡拉和她聊着傻乎乎的话题，并给她灌下混合鸡尾酒。那些美味的鸡尾酒是简脑中留下的关于那天的最后记忆。第二天早上醒来时，她觉得十分难受，她父母让她卧床休息了三天，以为女儿得了流感。

但这和真实发生的相差甚远，那晚的录像记录下了一切。在那里，我们看到简穿着卡拉已故妹妹黛米的衣服。当保罗和卡拉轮流强奸她时，她仍在熟睡中。

233

但简还是个幸运儿，因为这对渴求权力的夫妻之后的几名受害人都没能承受住他们的虐待。保罗和卡拉想和醒着的，而非意识迷离的人尝试他们的游戏。看看之后几个月的录像带，有几名受害人显然相信她们有机会活下来。一个姑娘在就要咽气时问能不能看看他们的狗。"我们考虑下。"他们这样对她说。女孩子们甚至可以要求吃饭，保罗会从附近的熟食店迅速买些回来。俘虏们能看录像，听音乐。其中一个女孩太累了，躺在保罗旁边竟然就睡着了。

所有受害人都非常清楚她们的生命正受到威胁，以及她们的"主人"不会就这样放过她们。但她们还是努力合作，妄想着能够活下来。在一系列的强奸、变装、殴打中间，会有那么一阵子罪犯的行为再正常不过了，于是姑娘们仍保有希望的火花。到1993年，至少三个姑娘死在这对新婚夫妇的房子里。卡拉和保罗已经突破了所有可以想象的条条框框，但他们的残忍似乎帮他们挺了过来。

末日是否已来临

当知道保罗·伯纳多曾一次次地逃脱时，加拿大人都不禁大摇其头。比如，1991年7月，一名警觉的司机差点让保罗受到拘留。这个年轻女子觉得总是有一辆金色尼桑跟着她，很是蹊跷。她记下了那辆车的车牌号，并保持警惕。

不久后，她将某人赶出了她父母房前的灌木丛，这让她十分后怕。这人肯定是那个尼桑司机！她请一个朋友帮忙开车在附近兜圈子，想要找出那辆很惹眼的车。果真，它就在那儿，停在一间酒吧前。车牌号与她之前记下的一样。她报了警,警察客气地记下了。

几天后,7月22日,警察出现在了伯纳多家门口,但不是因为对可疑金色尼桑的报案,而是因为伯纳多报了失窃。婚礼后,度蜜月期间,他们告诉警察,总计价值30000加元的礼物被从家里偷走了。手表、相机、电脑、珠宝、现金和保罗的电子乐器全都报失了。

警方调查员立刻嗅出了可疑的味道,怀疑他们诈骗保险。让他们尤其感到异样的是,小两口已经准备好了失窃物品的详细清单。警官不认为这个案子值得跟,有更严重的案子需要处理,比如,附近镇上的连环强奸案,及最近发现的孩子的尸体。还是让保险公司来仔细查查是不是有诈骗的企图吧。跟了那名年轻女子几天的金色汽车就停在门前,但警官没有留意,因为局里没人通传最新事件的报告。

金色汽车

到1992年,连环谋杀和强奸案还是没有结束。又有一名年轻女子出现,带来了有趣的见闻。5月30日深夜,她和一个朋友在达尔豪西港附近一家炸面圈店打发时间。她望向外面空空荡荡的停车场,看到一辆金色运动型轿车非常缓慢地移动着。这女子觉得那个司机正在盯着她们。

当两人再向外看去时,那辆车已经不见了。反而,她们看到,在窗户的底角,一台摄像机的镜头正对着她们。但当她们注意到它时,它立即消失了。她们能看见的就是这些,因为外面伸手不见五指。差一刻3点她们离开那家店时,又一次看到那辆金色汽车,就停在旁边。

两人里年长的那个开车送年轻的那个回家。后者下车时,金色汽车慢慢地从旁边开过。这真的把她惹毛了。可惜她没记下车牌号,但她决定下次一定要有所行动;她要好好收拾收拾这个变态。到家后,她的愤怒变成了恐惧,那辆可疑车辆就停在她父母家几个街区外。她打电话给警察报告了情况。

可惜她还是没记住正确的车牌号码。她说:"是660 NFM或660 MFN。"但保罗·伯纳多的车牌号实际是660 HFH。关于车型则更是错得离谱,她说是两门马自达,大概是RX7款。

次日,完全偶然地,她又看到了那辆车。她打电话给警局,提供了正确的车牌号码和正确的车型:一辆金色尼桑240SX。但伯纳多和他的守护天使的合约还没终止。打到警局的电话内容被一名友善的年轻秘书记在了一张纸上,然后就迅速消失在局里惯常乱糟糟的文件堆里。

生物罪证和不可能的汽车搜索

渐渐地,保罗不可思议的运气消耗殆尽。1992年4月,在保罗向斯卡伯勒友好的警官提供了毫无意义的证词后一年有余,厄尔温警探到处搜索这起案件中样本的实验报告。在被检测的二百三十名男性中,保罗·伯纳多的血液样本与在斯卡伯勒采花贼的一名受害人的内衣上找到的精液特征相似。有了这一匹配,警方将调查范围缩小到保罗和另外四名男性,他们的DNA痕迹是相容的。凶犯的DNA特征总计与五名男性相匹配。那时DNA

技术还不是很发达；今天，事情到此就该告一段落了，因为样本只会与保罗的相匹配。

现在，该有动作了：拜访保罗·伯纳多、搜查他的房子、进一步录口供。犯罪嫌疑人虽然已经不住在斯卡伯勒了，但通过他父母，要找到他并不难。对犯罪嫌疑人的描述很到位，因此伯纳多——五名犯罪嫌疑人之一，应当没机会逃脱。但制度偏偏失效了。又一次，难以置信地，没人跟进这个案子。

这时，一个新证人出现了，称她开车路过时看到有人挣扎：一个人将另一个人拉进了一辆停着的车里。当听说警方正在搜索在同一地点失踪的一个女孩时，她就到警局来了。

警官问到那辆车。证人说她对汽车一窍不通，只能说它外壳是浅色的。但警方并未放弃；他们现在觉得，他们的路子终于对了。他们给她看了许多书籍和出版物上的汽车照片，还带她去汽车经销商那里，但都无功而返。最后她说，那可能是一辆大黄蜂。就这样，史上最困难的错误调查之一开启了。

警方先是核查了地方数据库。他们向车管局（DMV）索要了所有1992年前登记的大黄蜂的车主信息。同时，对所有奶白色或象牙色该款汽车的街头搜索开始了——当然，没结果。毕竟，伯纳多是把那个不幸的姑娘拉进了一辆金色尼桑里，但偶然开车路过的证人没有注意到。

当DMV的清单送来时，调查人员简直无法相信他们的运气怎么能那么差。在安大略省一共登记了十二万五千辆大黄蜂，其中大约五千辆属于罪案发生区域的居民。但警方觉得他们应该接受这个挑战；努努力，他们能做到。他们会向公众寻求帮助。

全城变偏执

从那时起，每个大黄蜂的车主都聪明地把他或她的车锁在了车库里。关于失踪人员的报案公开后，年轻姑娘都不能单独外出了。捕猎开始了。街道两旁到处都贴着巨幅海报，在灯光的照射下，上面印着车型照片和与警方联系的要求。

那名向警方提供了保罗·伯纳多车型信息的年轻女子，在这期间，准确地说是4月18日，又一次看到了他的金色尼桑。她意识到，全城都在搜索奶白色的大黄蜂，但那可不是她看见的。对于她的担忧，警方并没有动作，于是她远远地跟着可疑车辆。

最后，她看见金色汽车拐进了达尔豪西港的湾景大道（Bayview Drive），然后就从她的视野中消失了。这名业余侦探得出了正确的结论：司机肯定把车停进了车库，他肯定就住在湾景大道上。

证人给警察打了第三通电话。她报告了最近的这次事件，并明确地说明了这和她前两次报告之间的关系。接电话的女人向她保证会把她说的写下来——她也写了。但像之前的那些记录一样，这份记录被放进了一份死档里。这也难怪，调查人员们有更紧急的任务。每个人都在找一辆大黄蜂。越来越多的人打来电话，称在姑娘们失踪的地点附近某处看到了一辆浅色的大黄蜂。实际上，甚至有几位母亲报告说她们的儿子就开着这样的大黄蜂。

怀着坚定的决心，警方追踪了所有线索。关于一辆金色尼桑也许属于某个可能的犯罪嫌疑人的报告就只能等等了。

第四章 致命的罪案，有时是索命的惩罚

一位老朋友

突然，241号卷宗里的一条古怪线索把警方一下推向了正确的方向。某知名不具的男子（其实是斯米尔内兄弟中的一位）曾在5月1日与一位警官谈过话，说他的老朋友保罗·伯纳多曾作为声名狼藉的斯卡伯勒采花贼的可能人选而接受警方讯问。他说保罗对女性极端暴力。还有，保罗曾在斯米尔内兄弟面前强奸过一名女性。此外，他说伯纳多是个懦夫，就喜欢年轻、柔弱的女子——15岁最好。再者，当斯卡伯勒强奸案频发时，保罗不在本市。最后，他补充道，他没长胡子。（这最后一条线索令人困惑，但回想一下，它实际上很重要。虽然斯米尔内的本意是保罗很懦弱，不够男人，长不出胡子，但这似乎能解释在所有证人对斯卡伯勒采花贼的描述中，都说到他胡子刮得很干净。）

警方现在翻出了伯纳多的犯罪记录，记录显示他没有前科。也许他的确如斯米尔内形容的是个令人作呕的人，只不过至今还没闹到法院去。但保险起见，两位警官还是开车去了湾景大道。

伯纳多邀请来访者进入客厅。在里面，他们看到了保罗和卡拉的巨幅婚纱照和新裱起来的共济会会员证书——保罗新近刚刚加入。保罗告诉调查人员，最近一次年轻女性绑架案发生那天，他正在家里为他自己做的曲填词。这是他常做的事。他还说自己就要成为有名的说唱歌手了。他们在找什么车？大黄蜂？他和妻子只有一辆车，就是停在房前的金色尼桑。

警官只待了一刻钟就离开了。保罗松了口气。他很肯定，对于他干了什么，警方一丁点概念都没有。他们其实就坐在凶案发

生的那间屋子里。但卡拉很害怕。如果警察拿着搜查令回来，他们该怎么办？绝不能让警察拿到放在房子里的录像带。保罗同意。碰巧，车库屋顶的夹层提供了一个藏录像带的好地方。他们的忧虑打消了。

保罗·伯纳多被从犯罪嫌疑人清单上剔除了。当地警方如果对在斯卡伯勒的证明他有罪的DNA证据有丝毫概念，这就不会发生了。但邻近城镇的警局间并不共享信息，他们也不会相互询问。他们为什么要这么做呢？在斯卡伯勒发生的是强奸案，但在夫妻俩现在住的地方，是女孩子失踪。这之间怎么会有联系呢？

厄运及其后果

冬季将至，调查人员还在找所谓奶白色的大黄蜂。这时卡拉和保罗得到了个新玩物：17岁的诺尔玛，她曾是黛米的朋友。夫妻俩请她吃饭，带她郊游，还给她买新衣服。保罗录下了她翻跟头，以及其他一些举动。但诺尔玛不喜欢被人碰，当保罗不管她喜不喜欢霸王硬上弓时，她一去不回头。

保罗恼羞成怒，对卡拉说诺尔玛的离开全是她的错，打了她一顿。这可没少发生，但这次保罗下手太重了，卡拉两只眼睛都被打得青紫。

几天后，一通匿名电话打到卡拉父母家，让他们仔细看看他们女儿的脸。霍莫尔卡夫人不知道这是什么意思，但她还是开车去了兽医站。迟疑了一番后，卡拉答应离开保罗。当然，她并没这么做。相反，她又被丈夫狠狠地打了一顿。父母陪着卡拉去了医院，大夫给她开了安眠药，然后就让警察去找保罗。这一次，保罗·伯纳多——打老婆的、职业走私犯、三流自封说唱歌手、斯卡伯勒采花贼、少女杀手和不老实的重罪犯——终于被捕了。

几小时后，他回到家里，沉浸在自怨自艾中。他坐在自己的多声道录音机前，为他失去的爱人——卡拉——录下了一首悲伤情歌。他充满激情的哀号引得卡拉的狗都加入进来，呜咽着。这盘录着残暴二重唱的磁带后来成为证据。

意外的电话

卡拉搬去了她叔叔婶婶家，然后把时间全都花在口诛笔伐上，控诉保罗对待她有多糟糕。她写下了昔日更多的虐待，希望这能够有助于把自己从参与奸杀那些年轻女子的骇人罪行中解脱出来。她的这一尝试几乎成功了。她写信给十多名女性朋友："保罗在旁边时，我总是很害怕。11月他刺伤了我；12月他掐住我的脖子；他每天都打我。"

这时，拖了五年后，斯卡伯勒的厄尔温警探的电话终于响了。打来电话的刑侦生物学家为未能及时分析五名犯罪嫌疑人的DNA样本找了一大堆借口。她的一位同事在上专业进修课程，另一位休产假去了，而她自己面对一大堆谋杀案埋头苦干，直到现在才能够分身处理斯卡伯勒的旧强奸案。但最终，她分析了那五个DNA样本。

结果是，生物学家告诉警探，保罗·伯纳多在三起斯卡伯勒强奸案中都留下了生物痕迹证据。换句话说，保罗·伯纳多就是斯卡伯勒采花贼，这点毫无疑问。

为了搜集更多证据，警方对伯纳多实施了监控，监听了他的电话。负责本案的调查员也在警方电脑里找到了最近保罗打老婆的报告。

同时,卡拉在她婶婶的公寓里接受了细致审问。警方还不知道卡拉可能知道保罗所犯下的罪行,她青一块紫一块的脸似乎让这更加不可能。因此,他们向她父母保证,卡拉用不着害怕政府;对于他们正在调查的重大罪案,她并未涉嫌。

卡拉知道她得把套在自己脖子上的绳子解开,越快越好。这么盘算着,于是她卖力扮演着受虐待、受压迫的妻子。她抖出了一大堆给她朋友的(当然还有给警方的)、描述她所遭受的残酷对待的信件和电话。

当警探们在第一次谈话后几周再次回来找她时,卡拉对审问经验的缺乏让她跌了跟头。警官第一次告诉她,他们在调查的是什么:她丈夫涉嫌强奸若干年轻女性。卡拉显然松了口气,因为没有提到谋杀。在她看来,保罗只是被锁定为斯卡伯勒采花贼。然后她主动说,她并不感到震惊,甚至都没有一点讶异;事实上,她估计警察很快还会再来。

警察没想到她的态度会是这样,为什么调查人员会很快再回来找这位被虐待的妻子呢?这个可怜的女人听说她丈夫是个连环强奸犯时为什么不感到震惊呢?

同样让他们感到意外的是,在被问到一些涉及达尔豪西港凶杀案,而不仅仅是斯卡伯勒强奸案的问题时,卡拉变得心烦意乱。当她问起被定罪的性侵犯者要多长时间才有可能被处理掉时,他们坐不住了。他们取了卡拉的指纹。

这真的启发了卡拉。她现在跟他们说,她从来都无法忍受保罗。她根本不想嫁给他；她这么做完全是因为觉得这是她的责任。从他们俩自己家里搬出来后，她才又重新冷静下来，在那个家里，她的生活中就只有折磨。这些故事似乎幼稚又头脑简单，介于借口和控诉之间，但还是被认真地记录了下来。卡拉的确因为最近遭受了严重虐待而逃走。警察没有对她说的每一个字都深信不疑，但他们还是觉得，作为受害人，她不太可能是保罗罪行的共犯。

小分队的车刚刚开出她房前的停车位，卡拉就给一名辩护律师打电话预约时间见面。那之后不久，她又打电话到警局，缺心眼地问他们能不能好心地在1993年2月13日开车送她去那个律师的办公室。她的请求听起来天真无邪，好像叫出租车似的，警察并没有当真，但他们想，也许能从这名乘客那里套到一些对他们的调查有益的话。

但事情并没有如他们希望的那样发展。直到将卡拉带回她的公寓，警察也没有什么新发现。卡拉多嘴地犯下的最大错误，在后来"与魔鬼的交易"（deal with the devil）已经开始后才被注意到。在路上，卡拉告诉他们，她的婚礼是多么美好和浪漫。当然这和她之前关于嫁给多次殴打她的保罗完全是因为她觉得自己有义务这么做的说法相矛盾。尽管疑心重重，警察还是没有把这句话放在心上。他们还执着于邪恶的凶犯和他那无助的受害人的概念。

在卡拉的律师乔治·沃克（George Walker）那里，情况却完全不同。与她第一次会面后，他离开办公室时脸色煞白。事实上，他哑口无言。有那么几分钟，他说不出一个字。意外但如实地，卡拉·霍莫尔卡告诉他，她不仅伙同杀死了黛米，还有另外两个姑娘——包括她们俩在内，后来找到了三个十几岁姑娘的尸体，都已经高度腐烂。她还跟他讲了那些录像带，里面记录着对那些后来惨遭杀害的年轻女性的性虐待。她不知道这些录像带在哪里。在离开保罗后，她曾试图把它们从车库里的藏匿处拿走，但它们已经不翼而飞了。

突然，进展神速

卡拉将自己被虐女性的角色进行了深度挖掘。她阅读关于家庭暴力的书籍，并让警察给她讲，当经年累月地遭受施虐男性的迫害后，受害女性会有怎样的病态。

她很幸运。乔治·沃克在与她谈话后，来自不同部门的调查人员到访。他们告诉这名律师，政府愿意与卡拉做笔交易。如果她把她所知道的关于保罗的一切和盘托出，并对自己的行为进行彻底坦白，她将会得到宽大处理。（在加拿大，警方调查人员能够对法庭可能做出的判罚施加相当大的影响。）

这就是"与魔鬼的交易"。她的律师很清楚，这是他能为她争取到的最好的结果。在实施谋杀时，卡拉在场，并帮助处理尸体，即便是老谋深算的律师也没太多发挥的余地。还有录像带能帮助检察官证明她参与了犯罪。沃克同意了，条件是卡拉不会被控参与谋杀。没人知道做这种交易的律师怎么能不受良心的谴责。也许沃克相信，在保罗实施性虐待时，卡拉只是站在一边。当晚，警察还告诉沃克，在斯卡伯勒强奸案中，保罗是他们的头号犯罪嫌疑人。律师只是耸了耸肩。卡拉没谈到那个，精液痕迹

第四章 致命的罪案，有时是索命的惩罚

也不可能是她的，所以这不是沃克的职责范围。警方决定，卡拉一在控辩交易上签字，就拘留伯纳多。

2月17日，万事俱备。乔治·沃克告诉卡拉她会被判入狱——刑期仍不确定。卡拉同意交易，但还没等到她签字，当地媒体就发现了这个故事。肯定有人走漏了消息，所以必须赶在晚间新闻前拘留伯纳多。调查人员还没做好准备工作，但警方必须赶在媒体出现在他的住处前行动。

下午4点，两名警官按响了保罗家的门铃，铐上他，把他带走了。他穿着一件黑色T恤，冷静如常。尽管卡拉可能做证，但没有其他证据证明保罗杀了人。然而，在开车带保罗离开前，警察告诉他，他被控在斯卡伯勒实施多重强奸和多重谋杀。他们能提出的唯一实物证据就是强奸案中的基因证据。

在他们抵达警察局时，有个惊喜正等着伯纳多。为了打破他的心理防线，调查人员竖起了屏幕，上面展示着霍莫尔卡和伯纳多的家谱，旁边是斯卡伯勒地图。然后是几个大箱子，写着大大的"刑侦物品"字样，下面是一长串清单，列出了他的受害人的名字和基因指纹。他们还加上了几张保罗汽车的照片，上面标记着"伯纳多的汽车：1989年尼桑660HFH"几个大字。

"还记得我吗，保罗？"曾经第一个去找过伯纳多的厄尔温警探这样开始了审问。

"不记得了。"保罗回答。

"他掸了掸裤子上的灰尘。" 厄尔温的搭档在记录本上加注。

自此，保罗的唯一回答就是"无可奉告"。

保罗·伯纳多和卡拉·霍莫尔卡让整个城镇及后来整个加拿

大地区,都变得惊恐和偏执。他们挫败了无数次的调查尝试,让很多人对警力的效能失去了信心。他们激发了一个网站的建立,人们在上面赌注卡拉·霍莫尔卡能活多久。

至今,这一区域的人们仍很不安。为什么?与卡拉的"魔鬼交易"让她只获判了十二年有期徒刑,从1993年7月开始,不得假释,而不是终身监禁。

对法律程序最恶劣的干扰来自伯纳多的律师肯·莫里(Ken Murray)。2000年4月,政府试图起诉他,因为发现他自始至终都知道那六盘"失踪"的录像带在哪里——这些录像带记录了保罗对被杀女性(14岁的莱丝莉·马哈菲[Leslie Mahaffy]和15岁的克莉丝汀·弗伦奇[Kristen French])实施强奸的过程。如果莫里将这些录像带交给检方,而不是替他的委托人遮遮掩掩,与卡拉的交易将彻底瓦解。毕竟,录像带的内容显示,在所有罪案中,卡拉都是个主动自愿的同伙,而不是遭受毒打、只敢瑟缩地躲在角落里的受害人。

按照保罗·伯纳多的指示,他的律师在1993年5月将录像带从它们新的藏匿处转移走了。作为辩护律师,莫里十分熟悉棘手的证据,他事后声称,如果知道那些录像带上有什么,他会停止为伯纳多辩护,但伯纳多始终坚称,后来在录像带上看到的那两个女孩,他手指头都没碰一下。即便如此,律师哪怕只是疏忽行事就已经足够糟糕了。他非常清楚,只要检方一天拿不到录像带,保罗就会坚称自己是无辜的。为了保护他的委托人,莫里没有把它们移交给他的继任者——辩护律师约翰·罗森(John Rosen);莫里将录像带又保留了十六个月,守口如瓶。(莫里后来被无罪释放了，因为检方不能证明他是有意妨碍司法公正。）

当警方将1994年7月从房子里取得的基因指纹作为证据提交，伯纳多就更难喊冤了。他们在床头柜上找到了克莉丝汀·弗伦奇和莱丝莉·马哈菲的DNA样本。在保罗强迫她们口交时，她们呕吐过，这些样本就来自两个姑娘的胃。莫里告诉伯纳多，现在，就算没有录像带，也有证据证明保罗虐待了她们。

保罗可不这么看。他回答道，由于他和卡拉之间的性生活，房子里可能到处都是他的精液样本。他不想承认，但这并不能解释为什么两个他声称连手指头都没碰过一下的姑娘，会在他的床边呕出他的精液。莫里受够了，他把录像带的事情告诉了他的继任者约翰·罗森。

1994年8月8日，法庭传唤录像带；9月，约翰·罗森把它们交了出来。但太晚了，"与魔鬼的交易"已经无法挽回，因为卡拉已经被判刑了。加拿大司法部门不能或不愿启动新的司法程序，他们困窘难当，无力负担新的审判。公众愤怒了。

1995年，当法庭决定对保罗·伯纳多判罚时，录像带被播放给陪审团看。就杀害马哈菲和弗伦奇的指控，他被判有罪。在程序开始时，他被控四十三项性侵犯，现在他因双重谋杀而被判终身监禁。

今天，保罗·伯纳多仍坐在一个狭小、无窗的牢房里，里面有一张床、一张桌子和一台电视。而他的前妻（这期间他们也办理了离婚手续）坐在一间条件好些的牢房里，偶尔被允许出去放放风。这样熬过了三分之一刑期后，她正要提交申请，媒体的骚动摧毁了她获得宽大的任何机会。卡拉·霍莫尔卡的出狱时间定在2005年7月5日。"这天,她的第二名受害人莱丝莉·马哈菲本该迎来她的29岁生日。"《伦敦自由通讯》(*The London Free Press*)这样报道。

父母坚持到最后

被害孩子的家庭需要面对的问题世俗得多。马哈菲和弗伦奇家提起了民事诉讼,截至1998年,他们未付的律师费账单总计超过40万美元。更糟的是,那些录像带让他们承受着巨大的心理压力。录像带仍在法庭证据中,不知什么时候,它们可能落到媒体手中。对莱丝莉的母亲来说,它们是"有毒的垃圾"。弗伦奇夫人觉得,单单是这些录像带的存在,就是对女孩们的持续侮辱。

图11 这张长椅据说是伯纳多和霍莫尔卡的被害人克莉丝汀·弗伦奇最喜欢的地方。市政府在这里树了一座纪念碑(图片来自艾伦·华莱士[Alan Wallace],©马克·贝内克)

第四章　致命的罪案，有时是索命的惩罚

2000年秋天，法庭最终确定判处伯纳多无期徒刑，他的前妻也必须在监狱里服满十二年刑期。在伯纳多和霍莫尔卡的刑事程序中，第一次也是唯一一次，发生了件顺畅、合理甚至美好的事情。2001年12月20日，尼亚加拉总检察长戴维·杨（David Young）下令将录像带的全部原件和复本在秘密地点烧毁。他声明："遇害孩子们的家人已经受了够久的煎熬了。能有权下令销毁这些录像带，我感到很荣幸。"除了一份对录像带画面的文字描述外，有关部门什么都没有留下。

莱丝莉的母亲做了最后的评论，她轻柔地说："多好的一天。"

附言：黑暗时代

这起令人悲伤的案件本身就能说明问题。这一部分开始时的问题是，是否以及谁应受死刑惩罚？带着这个问题，故事结束了。没有答案。

今天，人人都知道，糟糕的人生起点可能把一个人领上犯罪的道路。那些最凶残的罪犯，其早年生活往往相当离经叛道。以杰佛里·达默为例：犯案前，他是个内向的人。他的父亲，那个言语温和甚至更加内向的药剂师，至今仍相信杰佛里不过是他自己的糟糕复制品——他喜欢按照自己的方式打理整个世界，正如他父亲打理烧瓶和培养皿组成的世界一样。

第五章将谈到的卡尔·登克（Karl Denke）也背离了正常世界。还是个孩子时，人们认为他智商有限，于是他变得越来越遁世。这些人的命运，有多少缘于他周遭的世界，多少是生性如此，我们无从知晓。他是不是真的那么古怪，让其他人难以接近？或是他从身边的人身上找不到任何共鸣，于是变得愈发离群索居？还是他就是有精神疾病？

有一点是肯定的：世上有许多"古怪"的人，只在出离于正常生活时才觉得最舒心。但他们并没有变成罪犯。这是否意味着，善与恶之间的界限狭窄到我们根本无法辨认？

是远程通信专家还是黑客，是否真能将这二者清晰地区分开来？把自己锁在实验室里的科学家和在地下室自制炸弹的匪徒间有什么区别？好斗、骂骂咧咧的运动员和爱施暴的、后来因妒杀人的丈夫之间，有无清楚的界限？想想那些安静内向的人：他或她已经在想象中杀了多少人，他或她已经在头脑里点燃了多少干草堆？为什么那么多人迷恋犯罪小说或电视上的犯罪节目？

我们永远都不会知道。但下次遇到一个犯了罪的怪胎时，他最好为自己的性命担忧。

我们对这些人的死刑判决是没道理的。即便是患有严重精神疾病的罪犯，只要把他们锁起来就能防止他们再伤害其他人。

1940年至1943年间任奥斯维辛集中营指挥官的鲁道夫·霍斯（Rudolf Hoss）就是这些罪犯中的一个。他是今天被我们称为神经质麻木怪胎（screwed-up unfeeling oddball）的那类人，但当时没人意识到这一点。他的理想职业只不过是当一个普通农民。这也是他加入希特勒的党卫军之前及战后回到家，全身心投入的事业，直到其真面目被揭穿。

霍斯甚至没有将他的农民梦告诉自己的妻子。但他因为他的死亡营里卫生条件不佳,以及看守对营中居民的粗暴态度而十分焦躁。他几次尝试着弄一些受过更好训练的属下来,但没有成功。

被关押的人逃脱了,而他又不能保证有足够的材料在营地周围修建新的栅栏,或者他觉得管狗的人太过懒散;这种时候,他同样变得很焦躁。另外,他和他营地里关押的吉卜赛人培养起了孩子式的友谊,就因为他们那无拘无束、游戏般的举止。但如若用毒气杀死他们的命令到来,他也不介意亲自到场,以确保一切都按照上头下达给他的总体计划执行。

这些根本就没道理,我们也无法将其归类。

在1947年被绞死之前,霍斯做了大量陈述,它们让我们看到,当我们闭目塞听时,我们对于世界的感知将变得多么的古怪和模糊。他的文字告诉我们,将像霍斯这样的杀人犯置于死地,不过是无谓的尝试,就仿佛要将我们周遭的背景音关掉——或至少调低音量。

在回忆录中,霍斯写道:

> 当我还是个孩子时,我没有玩伴。所以离我家很近的那片长满高大黑色冷杉的森林对我有着无穷的吸引力,为城市供水的大水库的吸引力更甚。我长时间地聆听着这堵厚墙后面神秘的隆隆声——无论我周围的大人怎样解释这一现象,我都理解不了其中有什么联系……
>
> 然后是马!与它们之间的互动,怎么都没够——轻抚它们,和它们说话,给它们喜欢咀嚼的东西……

> 我已经成了一个独行侠，而且发展得更甚。我独自玩耍，喜欢独处、不被看到。我无法忍受被人看着。对水我有着无穷的渴望，不停地清洗和沐浴……
>
> 7岁时，我们搬到曼海姆市附近，但我们的住处在界标之外相当一段距离。发现那里没有农场动物，没有马厩，我很不高兴。过7岁生日时，我得到了一匹乌黑的小马驹，眼眸清澈，乌黑的鬃毛长长的，我叫他汉斯。他喜欢和我在一起，像狗一样跟在我屁股后面。当父母不在附近时，我甚至将他带进我的房间。我和家里的仆人关系不错，他们都随我去，没有告诉我父母。

未来的集中营首领就这样继续讲述着他的早年生活。从一开始，霍斯就是组织的忠诚仆人。在战争结束前，他从未质疑过那骇人的制度；除了按照上传下达的指示做决定外，他也没有做过任何其他决策。他将自己融入了上令下行的制度。在上级眼中，他是个出色的服从命令听指挥的职员，有令必行，有时甚至做得更多更好。后来，在战后，霍斯被问及他是否没机会干脆将党卫军的首领海因里希·希姆莱（Heinrich Himmler）杀掉以便终结整个集中营网络，他说，在一个党卫军成员的脑子里永远不会出现这种想法。

他全身心地相信刷在奥斯维辛集中营大门上的那句格言："工作让我们自由。"（work makes us free.）在加入党卫军前，他曾被关进魏玛共和国的大牢，那时他就断定因犯需要一些有规律的工作以便保持头脑和身体的良好状态。只是坐在那里，什么都不做，会让他们垮掉。因此，他下令将那句愤世嫉俗的格言刷在他所管理的集中营的大门上。

"在集中营里，我和许多在押人员讨论了这个问题，"他在1947年写道，"他们都被说服了，如果没有工作，在栅栏或铁丝网后的生活将是无法忍受的——事实上，这才是最重的惩罚。"

第五章

证人、公众和死寂

令人惊讶的是，对公众而言，20世纪的罪案没有几起仍记忆犹新。在德国，最著名的是弗里茨·哈曼在汉诺威犯下的谋杀案。他和一位精神病学家的对话1995年被拍成了电影。20世纪20年代德国经济困难时期，哈曼和他的同性恋伴侣住在一间老鼠洞似的小公寓里。看上去弱不禁风的哈曼在火车站找寻男孩，把他们引诱到他的袖珍公寓里，再将他们杀害。之后他把他们的衣服卖给邻居，还把他们的肉当猪肉卖掉。德国人至今仍记得一首关于"哈曼的小斧头"的歌——他的杀人工具是斧头。在英国，人人都知道开膛手杰克的罪行，尽管没人知道他的真实身份。构建虚幻世界的电影业和书籍出版业继续分析和假想着这些残忍的杀人犯。在美国，查尔斯·曼森"家族"*之类的罪犯犯

---

* 查尔斯·曼森（Charles Manson，1934年11月12日—），美国杀人犯，20世纪60年代后期在加州带领一群仰慕他的追随者，组成一个杀人集团"曼森家族"，疯狂作案。他们最有名的一宗案件是在1969年残杀导演罗曼·波兰斯基怀有身孕八个月的妻子沙伦·泰特（Sharon Tate）。1971年在加州接受审判，曼森与他的三名手下都被判死刑。翌年，加州通过法案废除死刑，对他们四人的判决也自动改为终身监禁。——译者注

下的谋杀案仍令一代代的人恐惧。

如今，其他像哈曼案那样曾名噪一时的刑事案件已被人们淡忘。其中，就包括我们在第四章中讨论过的"杜塞尔多夫吸血鬼"彼得·库尔滕犯下的令人震惊的凶案。考虑到这些案件的非凡之处，你也许以为他会"名留千古"，但似乎并非如此。同样的情况也发生在"强盗尼塞尔"（the robber Kneissl）身上，只有巴伐利亚人民还记得他。

可以列举出哪些要素能让一起刑事案件在几代人的记忆中留下印记：强烈的情绪冲突，复杂的私人关系，以及最重要的——如我们在盖尔牧师案中看到的——够分量的性事。如果一起案件公然违犯了惯常的礼仪和道德，如果它耸人听闻且在某些方面与当时的文化相冲突，那么它就会被人记住。同样必不可少的还有被媒体捕捉到的、在全国范围内有影响的法律程序。这是广大公众得以一窥书面证据的唯一途径。一个反面例证是本章稍后会讲到的卡尔·登克案，是的，这是德国历史上最可怕的罪案之一。但它没有性元素，也没有媒体对法律程序连篇累牍的报道，后者也许解释了为什么很多人压根就没听说过这个吃人的连环杀手。

本章中，我会将一些非常知名的案件和一些人们觉得较生疏或根本忘记了的案件放到一起。你也许会同意，用不着性噱头，案件也可以很有趣。

辛普森案

20世纪末最著名的谋杀案，恐怕要数橄榄球明星O. J. 辛普森的前妻妮可·布朗（Nicole Brown）和她的朋友罗恩·高曼（Ron Goldman）被杀案了。公众对这起案件极有兴趣，因为它是简单人际关系被颠覆所产生的结果。一个体格极其强壮的男人，众所周知极端善妒、自负和暴力，杀死了和他关系非常亲密的人以及她的朋友，就在她的房前。犯案时，他留下了自己的血液样本，并将被害人的血迹带到了自己的卧室里。案件简单明了嘛，你也许会这么想。

但绝非如此。将平面媒体和广播电视的频繁报道、公众的期望、律师的伎俩、检察官的不堪一击和背后由金钱驱动的顾问建议混合在一起，搅拌一下，你就能得到辛普森案——一个现代寓言。

首先，在正常刑事程序中，辛普森被无罪释放，这让许多相关人员惊慌失措。然后是第二场审判，民事诉讼，其结果大相径庭。辛普森被判赔偿3350万美元。

这个茶余饭后的逸事也证明了，在法律程序中，如果对自己的观点太过确信，人们的判断力可以差到什么程度。在本案中，控方觉得他们握有充分的、难以辩驳的证据，关于有罪无罪这个问题，陪审团根本想都不用想就能决定。但被选入陪审团的男男女女，对偏见而非事实更感兴趣。辩护律师太知道在刑事案件中如何玩弄人类的情感了。

事实

1994年6月12日晚上10点10分至10点30分之间，辛普森的前妻妮可·布朗和她的朋友罗恩·高曼被残忍地杀害了。他们的

第五章 证人、公众和死寂

尸体被发现倒在妮可在洛杉矶的房子入口附近的一大片血泊里。除了凶手本人和在前院附近走过正要回到主人身边的一条狗，没有任何活着的目击证人。辛普森一言不发，而狗不能发一言。

但基因指纹承载了大量信息：妮可·布朗的证据中，在七个不同的地方找到了DNA样本。最重要的是，在房前的小径上发现了辛普森的几滴血。一亿七千万人中只可能有一人与这些血滴的基因序列相符。辛普森声称他在酒店里的水槽前被一片碎玻璃割伤了手指，第二天，手指上的伤口仍在流血，肯定是因为这样才在发现尸体的地方找到了他的血液。

大量时间被用来撇清这个古怪的故事——从刑侦科学的角度看相当没有必要。在辛普森洛杉矶另一地区布伦特伍德（Brentwood）的住所内部和四周，也找到了血液样本。若干迹证都证明辛普森在前妻的家里流了血，并将她的血液样本带回了自己家。辛普森本人血淋淋的手指头可解释不了。最说明问题的细节是在辛普森卧室里找到的他袜子上的三滴血。几乎是绝对确定地（二百一十亿分之一相似度），那是他前妻的血液。换句话说，在全世界范围内，它们只可能是一个人的：妮可·布朗。

然后是在辛普森家砖墙后找到的带血迹的右手皮手套。左手那只在犯罪现场被找到。在被谈论最多的庭审现场的照片之一上，辛普森正试图证明手套不可能是他的，因为他戴着不合适。但由于是被告自己把手套戴到手上，只要将拇指和小指尽可能伸开，想要让手套看起来太瘦并不是很难。《纽约客》（New Yorker）杂志的法庭记者杰夫·图宾（Jeff Toobin）这样猜测。但其实这无关紧要，皮子会因水分流失变硬并缩小。在这一场景的照片上，辛普森流露出的情绪很复杂，震惊、微笑、萌生希望和难堪。

对手套进行了十一次检测，手套上的血迹属于罗恩·高曼，相似度四百一十亿分之一。再一次，在地球上没有其他人可能与这个DNA样本相符。

一只血脚印在肉眼可见的维度上将证据链条补充完整。辛普森有一双非常昂贵的布鲁诺·马格利（Bruno Magli）鞋；它们鞋底的纹路与犯罪现场找到的一致。不仅如此，它们是很少见的12码。整个案件无懈可击：辛普森的善妒尽人皆知；在被捕前他无目的地开车走了好远，几乎达到了飞行距离；警方收到若干关于他对前妻使用暴力的报告。在第二起审判，即民事诉讼过程中，这些证据都被呈堂。不幸的是，刑事审判像杂耍一样让人兴奋，然而真相却始终未能从缠绕在周遭的一团乱麻中理出头绪。这不仅归功于律师，也同样有警方和专家证人的原因，前者结论下得过慢，后者则下得太快。

专家

在辛普森案审理时，想要对DNA样本的可靠性提出有意义的质疑已经太晚了。倘若控方想将问题尽可能简单化，也就是说主要依靠基因指纹和其他几件证据，对辩方来说会很棘手。

麻省理工学院（Massachusetts Institute of Technology，MIT）的埃里克·兰德尔（Eric Lander）曾在20世纪80年代末做证，反对用对血液样本的DNA分析草率锁定概率，但现在他也同意FBI的DNA实验室主任布鲁斯·布道尔（Bruce Budowle）的意见了:"对基因指纹有效性的争论已经是过去时了。"

此前对这一问题的讨论推动了许多改进。实验室会定期进行检测,鉴定的每一步骤都由电脑生成的进程报告记载下来,这确保了任何可能的错误都能立即被发现。

可惜,完全出于巧合,警方化学家弗雷德·扎因(Fred Zain)在1993年11月所作的伪证已为公众所知。所谓用其在西弗吉尼亚州和得克萨斯州的血液样本装置进行的实验室检测,根本是凭空捏造的。他就这样让审判中的嫌疑犯成了罪犯。他还编造了专家意见,可以想见,总是以被告有罪为结论。

扎因的同事早在1985年就注意到,他就像是从空的试管中读取检测结果。倘若每项科学结论都必须重复一次以进行验证,这种原始的欺骗方法不可能持续太久。1987年,一项实验室检测遭到质疑并重做,这时他骗子的本质暴露出来。多年来他所有的专家证言都必须作废。

这意味着,美国法庭必须对扎因担任专家证人的约一百三十四起案件重新进行审查。在其中一起案件中,扎因凭空捏造的检测结果令西弗吉尼亚州亨廷顿一名被控持枪抢劫和性侵犯的男性被判了203—335年有期徒刑。在他服刑四年后,扎因的检测结果被成功推翻,判决宣告无效。万幸的是,这个骗子专家没有在任何死刑案中做专家证人。在死刑案件中,美国法庭要求更多确实的证据。如果可能判死刑,而血液样本或DNA结构的专家意见是孤证,就绝不会被用作定罪的证据加以采信。

扎因博士所做伪证的土崩瓦解本足以在辛普森案中被用来质疑控方的专家。但辛普森的辩护无法与这件事联系起来,这在案件初期就很清楚。检测血液样本的那间实验室，坚持对其所有结果实施监控和重复检测，因此不可能从这个角度为他辩护。

辛普森的辩护团队采用了另一种策略，让专家看起来不那么可信。他们用简单的语言和五颜六色的图示阐述自己的观点，让它们更容易被陪审团理解；然后他们没完没了地让专家对细节做进一步的解释，到了最后，没有哪个陪审员明白到底是怎么回事。在对专家盘问了几个小时后，在科学上没有经过特殊训练的陪审员糊涂了，一个字也听不进去了。*

就这样，在陪审员走出法庭时，辩方已经成功地将在科学上确定无疑的DNA证据在他们脑中变成了太虚幻境。

外一篇：血鞋印

在辛普森案中，有一排血脚印从尸体旁向大街方向走去。这条足迹有着它自己激动人心的历史。

在它的左边是与辛普森的基因指纹相符的很多血滴。由于辛普森被割破的是左手，这证明这些鞋印是他的。如果真是，就说明他从死人的血泊中走过。这点他坚决否认。

控方向FBI鞋印专家威廉姆·波迪扎克（William Bodziak）寻求帮助。他测量了这条带血的足迹，找到了十八个不同的特点，均证明这双鞋的鞋底——洛伦佐（Lorenzo）样

---

* 在曼哈顿刑事法庭，我自己也经历了类似的情形。在一次庭审中，我注意到陪审团中的一些成员很快睡着了。

式，12码——是意大利鞋子设计师布鲁诺·马格利制造的。为了保证准确无误，1995年2月，波迪扎克飞到意大利去找了设计师，并在博洛尼亚（Bologna）寻找其他样鞋。这让他毫无疑问地确认，在犯罪现场踩出鞋印的鞋底，是一家名叫西尔加（Silga）的公司制造的，型号是U-2887。这种鞋底被用在布鲁诺·马格利鞋上，与在洛杉矶犯罪现场找到的痕迹一模一样。

洛伦佐的鞋子很贵，大约200美元一双，但这对辛普森来说是小菜一碟。在全美国只有四十家店出售这种新潮的意大利款式。此外，在1991年至1993年间，只售出了二百九十九双洛伦佐款式的鞋子。辛普森否认曾买过那么丑的鞋子，但在许多已公开的照片上，他都穿着各种不同款式的布鲁诺·马格利牌鞋子。

在妮可·布朗尸体背上也发现了类似的鞋印。控方说，这证明了那个女人是怎么死的。凶手一只脚踩着被害人的背，扯着头发把她的头向后拉起来，然后用刀子深深地割断了她的喉咙。就算是最喜欢丑闻的媒体，在发表图片时，也在伤口处打上了黑色标记遮挡。

陪审团对阵检察官

那么辛普森案的陪审员都是什么人？这与刑事程序的结果有何关联？让我们看看陪审团是如何产生的。

在辛普森案中，被告被认为毫无希望，简直就是死马当活马医。起初,相当多的人想要参与这场重要审判。美国最著名的出庭律师之一罗伯特·夏皮罗(Robert Shapiro)邀请知名陪审团甄选专家乔-艾琳·季米特里乌斯(Jo-Ellen Dimitrius),帮他寻找更可能跟随他的节奏步调的陪审员。

无论是夏皮罗还是季米特里乌斯都不信任陪审团大名单里那些人的健全人类思维理解力,所以他们进行了非特定的调查,看看对辛普森这样的案件人们倾向于怎样决定。他们没有试图左右调查结果。起初,他们没有问被访人为什么会产生他们所述的感觉;他们只关心实现让辛普森获得自由这一最终目的所需要的答案,而不关心个中原因。

检察官马西娅·克拉克(Marcia Clark)碰巧给辩护团队发了一手好牌。在陪审团选出来前,她就声明不会提出死刑控诉。为此,辩方可以立即将那些在初选时提到如有需要他们会同意死刑判决的候选人排除出陪审团。众所周知,这些人更可能投票赞成有罪判决,哪怕是在有严重疑点的案件中。这些人将组成控方的梦幻陪审团。在甄选的初期阶段,强硬派就被剔除出去,控方失去了他们最好的盟友。

此外,早期调查显示,非白人的陪审员更可能支持将辛普森——一个黑人——无罪释放。检察官马西娅·克拉克看问题的角度可不是这样。事实上,她坚持认为陪审团中的黑人女性将站在她一边,因为多数黑人妇女经常遭到丈夫的殴打。她认为,这让她们在以对妇女大打出手的男人为被告的案件中,更不容易产生妇人之仁。

虽然已形成了自己的意见,克拉克检察官还是就陪审团甄选事宜，向一家叫作"决策探求"（Decision-Quest）的咨询公司寻求了帮助。五男五女，其中六名白人、四名黑人，向他们宣读预计会在法庭陈述中出现的内容后，她吃惊地发现，女性投票的结果与她的猜测大相径庭：对辛普森的有罪判决，所有黑人女性都投了反对票，所有白人女性都投了赞成票。不仅如此，任何一方都不能被说动，仍坚持似乎与肤色有关的第一反应。黑人女性将组成控方的梦幻陪审团的假设被证伪了。

但克拉克还不想妥协。她又告诉测试陪审团，死尸附近的血液很可能是辛普森的，还有在犯罪现场找到了他的一只手套。所有非白人陪审员对此仍无动于衷。四名黑人候选人中，三人投票认为辛普森无罪。检察官开始抓狂了。

但当决策探求公司的团队继续他们的实验时，事情变得更糟了。"你不能因为一个男人时不时地打打老婆就认为他是杀人凶手。"这是一名黑人陪审员的意见。"每段关系都有低谷，这意味着可能会有些打打闹闹。这就是人生！"当咨询公司更具体地要求被访者给辛普森和妮可·布朗打分时，在满分为10分的同情感一项，辛普森得到了9.5分的平均分，而他的前妻只得到了约5分。这个模拟陪审团认为辩护律师罗伯特·夏皮罗"聪明""准备好在适当的时候穷追猛打"以及"机智幽默"。克拉克检察官的得分要差得多，她被说成"诡诈""刺耳""虚伪""令人不愉快的""泼妇"。

马西娅·克拉克不能相信自己的眼睛。但她坚信实际庭审中真正的陪审团的良好判断力。这是她职业生涯中所犯的最大的错误，但她并未付出悔恨终身的代价。就在庭审后不久，她辞了职，出了本关于辛普森案的书，挣了几百万美元。

按计划，1994年9月26日，正式的陪审团甄选开始了。第一轮，法官兰斯·伊托（Lance Ito）要了个九百人的大名单。当他宣布陪审团成员每天只能收到不超过6美元，并且在审判期间不能住在家里时，多数候选人称没空参加。毕竟，美国很少有雇主会对雇员因履行陪审员义务而缺勤的期间给予补偿。

更糟的是，法官吓唬大名单里的人说："我从未见过这么不同寻常的案件，"他说，"这可能是你们一生中所要做的最重要的决定。"这根本是胡说八道，但这足以吓退那些心存疑虑或只不过是胆小怕事的人。

法官让每一个在他的开场白后感觉受够了的人离开。想要离开，他们需要做的只是在调查问卷上写他们的雇主不愿意付钱或他们因"私人原因"不能参与。四天后，可能的陪审员的名单减到了三百零四人，从中要选出十二名陪审员和十二名替补。

这时控辩双方可以开始询问了。他们搜集了一共二百九十四个问题问这三百零四人。比如，他们问："你有没有和不同肤色的人发生过关系？""你有没有找'明星'要过签名？"然后是简答题："你认为在家庭里使用肢体暴力的根源是什么？""为什么参与体育运动有益人格？"这些问题带来了纸山墨海，辛普森的庭审不仅消耗着时间也吸引着公众的注意。

陪审团甄选期间，辩方做得很好。大名单中那些白种、受过良好教育的男人，对控方的问题感到厌恶，他们自动离开了。因此到了10月12日，候选人中一半就变成黑人了，其中四分之三是女性。考虑到黑人只占美国总人口的11%，黑人女性又是对其最不利的候选陪审员，马西娅·克拉克仍未意识到她即将面对的是什么。

辩方律师约翰尼·科克伦（Johnnie Cochran）与罗伯特·夏皮罗形成了黑白组合，在与媒体打交道上，科克伦一直很老练。"我们的印象是控方在试图剔除有色陪审员——他们的理由只是这些人是黑人，他们热爱黑人英雄，其中之一就是O. J. 辛普森。"这一无限循环推理产生了有利于辩方的效果。"控方针对黑人陪审员"，这是《洛杉矶时报》（*Los Angeles Times*）次日早晨的头版头条。这场审判不仅仅关系到证明与否认，也关系到被控人的肤色。一次又一次，辩方得以归咎于洛杉矶警署（LAPD）的种族歧视。他们提出，警察很可能把辛普森的手套扔过花园的围墙，好把证据嫁祸在他身上（这不是事实）。无论这多么荒唐——考虑到有那么多对辛普森不利的证据，陪审员们的心思还是动摇了，回到了他们先入为主的看法：辛普森是个好人，没能力杀害任何人。

到审判最后一周，陪审员的忍耐力已经消耗到了极限，陆续有十名陪审员退出，由替补陪审员顶替。最后，十二个人就O. J. 辛普森有罪与否进行投票。在《他人生的毁灭》（*The Ruin of His Life*）一书中，《纽约客》的记者和特约撰稿人杰夫·图宾总结了这些人的几个特征：

　　没人经常读报。
　　只有两人上完了大学。
　　没人读到本科以上。

所有人,毫无例外地,都投票给共和党。

五个人——自己或其家庭成员——曾与警察有过摩擦。

五个人认为在家庭里时不时地使用下暴力完全没问题。

九个人被说服,认为辛普森根本不可能杀死他妻子,因为他曾是顶尖的橄榄球运动员。

警察

警方一不留神就帮助辩方将种族歧视——其本身与本案无关——设置为程序性抗辩的对象。在对待黑人上,洛杉矶警察局出了名地麻木,如果是没钱的黑人就更是如此。但科克伦和夏皮罗进行了度身剪裁;毕竟,辛普森是个例外。虽然他后来假装不是这样,但辛普森从没对黑人遇到的麻烦表现出任何兴趣。警察对他总是很客气。他还曾邀请几名洛杉矶警察局的成员到他家参加聚会,他的邀请也总是被欣然接受。

但他们对种族歧视情节的调查仍然是成功的。一名地方警局的调查人员看来是只合适的替罪羊:爱夸夸其谈的马克·福尔曼(Mark Fuhrman)。1995年3月9日他被传唤上了证人席。

包括科克伦和夏皮罗在内,没人预见到福尔曼最终会成为辩方的王牌。他是洛杉矶警察局欣然实施保守的种族歧视甚至对此扬扬自得的活生生的例证。辩方才不管福尔曼只是辛普森案调查初期的小角色。后来产生的令人惊愕的效果,没给控方和检察官留下任何转圜余地,他们无法再向陪审团解释与福尔曼有关的事项不过是意料之外的干扰因素。

起初,一切顺利。做证时,福尔曼表现得像个平凡无奇的警官，一心只想澄清案件事实，不想添油加醋。他当时知道，已有一名房产经纪人找到辩护团队，跟他们讲了她所认识的福尔曼警官。1985年至1986年间，他曾多次到距她办公室不远的地方拜访朋友，并与她有过几次碰面。有一次他告诉她，如果看到一个"黑鬼"坐在白人女性身边，他总是会出面阻止。为了吹嘘，他清楚地承认他歧视他们。然后他跟房产经纪说，如果所有"黑鬼"都能被圈起来杀死，或者干脆丢颗炸弹到他们中间，就太好了。

这个故事此前很久就已见诸报端了，这体现了辩护团队的精心策划。其他时候，他们也在陪审团面前千方百计地暗示种族主义。当辛普森的一名律师问福尔曼他是否会将被害人的血抹到辛普森的手套上再扔到房后时，在每个人脑中，这不过是个糟糕的玩笑。其一，福尔曼并不知道谋杀案发生时辛普森是否在国内；其二，接触来源不明的血液样本，他会有感染艾滋病的可能性；最后，附近还有其他调查人员，他们肯定不会允许这种栽赃陷害。然后，当福尔曼被问到在过去十年中，他是否曾用"黑鬼"这个词形容过别人时，他坚决否认并赌咒发誓。福尔曼显然在冒险，但最糟的结果不过是他的证词与房产经纪人的说法相矛盾。

福尔曼输了

福尔曼第一次出庭四个月后，一通匿名电话打到约翰尼·科克伦的办公室。一位名叫劳拉·哈特·麦肯尼（Laura Hart McKinny）的作家曾在1985年采访过福尔曼，想更多地了解调查工作。然后她写了一篇文章，内容是关于在洛杉矶警察局新入职的女性面临着怎样的困难。在采访中，福尔曼毫不犹豫地对她说，警察不是个女人能干的工作。他们见了若干次，所谈论的内容与此相仿。

1985年4月2日，麦肯尼将与福尔曼的谈话录了音。她承诺，如果他提供内线消息，她会给他10000美元。她对他大男子主义的激情演说格外感兴趣。她将十二个小时的谈话录音全部整理成文字记录，并给了福尔曼一份。她还向在警界工作的女性询问了她们在洛杉矶警察局的经历。这些材料被做成了一部电视片，但最终没能中选播放。

1995年7月28日，辛普森的律师拿到了这些磁带。这简直连做梦都想不到。福尔曼一直骂骂咧咧，并常常使用"黑鬼"这个词。律师不能公开磁带内容文本，因为这些磁带并未获准在庭审中作为证据提交。因此，一位名叫拉里·希勒（Larry Schiller）的作家补上了这个缺口。只要能帮助辛普森，他愿意做点见不得人的工作。

希勒为辛普森写了本书，叫作《我想告诉你》（*I Want to Tell You*）。在1995年出版的这本书中，辛普森在狱中告诉他的粉丝们，他是个多么优秀的居家男人，以及他如何不可能杀人。值得注意的是，这本书中没有提到在谋杀案发生之时辛普森正在干什么。相反，它是荒唐文字和图片的混合物，包括了许多他在狱中收到的书信和家庭照片。

为了反驳辛普森曾多次殴打妻子的指控，希勒（辛普森的影子写手）引用了辛普森在狱中收到的一个名叫J. 米勒的人的来信："辛普森先生，我只想说一件事，每个人都在关注所谓您施加给您前妻的虐待。但没人提到她施加给您的虐待。……您将矛头指向其他事情，而不是她，我很敬佩。"

在成书后，作者希勒有了新的任务。现在，他手里拿着福尔曼的磁带，将福尔曼访谈的部分内容给了媒体。泄露消息是非法的，但与控辩双方都在耍的肮脏手段相比，在辩方看来这只是无关紧要的技术问题。由于没人希望庭审因为技术问题而土崩瓦解，还是值得冒险透露信息的。

8月14日，磁带被放给法官听。法官伊托听到，口沫横飞的福尔曼多次对伊托夫人口出恶语。伊托夫人十年前在洛杉矶警察局当过福尔曼的上司。严格说来，伊托法官应该主动要求回避，毕竟，他有可能不公正地对待对他妻子恶言相向的证人。另外，如果伊托将磁带抛出，他将不得不排除*已经在程序中出现的证据，这将导致无效审判**，控诉将不得不从头来过。于是伊托决定，虽然有对他妻子的不敬言论，但他不需要主动回避，但磁带只能放给陪审团和直接相关人员听，而不能公开播放。

这跟辩方心里打的主意可不一样。他们想影响的不只是陪审团，还有公众。如果大家普遍认为福尔曼是个坏警察，那么没有哪个陪审员能不考虑将来回家后要面对的后果而投票赞成不利于

---

* 在美国刑事程序中，若证据是采用非法手段取得或在违法搜查中发现的，则法官有权禁止在案件中使用该证据。被排除的证据常常被称为"毒树之果"（fruit of the poisonous tree）。——译者注

** 如出现程序错误、证人证言、法官或律师误导陪审团，陪审团长期无法做出判决形成僵局，法官可自行或应当事人申请宣布无效审判，解散陪审团，整个诉讼重新开始。此处，由于采纳福尔曼的磁带就意味着血手套是"毒树之果"，应当从证据中排除出去，但此前该证据已经在程序中出现，给陪审团留下了印象，可能构成误导，因此构成无效审判的理由。——译者注

辛普森的判决。只用了两周，借助媒体的帮助，科克伦和夏皮罗就将伊托法官逼到了死胡同里。他现在允许公开磁带了，这意味着这场官司控方已经输了，因为陪审团听到了如下内容：

  我的两个哥们儿遭埋伏中枪了，两个警察。他们都活着，我是现场的第一组。四名嫌犯跑进一个公寓单元二层——公寓。我们把门踹倒。我们一把抓住住在那儿的一个姑娘，是他们中一个的女朋友。抓着她的头发，把枪顶在她头上，拿她当掩护……

  反正，可以说我们让他们吃了苦头。四个警察，四个男警察。我们打残了他们，每个人都断了好多根骨头，他们的脸都花了。从墙上挂的画一直到天花板都是血，还有血手印，就好像他们想要爬出屋子。他们给我们看了屋里的照片。难以置信，到处都是血。每面墙上，所有家具上，整个地板。这些人，他们不得不剃掉了许多头发，其中一个把头发都剃光了。他头上大概缝了七十针。……我们让他们跪地求饶，保证再也不参加犯罪团伙了，求我们。所以，带着六十六项指控，我上了赫莱贝克（Hollenbeck）警局前的展板，对我歌功颂德。……内部事务办公室的调查就是这么开始的，调查持续了十八个月。我被放到一组照片中……我被十二个人指认出来。我很自豪。……他们没拿下我们组的任何一个人——三十八个人——他们没被扣一天（薪水）。我也没被扣过一天。……我是说，你不能向警察开枪。如此而已。

不幸的是，这个故事是真实的。这就是为什么表达了种族主义的磁带，残忍的、大男子主义的、在法庭上做伪证的、在执行公务时知法犯法的、没任何合理理由地劫持人质的警官——这一切都和O. J. 辛普森没有任何关系——决定了案件的结果。曾经的橄榄球明星、演员、花花公子O. J. 辛普森于1995年10月3日上午10点被无罪释放。对被控谋杀了他前妻和她朋友——其只不过是来将她在与父母和辛普森吃饭时落在餐馆的墨镜还给她——的嫌疑犯的审判结束了。

当陪审团走出法庭时，他们中的多数都泪流满面、互相拥抱。然后就只有沉默和面无表情，这是他们远离家庭、面对巨大压力的结果。

一名女性陪审员打破了沉默："让我们来确定一下，我们能保护自己。"这就是这场特别演出的结局——至少是阶段性的。2001年12月，失去了绝大多数朋友的辛普森再次上了新闻。在两年的调查后（FBI称之为X行动），他不得不再次推开了警局的大门。他被控参与走私网络从荷兰进口摇头丸，以及试图贩卖从电视卫星上非法下载的数据。

此前不久，2001年10月24日，在迈阿密州，他在一件芝麻绿豆大的案子中被判有罪。因为一名司机没有给他让路，辛普森把那人的墨镜扯了下来。他抓坏了墨镜，也抓伤了那个人的脸。

证人

多数陪审员和证人在法庭上面临着共同的问题：要衡量那些干巴巴的科学证据，他们没有任何经验。他们怎么可能有呢？在多数人的日常生活中，重要的不是事实，而是观点、感觉、个人爱好和对生活的热忱。在庭审程序中，多数没有法律背景的人感兴趣的，是他们感知到的被告的人格，而不是案件的事实。这是人之常情。

不幸的是，这为把一堆令人迷惑的假定带进法庭的做法敞开了大门。在林德贝里一案中，我们已经看到了这点。还记得通过对梯子上一块木材的检测清楚地证明豪普特曼是罪犯吧？但只要忽略、曲解一些证据，还是有可能制造出他只不过是碰巧混入调查的三流恶棍的印象的。

同样的道理，如果没有确凿的证据，盖尔牧师妻子被杀一案的事实让人很难接受。例如，想想他的女朋友告诉德国《明星》杂志的假设吧："即便真是他干的，那他当时也不大正常。在情况危急时，他总是灵魂出窍，即便那情形是他自己的杰作。关于她的死，我知道他之前曾深思熟虑过。当我听说这宗罪案时，我想，他终于得到了他想要的。"但牧师坚称他是无辜的。

许多人会接受他女朋友的说法，认为他是有罪的。但我们为什么会把爱人的臆断更当回事，而胜过牧师自己的无辜宣言呢？

对想要保持思路清楚的人来说，个人陈述只不过是拼成复杂案件的马赛克里的一小块。如果有在科学上能明确成立的证据，那么最好忘了所有个人观点。毕竟，后者的真实性往往很难证实。

如果将注意力放到事实证据上，陪审团通常就能少很多不眠之夜。观点和人格应当交由法官在量刑时加以权衡。

让我们不要忘了，证人的意见和观点并不总能被判别清楚。

回想一下曼努埃拉·施耐德案，孩子们用他们的信口之言混淆了调查。

同样地，盖尔案中也包括这类令人印象深刻的情景。一名证人说，在生死攸关的时刻，在距发现牧师妻子尸体处不远的某地，他看见了牧师。看看德国报纸《柏林报》(*Berliner Zeitung*)上的这篇报道：

> 谈及大量证人做证说曾在罪案发生当天见到过盖尔——要么和他妻子在一起，要么没和他妻子在一起，盖尔的辩护律师博尔纳（Borner）说："没人故意说谎。"但为了确认身份，只拿给他们看了牧师和盖尔夫人的照片。他们对案件听说得越多，越有助于他们回忆起更多详情。
>
> 做证说在关键地点看到过牧师的人被控方视作最可靠的证人。只观察了几秒钟，他就能做出翔实精准的描述。"就算他是观察天才，这也超出他的能力范围了。"辩护律师说。

也许辩方错了，证人只是留心了。法兰克福的报纸做出了如下评论：

> 56岁的药剂师说，在盖尔牧师妻子失踪那天，他看到了盖尔牧师，两天后，她的尸体在那附近被发现。开车经过时，他看见一辆红色的大众牌旅行车停在路边小道上。他当时正在找熟人，但只看到"一个发际线已经后退的男人，他

看着我,那眼神让我不由得想往后退"。

证人继续说道,那人看上去很是焦虑不安。虽然透过车窗只看了不超过两秒钟,他还是看到了站在车后的那男人的样貌、外形。

当接受警察询问时,证人起初说他没有十足的把握能认出那个男人。但六周后在初审程序中看到他时,证人相当笃定,从站成一排看上去都差不多的七个人中,将盖尔指了出来。

关于证人或陪审员是不是靠得住这个问题,心理学家已经进行了大量讨论。康奈尔大学最近的一项研究结果确认,直截了当地宣讲并不一定能让陪审团放弃成见秉公决断。康奈尔大学的心理学实验表明,即便反复指导仅应关注事实并加以权衡,但收效甚微。如在辛普森的第一个案件中,程序还没开始陪审员心里就已经有了决定。

在我们的日常生活中,人们普遍接受的一点是,我们是靠多年的经验而非对特定情形下的各种事实加以权衡而得出结论。否则,我们将无法迅速做出决定。但在诉讼程序中,下结论的规则与购物、聊天或驾驶时的规则是不同的,所以多数现代国家更愿意将必要的决定交给具有专业知识的法官而非平头百姓。

当仿佛是超自然的作用力出现时,我们的感官会变得格外敏感。对扬名立万有着病态渴求的年轻人,往往能一再成功地蒙骗许多人。我们对"彼岸"存在的恐惧——或希冀——被长时间地撩拨着,使普通民众忘记了其健康、正常的感知。

拿律师赫伯特·舍费尔（Herbert Schaefer）举例来说，他花了几年的时间在德国与"灵异事件"抗争，而那其实只是个15岁男孩的杰作。起初，男孩只是在祖母公寓的门上放石头。门一打开，石头就掉下来。也许它们是"捣蛋鬼"（poltergeist）弄的？

后来，他开始在夜里从外面向窗户扔石头，却对所有人说，事情发生时他在屋里。在他工作的商店的地下室里，他将瓷器歪歪扭扭地堆在一起，让它们看起来像莫名其妙地掉下来的，就这样损毁了大量瓷器。有时，要是没人看见，他干脆将破碎的瓷片往架子上扔。就连来检查房屋的消防员也相信了这些是灵异事件。自豪地自封为捉鬼人的舍费尔说："在选择性关注和下意识的恐惧的共同作用下，人们失去了理智。"

著名舞台魔术师哈里·胡迪尼（Harry Houdini）有时只靠贿赂围观人群中的关键人物（比如警官，他们会小心地挑选一副手铐交给他）就能成功进行危险表演。他最有名的魔术之一，就是走进一个巨大的水箱，锁得严严实实并将水注满。几分钟后，胡迪尼华丽丽地走出来。相信奇迹的观众会信服胡迪尼是个巫师，就连胡迪尼的朋友阿瑟·柯南·道尔爵士（Sir Arthur Conan Doyle）也这样认为。胡迪尼揭发了那些为了利益假装参与超自然涌灵的人，为自己树敌无数。这一行为也让他和柯南·道尔的友谊破裂。从那时起，每场演出开始时，"巫师"都会声明，水牢的把戏不牵涉任何魔法。

只有一次胡迪尼没能置身事外，那是1901年在科隆。经济形势风雨飘摇，因此人们对于被欺骗的感觉格外敏感。当胡迪尼作为主打出现在科尔提-阿尔特霍夫马戏团（Corty-Althoff Circus）时，为了摧毁他的声誉，西多利马戏团（Circus Sidoli）的竞争者们设法使《莱茵报》发表了科隆警官格拉夫讲述的这个故事："胡迪尼想用20马克收买我，让我带着'被警察检查过'的手铐出现。事实上，手铐很容易打开。"更有甚者还报道胡迪尼是个骗子，因为他的魔术都是幻象。

对于贿赂的指控，胡迪尼成功地为自己进行了辩护。他也很高兴自己不再被视为巫师了。观众还是不相信在舞台上扮演罪犯的人靠自己的力量打开了手铐，但后来他们懂了，自己的眼睛并不总是可信的。

我们在证人、陪审员和人类认知世界的旅程将以三个与辛普森案有根本性差异的案件结束。这些暴力事件发生时没有嬉闹的场面，没有华丽的出场并且很快为人所遗忘。其中，前两个罪案，塞弗特（Seifert）案和登克案没有如辛普森案那样成为街谈巷议的话题。也许因为它们太吓人了，人们甚至都不愿去谈论，哪怕是在办公室的茶水间。此外，罪犯之后很快死亡，所以也没有发展出坊间传闻或传奇故事。

第三起案件，尼塞尔案，没有那么令人反感；这也许就是为什么到了20世纪末，在德国南部，它仍作为民间故事广为流传，虽然作为故事原型的罪案发生在约一百年前。

塞弗特案

有些案件，犯罪学家们难以做出评估，但案件涉及的证据却相当简单明了。稍稍发挥下想象力，你甚至都能悟出罪犯的动机。塞弗特案就是这样。它让科隆市的相当一部分人焦虑了好些年。时至今日，仍不要对科隆近郊沃克霍温（Volkhoven）的老人们提起1964年6月11日。

当时科隆刑事案件调查组的组长卡尔·基恩（Karl Kiehne）记录道："事情发生在某个郊区的天主教教会小学。这所学校与马路之间由一堵5英尺高的实心围墙隔开，围墙的入口处是一扇双层铁门。校园里，左手边是一幢雄伟的旧教学楼。另一侧，是一排木头平房，里面有四间教室。"

这种体量较轻的建筑被统称为"棚屋"，今天还能见到。在20世纪六七十年代，它们让老学校较容易实现扩建，有时它们甚至是唯一能使用的建筑。

调查员基恩继续讲述道：

学校里有四间屋子的那部分，屋里屋外都有黑色的印记；肯定是烈焰造成的。走廊里有一摊跨度2英尺的血迹，入口前的地板上也有一些血渍。与这座房子隔院相望的是另一座只有两间教室的小房子。在它前面，是几片小花园，由通往操场的小走道分割开。亭子入口处的阶梯外约2码，地上也有一摊血迹。

当我试图搞清这里发生的事情到底有多严重的时候，两个13岁的学生向我走来，交给我一个他们在校园入口铁门边找到的木栓。

其中一个男孩是学校的协管员,他的职责是在年纪较小的孩子过马路进入校园时,确保他们的安全。那之后他通常会返回家中,因为他自己的课在下午。

但那天,这个认真负责的男孩上午9点又回到学校,帮忙给学生分发巧克力饮品。9:25人们看到他在院子里,只有两个帮手。院子另一端正在上体育课。就在那三个年轻人抬着好多装满巧克力饮品的瓶子往教室走时,一个陌生人出现了。

"上午9:30,一个男人来到操场边。"一名小证人告诉调查

图12　1964年6月11日,沃尔特·塞弗特正是站在科隆辖区沃克霍温一所学校的这间教室外。窗户对面墙上的黑色痕迹显示,火焰穿过教室直抵墙壁(图片来自案件档案/马克·贝内克)

人员,"我不认识这个人。他穿着蓝色工装裤,背上扛着一个喷杀虫剂用的罐子。我在我们的花园里见过这种东西。那个人从小门进来,那个小门因为锁坏了所以锁不上。把门关上后,他把一个大木栓塞到门下面。门下面有钉子。我问他:'你在那儿干什么呢?'但他没回答。我想他可能是在修门锁,所以我对他说:'也是时候修修那锁了。'他还是没回答,只是摇了摇头。"

就在这时,那男人(他名叫沃尔特·塞弗特,还有一周多就43岁了)走向体育老师朗戈尔夫人。来到她近前,他打开了背着的杀虫剂喷枪的阀门,一般在喷枪末端保护网下燃烧的小火焰现在变成了3英寸长的烈焰。已经被火焰吞噬了的老师大喊道:"火!"她向后退了几步倒在了灌木丛里。协管员说:"我还以为那人只是想开个玩笑,那火焰不过是些金粉。"

但那火焰如假包换。攻击者用压力枪喷出机油和涂料稀释剂的混合物,它们被炙热的金属网点燃,变成了一支火把。塞弗特从惊慌失措、四散奔逃的体育班转过身来,走回离入口大门最近的第一个棚屋。

然后他用一个自制的像吊链一样拴着链子的铁装置打破了棚屋的窗户,将18英尺长的烈焰对准了坐满学生的教室。火焰直触对面的墙壁,就像之后烧焦的痕迹所展现出来的那样。

其中一名叫赫伯特的学生,敏捷地跳出了窗户,却碰巧落在了塞弗特身边。当他落到地上时,攻击者将火焰直接对准了他。同样的事情也发生在了试图跑出教室的其他很多孩子身上,他们的衣服已经被点燃,但又一次遭到了火焰的喷射。

图13和图14　改装成火焰喷射器的园艺喷枪。每个部分都是塞弗特自己制作的（科隆警察总署友情提供；图片来自马克·贝内克）

本应在稍晚些时候分发巧克力饮料的男孩告诉警察："看到这一切时，我知道这根本不是什么玩笑。我和另外两个男孩一起，把校门下面的木栓拔出来，把门打开。它很难移动。当我逃离时，我想起我的自行车还靠在校园里的一棵树旁。所以我跑回去，看见那人站在一年级教室旁边，把火焰枪对准了教室。于是我赶紧拿了自行车，尽可能快地冲向了警察局。"

这时，燃料用完了，塞弗特将装置和空罐子扔在地上。也许正是可燃液体供应不足，救了当时在教室里的三百八十名孩子中许多人的性命。

但这并非恐怖的终结。塞弗特又拿出一根自制的三刃长锥，将它刺进了冲向他的一位女老师的胃部，她立即毙命。

现在，又有两个正在上课的班级受到了威胁。两位老师试图顶住教室的门，但无济于事。塞弗特只用力一推就推开了教室门。一位老师还跌下几级台阶倒在院子里，然后被长锥刺了两下，一下在大腿根，另一下刺进背部，要了她的命。

第五章　证人、公众和死寂

图15　长锥尖端。塞弗特将一把三角刮刀颇有技巧地制成了这支长锥（科隆警察总署友情提供；图片来自马克·贝内克）

凶残的塞弗特不知道木栓已经被从院子的门下拿走了；他以为他用那只木栓将自己锁在了里面。所以他跑向校园的另一边，爬上栅栏，带着他的武器，穿过一片贫瘠的土地，逃向铁轨的方向。

这时，消防队到场并开始为棚屋灭火。同时，出现了许多好奇的围观群众；他们告诉警察塞弗特逃逸的方向。警察随后追上并立即擒住了他。塞弗特转过身来，试图用长锥袭击警察，他们不得不向他的大腿开枪以使其丧失反抗能力。凶杀小队很快到场，侦探们试图在犯罪现场得到塞弗特的口供：

问：你明白我在说什么吗？你能讲话吗？
答：能。
问：你叫什么名字？
答：沃尔特·塞弗特。

281

问：出生日期？

答：1921年6月19日，在科隆。

问：你的职业？

答：……（听不清楚）

问：你住在哪儿？

答：沃克霍温Weg……（街名，门牌号听不清楚，大概是54号。）

问：你为什么要这么做？

答：他们想杀了我！

问：谁？

答：主治医生……他想杀了我！

问：你认识这里的老师吗？

答：不认识，一个都不认识！

问：你跟这学校有什么过节吗？

答：没有！

塞弗特的言语和他的想法一样令人费解。他深信1961年，医生治死了他妻子乌拉和刚降生的孩子。事实上，孩子早产了。他妻子之后不久就因为静脉阻塞在医院里去世了。从那之后，塞弗特定期带着鲜花到他们的墓地去。"他肯定爱他妻子胜过一切。"一个卖花的对警方如是说。

这期间到场的急救医生将塞弗特带去医院。他的精神状态每况愈下。在他的纵火工具边，找到了一个装着硝苯硫磷酯杀虫剂的小瓶。塞弗特是不是服用了？

警方调查人员并未放松。治疗后,他们继续问话:

问:能听见吗?

答:能。

问:你为什么要这么做?

答:……(没有回答)

问:你能看见我吗?

答:能。

问:你为什么要这么做?

答:……(没有回答)

问:你认识那些老师吗?

答:不认识。

问:你认识那些孩子吗?

答:不认识。

问:你了解这所学校吗?

答:不。

问:能不能告诉我你为什么要这么做?

答:能,所有这些都是不好的事情。

问:但为什么是坏事呢?

答:对,是坏事。

问:那么你什么时候计划的这一切?你从什么时候开始想做这事?很久了,还是没多久?

答:很久了。

问：你为什么要这么做?

答：……（没有回答）

问：你为什么要这么做?给我个理由。

答：那些该死的医生。

问：哪些医生?给我个名字。

答：M医生。

问：还有呢?

答：C医生。

问：是什么事情，和抚恤金有关?

答：是的，也有关系，但那不是主要的。

问：你到底有什么意见?

答：……（没有回答）

问：你为什么要对孩子下手?

答：现在没法告诉你，太复杂了。

问：你明天会告诉我吗?

答：好，明天。

问：你感到抱歉吗?你羞愧吗?

答：我晚点再表态。我必须对这一切负责。

问：为什么是那些孩子?你受不了孩子?

答：我肯定能。

问：那为什么?

答：也许这是个不名誉的主意。

问：那三个老师又是为什么?

答：他们朝我跑过来。

第五章 证人、公众和死寂

问：你知道你干了什么吗？

答：是的，我知道。

问：那么，你做了什么？

答：我造了个火焰喷射器。

问：你用它干了什么？

答：袭击人。

问：但为什么呢？你袭击人时只用了火焰喷射器，还是有其他武器？

答：我有一把长锥。

问：你用长锥做了什么？你想得起来吗？

答：我用它杀了一个老师。

问：你用它杀了多少人？

答：三个。

问：两个还是三个？

答：三个（实际上是两个）。

问：为什么杀他们？为什么是那些孩子？为什么是那所学校？

答：纯属巧合。

问：你感到抱歉吗？你想让我怎么跟你母亲说？

答：跟她说实话。

问：那你兄弟呢？他现在和我们在一起。

答：一样的。

问：你为这次行动计划了多久？昨天，前天？

答：（塞弗特摇了摇头）

问：一年前，你是不是袭击了一位报社的女同志？

答：没有。

问：你为此计划了多久？一天，一周，一个月？

答：……（没有回答）

问：你什么时候造的那个长锥？

答：大概八周前。

问：你什么时候造的火焰喷射器？

答：就在那之前。

这就是塞弗特告诉警方的一切。晚上8点30分，他死于之前自己服的毒。

过了好多天，警方都不知道是什么导致了这一切。如令人发指且无法预料的凶杀案之后常常发生的那样，邻居们所记得的塞弗特是个不起眼的小人物，乐于助人且很爱孩子。

这种邻里间的看法往往浮于表面。与比塞弗特小6岁、做话务员的弟弟口中的他比一比，就知道了："在1955年他婚礼前，我和他有过一次争吵。他有个计划，但我认为蠢极了。"

最后证明，那不只是愚蠢；那是最终造成十名学生和两名老师被杀的先兆。他哥哥想把女孩子藏到地窖里，在他弟弟想要的时候，让他享用她们的"服务"。为了抓她们，他打算埋伏在乡间小路旁，把她们打晕，放到他的摩托车上。

"我确信我哥哥是认真的，"弟弟说，"你能从他的表情看出来。"他和沃尔特谈了两次才让他打消了绑架计划。

动机和手段

弟弟补充道:"直到昨天,我只知道我哥哥和污水处理工人有些纠纷。我们也聊了几句电视节目,但没有任何迹象表明他正计划暴力行动。"

这显然是对沃尔特·塞弗特精神状况的粉饰。多年来,他的思维一直纠缠在古怪逻辑的迷宫中。他的思路总是以两个医生应该对他妻子和刚降生的婴儿的死负责这个"事实"为出发点,他给有关当局、医疗界和药物公司写了份一百多页的文件。

"内科医生是人类历史上最坏的屠杀者……对此我们能做些什么呢?我们能诉诸他们的良知吗?那根本是无用功。会那样行事的人没有良知。我是否该把我收集的事实提交给法院?不,医疗利益集团会制造恐怖——他们觉得在我们实用主义的制度内部,他们能自我裁量。但想要摆脱恐怖,只有靠对立面的逆向恐怖。制度否认法律对我的保护,它迫使我拿起武器。"

得出这个结论的男人认为他应当站出来和制度作斗争。他选择了"社会的敌人"——医疗职业所采用的方法:恐怖唤醒民众。他制作仇视行动所需工具的材料,是他从学习如何使用钻机和机床的商店找到的。

不难相信,如他在被审讯时指出的,他是随机行动。他攻击的那所小学在他公寓附近,因此用不着精神分析也能搞清它怎么就成了他行动的目标:它就在隔壁。塞弗特可能对那些孩子没什么不满。由于他癫狂的复仇欲望,他们成了他的受害人。

这不是沃尔特·塞弗特第一次对抗制度了。"二战"期间，20岁的他曾作为机械师被征召到陆军服务。仅仅一年，他就因为得了肺结核被送回了家。这病没好也没坏，但塞弗特还是不能做任何体力劳动，长期失业。

塞弗特感到愤恨，他的病肯定是因他服役而起。他被其他士兵传染了。从1955年起他就在因肺病接受治疗。1960年，他被宣布为残疾：失去劳动能力，但有权获得政府补助。他想争取更高的抚恤金，但被拒绝了。他继续向公共健康主管部门的领导发送成堆的新申请，并向科隆高级市政执政官麦克斯·阿登纳（Max Adenauer）发抗议信。

医疗专家告诉公共卫生官员，塞弗特的肺病早在战前就得了。这让他感到怨恨，不仅因为这意味着他的病与在军中服役无关，更重要的是，这一诊断在他的公共健康档案中，未经他允许就被公开了。在愤怒爆发前几天，他得知了此事，当时他跟岳父岳母说，这世界没有公正。塞弗特又开始谈论起已入土多年的妻子，老两口对此格外不悦。"如果乌拉还和我们在一起，那该多好，是吧？"说这话时，是他袭击学校前仅仅两天。"没了妻子和孩子后，沃尔特给我的印象是就快要疯了。"他的岳父回忆道。

困惑和否认仍在

媒体的反应充斥着极大的兴奋、恐惧和怜悯。科隆的一份报纸在头版这样评论道："家长们和为受伤孩子忧心的每一个人都惊骇于这难以置信的行径……一个人能够做到什么程度，以及在这种罪行面前我们是多么无助，面对展现在我们面前的这一切，我们只能瑟缩战栗。"欧洲其他很多国家的报纸也在头版报道了这起袭击事件。

但他的岳母还是无法相信："我不明白，这不可能。"她对将这起罪案告诉她的记者说，"我们的沃尔特，那个通情达理的人，做了这些？他连只蚊子都不会伤害。就算你告诉我沃克霍温的天塌了，都比这件事让我容易相信。沃尔特——多好的孩子。"

当塞弗特在袭击当晚去世后，仍在重建战后经济的德国公众觉得他的罪行太可怕了，甚至连想都不愿想。多年来，他们只是把这一事件从头脑中赶出去。整件事令人费解，只有一个解释被反复提及：一位老师长得酷似塞弗特的亡妻。倘若他哪怕曾尝试解释他所作所为的缘由，也许人们能够多些理解，甚至接受。但实际上，近四十年，在沃克霍温只要一提到塞弗特的罪案，人们就会以沉默相对。在今天，塞弗特也许会被诊断为偏执型精神分裂症，但当时显然没人有机会进行诊断。

被遗忘的食人族：卡尔·登克

像沃尔特·塞弗特那样不能解释其行为动机的人，仅仅是他们的行为本身就能让忧虑和惊恐蔓延开来，但他们没给媒体任何激动人心的东西去报道。这在卡尔·登克一案中得到了淋漓尽致的体现。他的名号和恐怖行径，令人费解，却已基本被人们遗忘了；倒是那些话痨杀手，诸如杰佛里·达默、艾德·盖恩*和查尔斯·曼森，得到了偶像般的崇拜：他们的形象出现在杯子上、T恤衫上和网站上。

我们必须接受一个概念，那就是有些行为我们无法理解其动机，这就好像我们接受现代量子学，哪怕我们不知道如何将其理论与我们的所见所闻联系在一起。时至今日，一个基本问题还未得到解答：是什么把一个人变成罪犯，而另一个与他背景相似的人却成了护士、警察、木匠或地方检察官？只要我们一天不能回答这个问题，就会有罪犯的动机挑战着我们的理解力。这点从卡尔·登克案中就能看出。

连环杀人案

无论是电影工业还是精神病学、刑侦学界，都没有关注卡尔·登克案，所以我先叙述一下案件发生时人们对案件事实的理解。虽然登克犯案大大早于艾德·盖恩的系列罪行（他的"丰功伟绩"激发了《惊魂记》和《沉默的羔羊》等电影的创作灵感），但说登克激发了之后的心理恐怖电影浪潮，可能更加令人信服。

---

* 艾德·盖恩（Ed Gein，1906年8月27日—1984年7月26日）：全名为爱德华·西奥多·盖恩（Edward Theodore Gein），是美国最有名的连环杀手之一。他实施了三起谋杀，却同时犯了谋杀、毁尸、盗墓、食人和恋尸癖等多项罪，其对受害者的所作所为更是震惊了整个世界。1959年罗伯特·布洛克（Robert Bloch）根据艾德·盖恩的故事创作了小说《惊魂记》（Psycho）。1960年，阿尔弗雷德·希区柯克（Alfred Hitchcock）将《惊魂记》搬上大银幕。其他最著名的恐怖电影，包括托宾·胡珀（Tobe Hooper）导演的《得克萨斯链锯杀人狂》（Texas Chainsaw Massacre）和《沉默的羔羊》（Silence of the Lambs）均是根据艾德故事发展而来。——译者注

第五章　证人、公众和死寂

然而登克仍保持沉默，因此并未激起人们对他的冷酷麻木或不知悔改的义愤。

1925年，布雷斯劳（Breslau）的彼得鲁斯基（Pietrusky）博士在波恩的法医学会议（Congress on Forensic Medicine）上对这起案件进行了介绍，并于次年发表在《德国法医学杂志》（Deutsche Zeitschrift Fur Die Gesamte Gerichtliche Medizin）上。

在连环杀手哈曼因他的罪行受到惩罚前，一些关于发生在缪斯特伯格（Munsterberg）的系列案件的报告似乎更令人毛骨悚然。二十一年间，卡尔·登克杀害了超过三十一个人。他吃掉被害人的肉，还夹在饮食中提供给其他人。不仅如此，他还用部分尸体制作工具。这起案件将我们认为不可能发生的事情展现在我们面前。

我在此呈现的事实基于对缪斯特伯格刑侦学机构收到的本案全部档案的调查。本案的总检察官、缪斯特伯格的市长、地方警察局的警长，慷慨地将这些档案交给我支配。

离布雷斯劳市不远的缪斯特伯格*是个只有九千名居民的乡间小镇。从外围看它更像个村庄，沿街20—50码处就是花园簇拥的小房子。在卡尔·登克的房子两侧都是农舍，挨着他的房子但远离街面的，是登克的柴房。再远些，距房子80码开外是个10英尺深的小池塘，是他三年前制备的。再后面，名叫奥勒（Ohle）的小溪潺潺流淌。

---

*　布雷斯劳是今波兰弗罗茨瓦夫（Wroclaw）市。在登克时代，它属于德国。缪斯特伯格在今日波兰被称为兹温比采（Ziębice）。

291

谋杀手段

图16 卡尔·登克租的公寓就在这座房子里（老照片，马克·贝内克复制）

图17 登克公寓内部（老照片，马克·贝内克复制）

第五章 证人、公众和死寂

这幢房子里共住了三户人家。前面是一名战后被波兰当局从上西里西亚（Upper Silesia）驱逐的教师及他家人的生活区。卡尔·登克住在一层背街的区域，并与住在楼上房间的一对工人夫妇共用走廊和通往他房间的入口。那男人有些耳背，而且看上去笨笨的；他妻子倒是显得相当机灵。

登克在一楼的房间只有一间屋子，算起来不到60平方英尺。这是他睡觉、吃饭、工作的地方，同时也是他痛下杀手并将尸体千刀万剐的地方。他房间的肮脏程度超出想象。我稍后会详细描述另外几件与凶杀案有关的物品，这里有许多盐，他从被害人身上扒下来的衣服堆成了山。

基于如下原因，地方当局签发了对他房屋的搜查令：1924年12月，名叫文森茨·奥利维尔（Vincenz Olivier）的年轻短工来找登克要钱；登克反而让他帮忙写封信，因为，他说，他近视太厉害了，写不了字。他会为他的服务付20芬尼。后来，我曾和这个人在他的牢房里谈过话，他说登克的口述从"你这个大肚腩"几个字开始，他觉得有点奇怪，转过头去，正好躲开了朝他的脑袋砍来的斧子——但还不够快，他右侧太阳穴还是受伤了。受挫的登克朝短工扑了过去，短工虽然身强力壮，却费了九牛二虎之力进行自卫。稍后被问及打斗的原因时，登克没给出解释。他只是红着眼坐在那儿，目光空洞，面容扭曲，咬牙切齿，浑身抽搐。登克在镇上名声很好，但由于短工一再坚持，登克最终还是被捕了。

镇上许多人感到莫名其妙，警察怎么会因为一个无赖的几句话，就将镇上一名温顺寡言的成员收监。在牢房中，登克上吊自尽。他用手绢做成了个圈，系在了本应用来捆绑嫌疑犯的圆环上，就这样在一个只高出地面一两英尺的地方把自己水平吊死了。他的亲属拒绝支付葬礼费用。为了弄清他身后留下了多少财产，两天后，警方对其房间进行了搜查。这时，散碎的人类尸体被发现了。

许多事件事后才为公众所知悉，但它们本应使卡尔·登克的行为早点被发现。约两年前，另一名短工被人看到从登克的房间出来，浑身是血，头也不回地跑了。稍晚些，一名流浪汉向街对面的住户抱怨说，登克突然把铁链绕到他脖子上，想要勒死他，还好他身强力壮，跑掉了。还有，一年半以前，住在这幢房子里的其他人注意到从登克的房间里散发出令人格外不悦的恶臭。住在他楼上的女人向其他室友抱怨，他们向登克提了意见，之后就没有恶臭了。还有，之后有人报告，就在德国通货膨胀最严重的时期，登克也总是有很多肉吃。他端着装在敞开容器里的肉，穿过庭院，从畜舍拿到他自己的房间。他的室友们并未多心，以为那是狗肉，他们记得曾在房子前面看到狗的毛皮。杀狗是非法的，但他们一点都不关心。他们也没问问自己，登克怎么能弄到那么多狗。此外，没人注意到他拎着满桶血水或血走进院子。也没人注意到，深更半夜从他房间里传出的敲敲打打的声音；他们只是猜想，他在制作他要出售的钥匙。

他会在晚上拿着包裹离开房子，深夜空手回来，回想

图18 卡尔·登克的杀人工具（老照片，马克·贝内克复制）

起来，这似乎有些奇怪。有时一晚上，会来回几次。还有人报告说，他曾出售二手衣服和鞋子，还在院子里烧掉过一些。过一阵子就会发现些骨头，但人们以为那是动物的骨头。

搜查房间时，最先发现的是骨头和形状各异的肉。肉被保存在盛着盐水的木头容器里，一共有十五块，还带着皮。其中两块肯定是前胸，体毛浓密。它们被从肚脐上2英寸正中水平地切割下来，侧面一直延伸到了上臂。还有一块是胃部，肚脐在正中间。剩下几块来自侧面和背部。最大的一块约16英寸×12英寸。人们注意到，肛门处被小心地清洁过，并在两面都做了精心处理。

肉是红褐色的，看起来不像在被切碎前曾大量失血。另外，背部的肉上呈现蓝色斑点，就是专业上所称的尸斑。它们证明被害人是在死亡后几个小时被碎尸的。

从被切碎的部分看来，没有活体反应的征兆，也就是说，没有现象表明被害人是被活着切碎的。在肉块中没有脖子处的皮肤或肌肉,也没有肢端、头或生殖器。仅从现有的这些碎片无法确定死亡原因是什么,或使用了何种屠宰工具。

三只中号的锅里盛着某种酱汁,看上去像奶油汁。里面还有煮熟的连皮带毛的人肉,这块肉的中间是淡粉色的,似乎是从臀部切下来的。一只锅只有一半满;登克肯定在被捕前已经吃掉了那一半。

没有迹象表明他曾将被害人的肉出售(据说弗里茨·哈曼卖过,但没有任何证据,因为哈曼卖掉的肉全都已经被吃光了)。但登克肯定曾有选择地把肉给流浪汉吃。还有第三只锅,里面装着许多人皮和动脉血管。

他的桌上有一只碗,里面盛着琥珀色的油,看起来很像人类脂肪。生物实验室的测试证明里面含有人的蛋白质。

在找到肉的小屋里有一只桶,里面装着大量的骨头,肌腱和其他软组织已经被剔除得干干净净。在被储存起来前,它们肯定先经过沸煮。对从小屋里运走的第一批骨头的调查显示,其中有六块尺骨上部的骨头,分属于三个人;此外,还有大量的腕骨和跗骨。在小屋后登克挖的池塘里,调查人员找到了一只人的小腿。

更远处,在城市森林里,有许多尸骨残骸。这些被送到了实验室:十六块股骨下端,其中几块看上去格外强壮,有两块很纤细;六对股骨,和两块配不上对的左腿股骨;十五块长骨的中间部分;四对尺骨上部;七块桡骨一端;九块桡骨下端;八块尺骨下部;一对胫骨上端;一对还连在一起、腐烂得厉害的桡骨下端和尺骨下端。还有两块小臂、一对上

图19—图21　在登克屋里找到的人肉、人的牙齿和人皮制成的背带和皮绳（老照片，马克·贝内克复制）

臂加一对锁骨、两块肩胛骨、八块脚踵和踝骨、一百二十根脚趾和手指、六十五块跗骨和掌骨、五节第一根肋骨、一百五十根其他肋骨。除了极少例外，这些骨头都很轻，骨质疏松且脱脂。

此外，城市森林中也找到了脊椎和四块经过仔细加工的男性骨盆，明显有被锯过的痕迹。只找到了一块颅骨碎片，左侧且已破碎，正面切割得很不整齐，看起来是用锋利的锯子从上面砍掉的。上面有个墨水画的十字。

从这些骨头的大小，我们能得出结论，这些骨头的主人，一名格外强壮，两名比较弱小，还有一名臀部畸形（医学术语是 coxa vara）。由于小屋中的绝大多数骨头都被煮过，只有被丢在城市森林里的骨头中，才有信息可以提取。考虑到之前一段时间的温度和天气状况，我们认为他们只死亡了一或两个月。这与在房子里找到的肉的时间相吻合，虽然我们对肉的时间并没有把握，因为没有哪位专家有对腌制过的人肉的时间做出判断的经验。

曾与骨头相连后来被剔下来的肉上，有用了蛮力的迹象，也许用的是斧子或锤子的背面。另外，还有些部分用了锯子。某些地方，用了利器，也许是斧子的刃。在关节处也有刀子的划痕。

从这些发现，我们可以宣布，这些骨头属于至少十个人。

登克的牙齿收藏提供了更多信息，我们看到了总共三百五十一颗牙。它们被装在一个钱袋、两个写着"盐"和"胡椒粉"的铁罐，还有三个本来装胡椒粉的纸袋中，部分按大小排序。白齿在钱袋里，其他的，按好牙和坏牙分开，放在两个盒子和一个纸袋里。在另一个纸袋里的牙齿肯定都属于同一个人。最后，还有三颗下门牙，严重萎缩，大概属于某个上了年纪的人。除了六颗外，其他所有牙齿都得到了妥善保存。

当地牙医组织的主管欧拉医生，愿意为我们发现的东西写一篇报告并附图片。我们希望通过牙齿确定到底有多少被害人；他们的年龄、性别，如果有可能的话，还有他们的职业；这些牙齿是怎么被拔下来的；以及他们被杀多久了。

这项调查为我们提供了有益的结论。虽然骨头证据证明有至少八个被害人，但其他情况显示实际数量肯定要比这多得多。我们从牙齿得出，至少有二十个被害人，因为找到了二十颗左侧下犬齿。

多数被害人都患有牙周炎，而犬齿又格外容易受到这种疾病的影响，这一事实再次证明被害人的数量可能更加庞大。鉴于没有口腔保健的迹象，却有高龄化的现象，欧拉医生设了个底线：二十五个人。

牙齿被以不同的方法拔下来：有些本就因上了年纪或患病而松动；另一些则用了蛮力。很多还连着部分齿槽。白齿和前磨牙有一些断裂，如果受害人还活着，是不可能呈现那种特征的。还有使用了边缘锐利的钳子的迹象。从一些牙根看来，下颌骨先被煮过。有几颗牙，在被拔掉的过程中断裂，又被登克用胶水粘回原状。

然后我们希望能确定被害人的年龄。在一份清单中（见图22），登克记录了被害人的姓名、年龄和体重，其中没有孩子。但我们研究了四颗智齿，其特征表明年龄为15岁。其他牙齿证据证明，至少80%的受害人的年龄比所记载的要大得多。欧拉医生最后的结论是，其中有一个人不足16岁，多数远超过40岁，两个人在20至30岁之间，一个人在30至40岁之间。

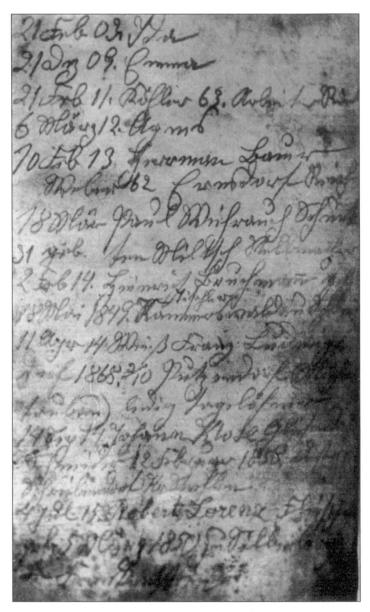

图22 登克自己做的被害人记录,列出了他们的名字、年龄和体重

第五章 证人、公众和死寂

确定被害人性别的努力收效甚微，另外想要找出他们可能的职业也是一样的结果。也没有他们死了多久的信息，不过可以看出有几颗牙被拔掉几年了。那个年轻人的牙，不过就在几周前才被拔掉。

这些加在一起，关于被害人的数量和年龄，从牙齿上搜集的证据所提供的信息，比单单从骨头上获得的多得多。骨头数量没有那么多，还都折断了。但要是没有如何使用恰当的科学研究方法的专业知识，欧拉医生不可能提供这些研究结果。

还发现了三副用人皮制作的裤子背带。它们约 2.5 英寸宽，2.5 英尺长。皮子表面不光滑，且多处开裂。这告诉我们它们没有被鞣制过，而是仅仅被与皮下软组织剥离开来，并经干燥处理。某一处可明显看出皮子被特意切割成让两边的乳头仍清晰可见的样子。还有四处皮子被缝在一起，它们取自被害人身体外露的区域，这从上面的毛发就能够看出。在显微镜下的研究表明，有些毛发里有虱子。显然登克用过所有的背带；事实上，他死时身上还穿着一副。

除了背带，登克还用人皮做成皮绳，当作鞋带或用来捆衣服。很多皮绳上也带着人的毛发，但我们无法识别它们是用身体哪部分的皮肤做成的。

登克的房间里到处都是旧衣服。仅在他床上一处，就有四十一捆不同大小的破布头，用皮绳捆在一起。其中一捆里有一块老旧地毯的碎片，还有一捆里有窗帘碎片。多数布头仅从形状上无法看出它们是哪件衣服上的，往往由残余的亚麻、羊毛和棉组成。有意思的是，一些几平方英寸大的小布头都被小心地保存了起来，打包在一起。多数看来被分类清洗过，很多还被整齐地叠好、熨平。在某一大捆里，同一件衣服的许多小布片被堆叠在一起，边缘折起来。它们不太可能是用来修补其他布料，证据显示，把它们收集在一起并按某种方式打包，更可能仅仅是一种游戏。

另一个奇怪的特色是登克的"集币"。它们是赤陶做的，扁平、圆形，大小介于1分硬币和25分硬币之间。他还在其中一面刮出面值。

在登克的屋里还有很多人的个人身份证明文件和私人记录，还有关于他售卖花园中产品的收入、他工作的时间以及类似事务的清单，全都被有序地记录了下来。尤其是，三十个男男女女的姓名被记录下来，每个名字前面都有个日期，那必然是他们被杀死的日期。最后一个，第31号，没有进一步的记载。所有这些信息都按时间排序。编号从第11个名字才开始。女人只记了名字，都没有姓；男人们显然值得更多详细注解，包括了日期、时间、社会地位和职业。如果这是他被害人的清单是讲得通的，尤其是在他屋里找到了其中几个人的身份证。他们下落不明，其衣物被一些报失踪的家人认出来。从这些文件看来，清单不是一天就列成的。

在某页上，写着他们名字的首字母，后面跟着数字，大概是这些人活着的时候的体重。在另一页上，名字后面是诸如"死亡，122；赤裸，107"的注释。

然后又加上了一组数字，排成三列、十行。第一列列出

第五章　证人、公众和死寂

了最后十个人的体重；中间一列是在最后十个人前面那一组人的体重；最后一列是最初十个人的体重。每列中，体重都按升序排列。在表格中，第31号既没有名字也没有其他细节描述，除了一个数字，这肯定是那个人的体重。

清单中只有第二个名字，一个叫爱玛的女人，后面没有记录体重。后来发现，一个叫作T的男人因杀害同名女子而被判入狱十二年，那女人已被大卸八块的尸体于1909年在缪斯特伯格被发现。他服完了刑期，但对案件的重审做出了无罪判决，然而他已经在狱中蹉跎了岁月。

为了肢解受害人，登克用了三把斧子、一把大木工锯、一把修枝锯、一把尖镐和三把刀子。警方把它们带回去在上面寻找人类血液，这项调查是有收获的。还能看出，在做较省力的工作，比如锯骨盆和头部时，登克会使用更精巧的工具——修枝锯。在登克最后一次企图杀人时使用的尖镐上发现了较多人类血液。这工具长18英寸，从底端到末端逐渐变细。刀子没什么特别之处。

通过与登克的亲友谈话，以及在许多文件中挖掘，我拼凑出了关于登克的如下个人信息：卡尔·登克是一个小农民的三儿子，1860年在西里西亚的奥贝孔岑德费尔（Oberkunzendorf）出生。无论是父方还是母方的家族病史中都没有精神病、酗酒或自杀倾向的记录。他父亲据说相当迂腐。他的兄弟姐妹都变成了小农民并与同一个社会圈子的人结婚。他们现在年纪都不小了，身体健康。

关于他的出生，没有什么详细信息。婴儿时期，他成长得非常缓慢,有学习障碍,讲话很晚,以至于他父母都以为他可能是哑巴。到了6岁他才能说一些简单的词。

6岁那年年末,他开始上学,但他用了几周时间才模模糊糊地发出些声音。他的老师说,卡尔·登克恐怕是个智障。他的肢体动作和他的嘴巴一样迟缓。对别人的提问他很少作答。当有人伸出手来对登克表示欢迎时,他可能只把右手抬高1英寸,对方不得不主动把手伸下去抓他的手。早年间,他是个成绩很差的学生,经常受罚。后来,他的成绩提高到"中"和"良",但成绩单上还是说他注意力分散和固执,而没有任何褒奖之词。一年后,写了句"有进步"。他很少与同学交往,没有朋友。

男孩登克情绪化且阴郁。他不想上学,他哥哥或同学常常不得不把他架到学校去。他还是没摆脱说话慢的毛病。很大年龄时还常常尿床。

在学校,他与哥哥很亲密;但出了学校,他们就分道扬镳。就算邀请他,他也不愿参加哥哥的任何活动。

从学校毕业后,卡尔·登克到父亲的酒吧工作。但他独处的倾向加剧了。他沉默寡言,不与同龄人或任何人交流。他从不外出娱乐。22岁时,他从父母家里溜走,消失了九个月,家人没有他的任何消息。终于,家人发现他干了几个月的勤杂工,为一家建筑公司切割鹅卵石。最终回家时,他没有讲离开的原因,也没说这期间发生了什么,还是一如既往地缄口不言。

父母的死似乎对他没有丝毫触动。父母死后,兄弟姐妹试图将他留在身边，他们觉得他不能照顾自己。他让自己在酒吧里忙碌起来，但也不至于太忙碌。他越来越少回家，在森林里游荡，直到午夜。最后，他终于不再回来了。过了一阵，他驾着一辆马车来到家人住的房子前，二话没说，就把自己的私人物品搬到了马车上，带到了缪斯特伯格，在那里他租了间房子。那之后不久，他买了一片地。因为缺少生意头脑，让卖家占了便宜，这让他的兄弟姐妹们担心起他继承的那份本就不多的遗产。他们认为，在该笔交易中，有限的理解力将他置于危险境地，并提交了确认其无行为能力的申请。在书面申请中，他们证明，他为这块地所支付的是通常价格的三倍。他们还提到，他们认为他的心智十分有限。

在之后的书面文件中，有与卡尔·登克相识多年的镇上其他人的书面意见，他们都同意他不能照管自己继承的遗产。但当医疗指导警告说，这种情形会让登克这样的人"暴怒发作，街坊邻居将不得不为自己的生命安全提心吊胆"时，申请被撤回了。多年间，地方治安官一直在过问登克的举止行状。

在无法律行为能力的申请被撤回后，登克对他的家人越来越疑神疑鬼。但多数时候他还是很好相处的。觉得有人在盯着他看时，他会变得有些不高兴。有谣言称，他"既不是男人也不是女人"。他的情感无疑与正常人不同，比如，他感觉不到恐惧或恶心。他的家人认为他根本就无感，其他见过他的人则觉得他嘴巴很紧。但他们都没提到认为他有病，而且，他们都坚称，从未发现他有任何残忍或脾气暴躁的迹象。

让他开口很难，但如果觉得受到了嘲笑，他会不时地予以反击。一个会偶尔来为他的一位表亲干活的屠夫说，在他将屠宰后的动物切块时，卡尔·登克似乎格外好奇。登克住处的一名前租客说，她总是"对那个羞涩的人有点怕怕的"，从来不敢进他的房间。她没说理由，只说"他看上去怪阴森的"。

他几乎与兄弟姐妹没有联系。对他们的无数次邀请，他只接受了一次。那次，他一个人就消灭了大概2磅肉，就这样他被大家认为是个贪吃鬼。

他的邻居们认为他是个好心的怪人，他的收入来源于院子里作物的出产。流浪汉和流动工视他为小施主，他们很少空着手离开他的住处。他经常被叫作"登克爸爸"（这里没有任何宗教内涵）。

在20世纪20年代德国通货膨胀严重时期，他变卖了所有财产，住在曾在他名下的一幢房子的一间小屋里。除了洗衣，所有必要的家务他都自己做。

关于他的性生活，我们基本什么都不知道。他从未与女人有过恋情；有人认为他厌恶女人。但并没有迹象显示他有同性恋倾向。还有，他似乎也没有饮酒的嗜好。

对他的尸检结果，我进行了仔细的记录，在这里报告几个相关细节：他5英尺4英寸高；骨骼强健、肌肉发达，可能有些超重。毛发为灰色，体毛浓密。阴囊里两颗睾丸都在。脖子上，就在甲状软骨下面，有一条横向的旧绳痕，右侧直连到右耳，左侧到左耳上1英寸处。

颅内硬脑膜的厚度、平滑度、光泽度正常，与周遭物质相分离。其他膜的血管内血液充足，直到末梢，平滑、柔软、有光泽。没有脑损伤的迹象。

矢状缝（连接两瓣颅骨的缝隙）严重偏右；人字缝（颅骨后侧）右侧曲度比左侧大。左侧相当扁平。

他胸腔内的器官和胃部没有什么不正常，也没有患病的迹象。动脉内壁平滑。胃里有约5立方英寸的未完全消化的食物，我认出其中有几块肉。他的睾丸有胡桃大小，没有患病迹象。附睾和肾上腺也是。精囊中充满黏稠物质，含有精子若干。所有内部脏器都很正常，也没有什么增生物。舌头呈灰白色，没有斑痕。尖端附近靠近表面的肌肉有蓝红色变色，形成豌豆大小的瘀伤。

显然，人们最感兴趣的是登克的精神状态。卡尔·登克的自杀也许是万幸，将他自己从对其精神状况的评估中解放出来。

仅以数据为基础提供专家意见往往是件不讨好的工作。一个人的行为本身几乎不说明任何问题。当我们不明了他们的动机时，把他们脑子有病的影响考虑在内不解决任何问题。必须对完整的人格有了解，但在本案中，由于他的古怪脾性，我们有的只是与登克有过表面接触的人的所见所闻。

第一眼看上去，卡尔·登克似乎是个有严重精神疾病的人，他的动机必然与某种性扭曲有关，但他的早年成长和生活经历与这一假设相悖。他的习惯，诸如切掉并处理肛门、用胸部带乳头的皮肤制成衣饰,以及用外露区域的人皮制成背带,这些放在一起,似乎的确指向某种性扭曲。但上述假设还是不能解释他的全部行为,推断卡尔·登克精神分裂似乎更简单些。

除了他父亲做事也许过分严谨且有控制欲,没有任何信息暗示着他的行为可能受到遗传因素的影响。他的早期发育显然是不正常的。他说话很晚,思维迟钝;老师认为他是个智障。男孩时期的他过分阴郁、顽固和行为孤僻,这预示着他已经开始受到心理障碍的困扰。他的状况在青春期更加恶化。如之前提到的,他哥哥告诉我们,两人间的友善关系在他拒绝与哥哥一起参与任何活动之后终止了。

他与世隔绝的倾向每况愈下。他从来不去酒吧,不跳舞,反而深更半夜独自在森林中游荡,而这并不是因为他热爱大自然——他完全不感兴趣。他一言不发就离家出走,近一年后回来时,甚至不认为有必要跟任何人说说在这期间他是怎么过的。他不在乎家人担心,站在父母坟前,也没有伤心或其他任何情感流露。他没有不开心,也从未发怒。他做分配给他的工作,虽然根本没兴趣,但还是照做不误。他就像个禽兽。

但是,在表象之下,他的情感和思维显然是失控的。他像屠杀动物一样杀害了几十个人。他将尸体称重、切碎,当作晚餐享用。他用人皮做成背带和皮绳。他一丝不苟地统计着他们的体重,计算着总数,为几百颗牙分类,像扑克筹码一样保存。为了他自己才知道的原因,他把原本是被害人衣

第五章 证人、公众和死寂

服的碎布洗净，按照一套他专门为此发明的规则，用人皮打包好。他甚至用它们赚钱。

一面，他是个友好、善良的孤独老人；另一面，他是个将他的客人杀害，还啖其肉寝其皮的杀人禽兽。这两面造就了这同一个人：卡尔·登克。

我们是否还应将他诊断为精神分裂？我不敢确定。我们必须接受他本性的两面。到了最后，组成我们对卡尔·登克的记忆的，不仅有一个卑鄙的怪物，也有一个生存在正常社会行为边缘的郁郁寡欢的人。

在我们对人类的错误行为进行观察的过程中，登克案是个低谷：一个晦暗的对象，谜一般费解却又充满哀伤。在他的最后一张照片上，这个连环杀手，胡子梳得整整齐齐，裹着一件厚外

图23 在棺材里的卡尔·登克的遗体（老照片，马克·贝内克复制）

套，在一个式样简单的棺材里。众所周知，死者应当面容安详，但这里，旁观者无法分辨这张脸上是否有紧张，也许甚至是平静的狂喜。

2003年夏天，我找到了关于登克案的更多信息。在赫尔不莱锡廷根（Herbrechtingen）镇一所废弃修道院的阁楼里，我进行了一场关于20世纪谜案的演讲。那群听众在三个小时后仍不肯放我走，于是我开始讲登克案，本想以此为演讲收尾，但还是不行。一位女士站起来，告诉我们，她母亲曾唱过这样一首写于案件发生八十年后的街头歌谣。我从没听过。于是那女士唱起了《登克之歌》：

> 缪斯特伯格，美丽的村庄，
> 缪斯特伯格，可爱的镇。
> 这是"登克爸爸"的家，
> 他把那么多客人切碎：
> 英俊年轻的流浪工人，
> 被他请进屋。
> 他把他们切碎，再把他们
> 整齐地放进容器里。
> 最近，又来了个勤杂工，
> 想讨一片面包。
> 登克让他帮忙写信，
> 但其实想把他杀死。
> 可怜的家伙看到了危险，

那杀人的计划。

带着满头鲜血和伤口,

他攻击了主人——那禽兽。

运气真差,警察来了,

他的话,全不信,

反而只想给,

这可怜的罪人一间牢房睡。

要不是登克自己吊死,

屠杀还会继续。

但这打开了记录,

面纱被扯掉。

这位女士的母亲是如何以及为什么知道这首歌谣,还有她为什么会唱给女儿听,我不知道。她告诉我们,这些歌词原本在手摇风琴的伴奏下演唱,还会同时展示图片。

时至今日,在德国,一首关于同性恋连环杀手弗里茨·哈曼的类似的歌谣还在被反复吟唱。但我们不要忘了,哈曼案在德国举国皆知,但登克的凶案在"二战"后几乎已完全被遗忘了。哈曼的歌是这样的:

等等,请稍等,

哈曼很快就来看你。

他会带着他的小尖镐和微笑,

他会帮你从人生中解脱。

那些觉得这首歌太吓人的人写了另一首作为回应：

哈曼，你稍等，
等着我们来看你，
我们会带来大尖镐
我们帮你从人生中解脱。

强盗尼塞尔

刑事案件并不总会散播恐怖——比如，如果那个恶棍只是个乡下小子、磨坊主的儿子，只是那些大佬的跑腿跟班时，就肯定不会。强盗尼塞尔案就是这样的情况。与他的许多同伙不同，他从来不认为自己是个罗宾汉。他是对的，他的确不是罗宾汉，只是一个走上歧途回不来的人。

他那脾气古怪的父母没什么来头。1886年，他们关闭了之前经营的小旅馆，在荒无人烟的巴伐利亚腹地买了一间磨坊，就在奥格斯堡（Augsburg）、慕尼黑（Munich）和弗赖辛（Freising）中间的某个地方。它被叫作沙赫尔（Schacher）磨坊，地处密林深处，周围都是厚厚的苔藓，交通十分不便。

当时，磨坊主的名声很差。他们和牧羊人一样，都是被人们认为不值得尊敬的人，因为在战时，他们必须待在家中，以维持食物供给。但那些没有加入武装部队、投身战斗、保卫家园的人被认为是不爱国的。1875年8月4日，未来的强盗尼塞尔降生时，磨坊主和牧羊人的这种坏名声几乎已经被遗忘了——但还没有完全被遗忘。

小偷小摸的罪犯常常是沙赫尔磨坊的座上宾，这是个具有战略意义的僻静所在。后来尼塞尔的父亲因为参与对黑尔高茨鲁（Herrgottsruh）朝圣堂的劫掠而被收押在达豪（Dachau）镇，不久就不明不白地死了。他母亲也被警方拘留。对于被扔在那里自生自灭的两个男孩阿洛伊斯和马蒂亚斯来说，这段时间是艰难的。他们从来也不是什么好学生。12岁的马蒂亚斯的成绩单上这样写道："他不是完全没有天赋，但他懒惰得超乎想象。他从不用心，根本没有反馈。叱责或惩罚对他来说完全没用。不管怎样，他都对学校没有爱。"

他10岁的弟弟阿洛伊斯也没好多少："他是个愚钝的学生，不会有什么大出息了，但他有一点音乐天赋倒是真的。不管家里是怎么教育的，在学校里完全看不出来。缺勤。"

自打他们那喜欢打些雄鹿或野猪作为食物的母亲进了监狱，他们就再没去过学校，而是跑去偷猎。但这并没让他们受到地方警察的格外"垂青"——乡野村夫根本就不在乎警察，那些穿着绿色制服的乡村治安官被认为是资本家和军队的代表。与诚实的农民和普通老百姓的工作相比，他们的工作就是动动嘴皮子，而不是动手劳动。而且警察是出了名地欺压老百姓，不管是谁只要不顺他们的意，就会被当作流民。在这里情况可能更糟，那些宪兵来自巴伐利亚北部的弗兰克尼亚（Franconia），在北方人民心里，弗兰克尼亚人就像信新教的表亲，尤其是他们对法律和秩序的推崇。真正的巴伐利亚人认为自己与这完全相反。

"倒霉的是，"马蒂亚斯·尼塞尔十二年后告诉法庭，"我不得不回到同一间学校去读七年级，就因为恩德尔牧师受不了我，还总骚扰我。在我学到和其他人一样多时，我的朋友很多早就离开学校了。在期末考试时，只有我被要求在黑板上做计算题。我不想做。我不接受不公正的待遇。就算杀了我，我也不会屈服。"

在学校里的最后那段日子，是尼塞尔未来人生的预兆，他自己肯定知道这一点。1902年2月21日，他在奥格斯堡被斩首。

尼塞尔变成强盗

尼塞尔的犯罪历史开始于1892年11月2日。警官格斯韦恩和弗奇来到沙赫尔磨坊，想一劳永逸地让两个男孩子停止盗猎。不幸的是，他们没有想到男孩们有如此大的决心拒捕。尼塞尔兄弟拿着枪，把自己反锁在阁楼里。第一枪打中了弗奇，然后格斯韦恩一边和马蒂亚斯——两兄弟中比较安静的那个——谈话，一边慢慢地爬上去，但阿洛伊斯却瞄准他放了两枪。格斯韦恩终生都没能从这次受的伤中康复。虽然从磨坊逃脱，两兄弟还是在几天后被抓住了。他们因为销赃、抢劫、谋杀未遂、偷猎和拒捕而被逮捕。阿洛伊斯被判入狱十五年，马蒂亚斯则被判了六年。

1899年出狱后，马蒂亚斯在家附近的林子里讨生活。农民们很喜欢他，因为他能给他们鹿肉吃。他梦想着移民美国，为此，他需要钱，于是只要有机会他就会偷窃。但钱一直没有攒够。

1900年11月30日，夜幕降临时分，马蒂亚斯·尼塞尔变成了强盗尼塞尔，之后又成为诗歌和地方冒险故事中的英雄。他敲响了在伊尔申布伦（Irchenbrunn）的富来克（Fleckl）家农舍的大门，想要借宿一宿，因为外面正下着雨，他则饥肠辘辘。

农妇不想开门，但打发他去本地的小酒馆找她丈夫。可是尼塞尔不想被别的客人看到，怕被认出是个惯偷。农民富来克带着两杯啤酒和好几种香肠走出酒馆，把尼塞尔带回客厅，在那里两人聊到夜里11点。狗忽然叫了起来，有人敲门，并在外面喊道："开门，农民富来克！警察！"

农民富来克表现得像个义愤填膺的公民，不让布兰德迈尔特派员（Commissioner Brandmeier）和治安官斯克尔德勒（Constable Scheidler）进门。但尼塞尔起了疑心，他猜想，在买啤酒和香肠的时候，那农民肯定告诉了在酒馆里的其他人到哪里来找尼塞尔。动机很明确，虽然富来克自己平时也在钻法律的空子，但他可不想放过那400马克的赏金。

尼塞尔抓起他的来复枪，退到农舍的里屋。警官进了屋，后面跟着帮忙的邻居。在布兰德迈尔从他身边走过时，尼塞尔屏住了呼吸。然后，尼塞尔扣动了扳机。与特派员和治安官一起来的六个邻居，立即飞也似地跑了。尼塞尔的子弹虽然只打中了特派员的大腿，却伤了主动脉，令他失血过多死亡。治安官开枪反击后，尼塞尔才瞄准了他。治安官斯克尔德勒只被打中了右脚，但三周后，因伤口感染死亡。

一段传奇就这样开始了

如果我们相信尼塞尔的传说，我们会称他为英雄、一只替罪羊。据说在看到警官受伤后，马蒂亚斯很想逃跑；而且可以肯定,他的确已经跑了。但糟糕的是,通缉令已经贴在了所有火车站的墙上,也印在了所有报纸上:"25岁,中等身材(尼塞尔身高5英尺5英寸),金发、蓝眼,操浓重的巴伐利亚口音。大腿上部有旧枪伤……戴黑帽子,穿黑上衣……硬领蓝色条纹衬衫,黑袜子和黄色的鞋子。"

现在事大了。地方警官开始盘问招待过尼塞尔的人。一次,十六名警官来到波普芬格(Popfinger)农场——农场的主人据说是尼塞尔父亲的旧识。但波普芬格说他从来没见过老尼塞尔的儿子。五名警官将屋里翻了个底朝天,余下的人就在外面看着,但一无所获。警察离开后,波普芬格只是耸耸肩,套上两匹马,拉着液体肥料去田里,这时尼塞尔从里面跳了出来,臭烘烘的,但仍是自由身。

他的冒险还在继续。很快,一张嘲弄当局的明信片流传开来。冬天,农民们在起居室里讲述着添油加醋的故事——许多根本就是信口编造的。尼塞尔什么都没干就成了农民们的宠儿。地方的舞台上,总有人扮演尼塞尔,讲着方言,嘲弄着甚至不会说方言的"肥当官的"。

不幸的是,事实并非这么欢乐。尼塞尔不得不上演一幕又一幕的逃亡,但他在每次逃亡中总是有温柔乡让他缱绻。收容他的人并不是出于慷慨,他得付大价钱,才能盖条毯子睡在稻草堆上。"我给他们10马克,他们只会给我一顿粗茶淡饭和一杯啤酒,"尼塞尔事后在法庭上说,"也没人把零钱找给我。我只能接受;否则,他们也许会告发我。"

尼塞尔可以指望家人的帮助。在2月需要厚外套的时候,他姐姐给了他一件。为此，他们精心挑选了个地方见面：玫瑰旅馆。这里都是旅客，而且人们觉得尼塞尔怕被认出来，因此没人怀疑他可能会到那里去。没人注意到这位新兴的民间英雄。

赏金

尼塞尔不能一辈子藏在外面，但并不是鲁莽轻率把他送进了牢房，而是调查工作。

当尼塞尔20岁的表亲沃斯特在慕尼黑被捕时，事情开始急转直下。因为之前曾以身试法，沃斯特被禁止进入该城市，这次本应受到严厉的处罚。但拘留他的约瑟夫·波塞特（Joseph Bossert）特派员注意到，他是尼塞尔的亲戚，这让他好好地拷问了这个可怜人一通。他提出，只要沃斯特说出在哪里能找到尼塞尔，他愿意给他1000马克赏金。

这笔钱能让他摆脱贫困——简直无法拒绝。结果，警方小分队来到默克（Merkl）夫妇的奥马赫（Aumacher）农场。夫妻俩向警方承认，尼塞尔就在房子里。但喊他时，他没有现身；他在房子里隐蔽了起来。

3月4日，来了一百五十名警察，但没人自告奋勇把强盗逼出他的藏身之地。又一天过去后，四十三名警官朝尼塞尔躲藏的地方乱枪扫射，然后将已受重伤的强盗从他的洞穴中拖出来，一路上拳打脚踢。慕尼黑警方不得不把尼塞尔保护起来，以防他受到地方警察的进一步身体伤害——地方警察觉得这个人把他们当作傻瓜愚弄了好多年。

尼塞尔最后的日子

尼塞尔变成了民间英雄,这显然是他始料未及的。但他受了重伤,保险起见,教区神父甚至已经为他做了临终祷告。一队人驾着马车把他带到火车站,从那里他将被送到监狱。但由于那里聚集了太多民众,火车无法在慕尼黑车站停车,不得不一路开回拜仁街(Bayerstrasse)车站,好让尼塞尔下车。

他尽可能地用巴伐利亚方言告诉警长:"看,有好多次机会我都可以轻易地把你打死,但我不想。"警长用同样的心情和语言回答道:"在你的藏身处看到你时,我也可以杀了你。"尼塞尔反驳道:"你打不中我的;我的来复枪比你的好。"

有两件证据证明,在被逼到墙角后,尼塞尔并没有立即开枪:第一,他在法庭上令人信服地说,早在在富来克农场被抓的时候,要是他当时知道他会永远逃亡,他早就放弃了。当时,他扣动扳机时,并没有瞄准任何人,他只是朝下打了一枪,想让警察别再追来。警方还在他藏身的阁楼找到了一把来复枪和一把手枪。两支枪都上了膛,却都没有射击过。

总体来说,尼塞尔头脑冷静,很清楚发生了什么。1901年11月受审期间,他相当到位地评价道——当时他的手脚都被绑着——整件事就像在舞台上发生的,像一出话剧。皮条客和妓女充当了观众,检察官和辩护律师是演员。他自己,衣着光鲜地出现在法庭上。他母亲给他买了件深色西装和一条淡蓝色领带、一块放在胸前口袋里的手绢和一双擦得锃亮的皮鞋。

但随后尼塞尔病了。他和护士成了朋友,她们的精心护理救了他的性命——这性命却断送在了断头台上。

这个强盗显然不是什么替罪羊，检察官坦率地说："尼塞尔需要从人类社会里被剔除掉，光把他送进监狱十五年是不够的。他被控谋杀，法律程序也显示这项指控是成立的。如果像他这样的人在十五年后重获自由，我认为，那会是个极大的错误。我们无法想象到时他能够从事一项正当的职业，尼塞尔更可能会回到偷盗生活中去。陪审团的先生们女士们，请履行你们的职责，让这个杀人犯永远不能再重操旧业。"

辩方没有什么牌好打，只用了一个半小时判决就被交到法官手里了。法官宣布所判刑罚：因故意伤害斯克尔德勒（后因伤死亡），有期徒刑十五年；因杀害布兰德迈尔，死刑。尼塞尔脸色煞白，他母亲在观众席上大喊："杀人的司法！"1902年2月21日，尼塞尔在奥格斯堡被执行死刑，他母亲出了60马克的黄金赎回他的尸体。

执行前，尼塞尔喝了六杯啤酒。直到生命的最后一分钟，他还是坚称："我人虽将死，但心里清楚，我没想杀那两个警察。"他在自欺欺人吗？谁也没法知道了。

积极的结果

强盗尼塞尔的故事一直传到莱茵地区。当地报纸在一天内就报道了他被捕的消息。报纸报道的故事的第一个版本是，他被一个妓女出卖，在和两个女人狂饮作乐时被抓。用了两天，科隆的人们——和巴伐利亚人一样，那里的人们也喜欢庆祝活动并有厌恶当局的倾向——才发现了故事的正确版本。

我们看到，农村百姓对当局十分拥护的常见论调是不正确的……有关部门应该问问自己，如何才能鼓励人们改善他们的社会行为。也许要最大限度地实现这一点，就要改善经济状况，改善教育机构，让赤诚的老师们能够教会学生自由地思想。让我们回想一下尼塞尔，虽因盗猎而受罚，但找个手艺人的工作并不困难，他老板也对他的工作很满意。但他们辞退了他，就因为警察对他盯得太紧。

如在诉讼程序中反复提到的，让有前科的人重新回到劳动力市场是不容易的，哪怕有好心的雇主。现如今，把有前科的人从

图24　强盗尼塞尔被错误地塑造成了罗宾汉似的侠盗，但他实际上一点英雄气概也没有。他的事迹还激发了后世许多文学作品。这本书名叫《希泽尔：盗亦有道》，他旁边年轻女子的形象更真实些（科隆大学图书馆馆藏小册子；图片来自马克·贝内克）

岗位上推下来的,是他们雇主的客户,而非警察。

尼塞尔的头骨被放在慕尼黑大学展出,直到1944年美国的轰炸摧毁了解剖学展品。但关于尼塞尔的歌流传了下来。到1966年,还有新生产出的盘子上印着文字和图片,讲述着这个受欢迎但并非自愿的民间英雄的故事。

结　语

　　总会出现新的、意料之外的犯罪行为，每起罪案又都会产生社会需求。当飞机在2001年9月11日撞上世界贸易中心后，刑侦科学家必须认识到他们最近所犯的错。新千年伊始，有人相信法医学调查的最终问题已经被解决了：基因指纹的发现、DNA技术的发展和相应的计算机数据库，让我们朝着这个方向前进了梦寐以求的一大步。但世界贸易中心倒塌后，只有一部分被害人的身份通过这一技术得到了确认。多数尸体都灰飞烟灭，成了建筑残骸和灰烬的一部分。幸存下来的生物痕迹非常少。

　　所以，我们看到自己现在所处的位置，与19世纪末法医科学第一次繁荣时并无不同。今天，有新的需求和结果未知的新的技术挑战。只有一点是确定的：现实总是比我们能想象出的任何虚构故事都更加激动人心。